개정2판

방송뉴스

취재·보도·촬영·편집·연출

WRITING, REPORTING and PRODUCING

최영재 양영철

한림대학교 출판부

서 문

*

*

*

*

*

이 책은 방송뉴스를 배우는 사람, 방송뉴스를 가르치는 사람 그리고 방송뉴스를 만드는 사람을 위한 기본 교재이다. 이 책을 꾸민 두 사람은 꽤 오래전에 취재 보도 현장에서 방송뉴스를 배운 뒤, 방송뉴스를 만들다가 지금은 방송뉴스를 가르치고 있다. 배우고 경험한 것을 십여 년간 실습강의 형식으로 가르치면서 적당한 방송뉴스 교재의 필요성을 절감하다가 2007년 한권의 책으로 엮고, 2011년 개정판 그리고 이번에 두 번째 개정판을 내게 됐다.

물론 방송뉴스 취재와 보도, 제작에 관한 교재가 없는 것은 아니다. 하지만 번역서는 우리의 방송뉴스 현실과 다소 거리가 있어 생소하다. 또한 현역 방송기자 또는 출신들이 쓴 책은 경험담에 가깝고, 주로 방송뉴스 취재 분야에 집중돼 있다. 방송뉴스 제작 과정에서 중요한 부분인 촬영과 편집에 관한 책은 기술적인 문제와 전문적인 촬영 편집을 소개하고 있긴 하지만 카메라 기자의 시각에 머무르고 있다는 한계점이 있다. 이같은 한계점들을 극복하기 위해 이 책은 방송뉴스 제작에 필수적으로 수반되는 취재와 보도, 촬영, 편집, 연출 등 일련의 방송뉴스 만들기 과정을 총체적으로 이해하고 각 부분을 체계적으로 학습하고 체험할 수 있도록 했다.

눈부신 미디어 기술의 발전 속도가 그러하듯이 방송뉴스의 세계도 끊임없이 변화하고 있다. 무엇보다 방송뉴스를 접하는 창구가 얼마 전까지만 해도 지상파 방송에 한정돼 있었지만, 이제는 케이블과 위성, 인터넷 그리고 모바일 등 다원화된 채널로 확산되고 있다. 특히 20대 대학생들은 대부분 방송을 텔레비전 수상기 보다 스마트폰 등을 통해 인터넷으로 보고 있고, 많은 경우 실시간 방송 보다는 다시보기 또는 다운로드 방식으로 이용하고 있다.

더욱이 최근 스마트폰이나 DSLR 카메라로 찍어 YouTube에 올리는 등 방송뉴스는 전문적인 방송기자 뿐만 아니라 방송뉴스 이용자, 즉 일반 시민의 참여도 가능한 영역이 됐다. 방송뉴스 제작 과정에서도 지금까지의 취재기자, 카메라기자, 편집자 등의 구분도 점차 사라지고 있다. 결과적으로 방송뉴스의 포맷과 양식도 과거의 도식적인 틀에서 벗어나 새로운 뉴스포맷 시도가 잇따르고 있다. 무엇보다 지금은 과거의 취재, 보도, 촬영, 편집 등 각 제작 과정의 내부 개혁과 그리고 그 부문간의 경계를 허물고 새로운 방송뉴스의 틀을 모색하는 방송뉴스 기획 및 연출자를 기다리고 있는 시대이다.

책의 구성

〈방송뉴스: 취재, 보도, 촬영, 편집, 연출〉은 제목 그대로 방송뉴스의 취재와 보도 그리고 촬영과 편집, 연출 등 각론 부문을 충실히 실습하면서 궁극적으로 방송뉴스의 제작 과정 전반을 총체적으로 이해할 수 있도록 구성했다.

제 1장 〈방송뉴스 이론〉은 우선 방송뉴스가 무엇이고, 어떤 종류와 형식 등이 있는지 개괄적인 소개를 한 뒤, "위기" 에 처한 요즘의 방송뉴스의 현실에 대한 문제제기를 시도한다. 방송뉴스의 위기는 무엇보다 방송뉴스를 보는 사람들이 현저히 줄어들고 있다는 사실이 말해 준다. 위기의 원인은 인터넷 등 경쟁매체의 등장, 방송뉴스 자체의 경쟁력 저하, 방송뉴스를 습관적으로 이용하는 충성집단의 이탈 등을 지적할 수 있다. 요컨대, 방송뉴스의 위기는 지금까지 해오던 대로 방송뉴스를 만들어서는 안 된다는 사실을 말해주고 있다. 우리는 방송뉴스의 위기의 근본적인

원인의 하나로 뉴스 양식의 "도식화" 문제를 분석해 보고, 위기 탈출 방안으로 방송뉴스의 "방송적인" 연출 그리고 급변하는 미디어 환경에서 생존하고 미래를 열 수 있는 방송기자의 경쟁력 배양 등을 논의해 본다.
제 2장 〈방송뉴스 취재와 보도〉는 신문기자와 대비되는 방송기자의 역할과 기능 그리고 방송기자가 준비하고 훈련해야 할 것에 대한 지침이다. 방송기자는 취재를 위한 동선이나 제작 과정이 신문기자의 그것과 크게 다르다. 방송기자는 기사 내용, 즉 텍스트 기사 못지않게 영상과 음성, 음향을 챙겨야 한다. 방송뉴스는 글로 쓰여지는 것이 아니라 방송되는 만큼 최대한 말하듯이 써야 한다. 방송뉴스는 말과 영상, 음향이 조화를 이루어 뉴스 메시지가 정확하고 효율적으로 그리고 미학적으로 전달될 수 있도록 짜임새있는 구성과 연출을 필요로 한다. 방송기자는 리포트 등을 통해 직접 뉴스의 정보를 전달해야 하기 때문에 카메라에 익숙해지고, 마이크를 적절하게 사용하며, 뉴스 메시지를 효과적으로 전달할 수 있도록 평소에 많은 훈련을 필요로 한다. 이 장에서는 방송기자의 취재 보도 요령 및 훈련 지침을 제공하고 있다.

제 3장은 방송뉴스의 취재 · 보도와 쌍벽을 이루는 촬영 · 편집 요령을 최대한 친절하고 자세하게 안내하고 있다. 편집 기술의 발달과 디지털 캠코더의 성능이 향상됨에 따라 1인 방송국이라는 신조어가 등장할 만큼 현대 방송 기술은 하루가 다르게 발전하고 있다. 방송뉴스 영역에서도 한 사람이 취재기자와 카메라기자 그리고 편집기자까지 모든 영역을 소화할 수 있는 시대가 다가오고 있다. 이 장에서는 1인 미디어로서의 능력을 배양할 수 있는 촬영과 편집의 이론에서부터 실제 장비의 사용법, 촬영 현장에서 부딪힐 수 있는 문제점까지 촬영 · 편집의 모든 과정을 아우르고 있다. 이와 더불어 현장에서 촬영한 소스를 이용해 비선형 편집기를 사용하여 실제 보도 영상물을 만들 수 있도록 따라하기 매뉴얼 수준으로 구성했다.

제 4장은 실제 방송뉴스 강의실에서 사용할 수 있는 각종 실습자료를 모아 놓았다.

고마운 분들

모든 책의 출판과정이 그러하듯, 이 책도 많은 분들의 도움이 없이는 세상의 빛을 보지 못했을 것이다. 우선 이 책의 2007년 첫판을 출판하는데 재정적 후원을 해준 한국언론진흥재단과 이번에 두번째 개정판을 내는데 도움을 준 한림대 출판부 여러분께 감사드리지 않을 수 없다. 이 책은 저자들의 독창적 작업의 결과물만이 아니다. 많은 방송뉴스 관련 교재의 가르침이 이 책의 방향타가 되었다. 또한 저자들과 가르침과 배움이라는 역할의 경계는 있었지만 방송뉴스 만들기라는 동일한 주제를 가지고 고민과 고통, 체험과 교훈을 같이해준 한림대 방송뉴스 수강생들은 저자들의 학생인 동시에 친구, 때로는 스승이 되기도 하면서 이 책을 구성하는데 많은 영감과 아이디어를 주었다.

특히 이제는 졸업을 하여 사회인이 된 박정민, 이윤섭, 김민현, 장진철 군 등은 이 책을 구성하고 편집하는데 특유의 디자인 감각과 꼼꼼함으로 많은 기여를 했다. 한림대 출판부의 김인규 교수, 왕신식 팀장, 석현조 대리, 김두헌 조교에게도 게으른 저자들을 끝까지 믿고 지지해 주심에 감사드린다. 또한 막바지 세심한 편집 디자인으로 책을 거듭나게 한 고려출판사 여러분들께도 심심한 고마움을 표하고 싶다.

방송뉴스 취재-보도-촬영-편집-연출을 아우르는 총체적인 방송뉴스 교재로서 이 책은 나름대로의 가능성과 함께 적지 않은 한계와 문제점이 있음을 우리는 안다.

책이 가지고 있는 흠결과 문제점은 전적으로 저자들의 책임이다. 많은 방송뉴스들이 그러하듯 이 책도 일단 데드라인에 쫓겨 개정판 형식으로 다시 세상에 나간다. 이 책을 이용하시는 분은 부디 아낌없는 질책과 편달 그리고 충고를 해 주시어, 초라한 이 책이 다음번에는 좀더 튼실한 모습으로 거듭날 수 있기를 바란다.

2014년 2월 28일

최영재, 양영철

Contents

I 방송뉴스 이론

Ⅲ 방송뉴스 촬영과 편집

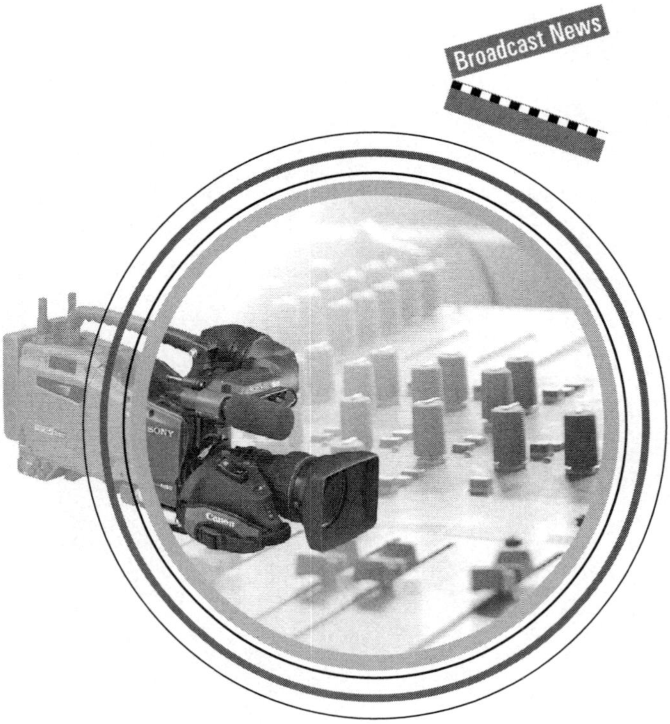

I 방송뉴스 이론

1. 방송뉴스의 이해
2. 방송뉴스의 위기
3. 방송저널리즘의 미래

I 방송뉴스 이론

뉴스란 무엇인가, 방송뉴스란 무엇인가. 어려운 질문이다. 일단 뉴스란 사람들이 빨리 알기를 원하고 필요로 하는 것이라고 정의해 두자. 그렇다면 방송뉴스는 일시에 많은 사람들에게 소리와 영상을 이용해 뉴스를 전달해 준다는 점에서 대단히 효율적이고 영향력 있는 뉴스의 종류라고 할 수 있다.

방송뉴스의 이론과 현실을 다루는 이 장은 우선 방송뉴스가 무엇이고, 어떤 종류와 형식 등이 있는지 개괄적인 소개를 한다. 이어 "위기"에 처한 요즘의 방송뉴스의 현실을 맞닥뜨릴 수밖에 없다. 방송뉴스의 위기는 무엇보다 방송뉴스를 보는 사람들이 현저하게 줄어들고 있다는 사실이 보여주고 있다. 위기의 원인은 인터넷과 같은 신속하게 먼저 뉴스를 전해주는 경쟁매체의 등장과 더불어 방송뉴스 자체의 경쟁력이 떨어졌으며, 그 결과 방송뉴스를 거의 매일 보는 충성집단의 층위가 매우 얇아지고 있기 때문이다.

한꺼번에 많은 사람들이 동시에 동일한 내용의 영상뉴스를 보는데는 방송만한 매체가 없다는 점에서 방송뉴스는 여전히 가능성과 미래가 있다. 하지만 방송뉴스의 위기는 지금까지 해오던 대로 방송뉴스를 만들 수만은 없다는 점을 명확하게 시사해 주고 있다. 이 장은 한국방송뉴스와 선진국 방송뉴스의 양식과 포맷을 비교 분석해 봄으로써 한국 뉴스의 틀에 박힌 "도식화" 문제를 드러내고, 새로운 뉴스 양식의 개발의 필요성을 제시한다. 이제는 사람이다. 급변하는 미디어 환경 속에서 방송뉴스에 밝은 미래를 열 수 있는 방송기자가 되기 위해서는 무엇을 준비해야 하는가.

목 차

1. **방송뉴스의 이해**
    1) 뉴스란 무엇인가
    2) 방송뉴스란 무엇인가?
2. **방송뉴스의 위기**
    1) 방송뉴스 시청률 급락 위기
    2) 방송뉴스의 경쟁력 저하
    3) 방송뉴스 충성집단의 이탈
    4) 방송뉴스의 "도식" 문제
3. **방송저널리즘의 미래**
    1) 방송뉴스의 미래
    2) 방송뉴스의 생존전략
    3) 방송기자의 자질

Key Words:

뉴스(news), 뉴스가치(news value), 방송뉴스(broadcast news), 특종(scoop), 엠바고(embargo), 스트레이트 뉴스(straight news), 뉴스 포맷 (news format), CG(computer graphic), 대담(cross talking), 기획(producing), 연출(directing), 인터뷰 컷(sound bite), DMB(digital multimedia broadcasting), IPTV(internet protocol TV), 디지털 융합 (digital convergence)

1. 방송뉴스의 이해

*

*

*

*

*

2010년 3월 26일 금요일 밤 10시 24분. YTN TV화면에 '백령도 순찰 해군 초계함 침몰 중'이라는 자막이 떴다. 잠시 후 기자가 전화 생방송으로 백령도 앞바다에서 해군 초계함이 침몰됐다는 사실을 보도하기 시작했다. 북한군에 의한 천안함 공격이 있은지 불과 1시간 남짓만에 이루어진 발 빠른 보도였다. 뒤이어서 다른 방송사들이 잇따라 이 사건을 긴급뉴스로 전하기 시작했다. 46명의 해군장병이 희생된 천안함폭침 사건에 대한 뉴스는 이렇게 방송되었다.

군(軍) 관련 사건 뉴스가 대개 그러하듯이 천안함 사건 역시 군 당국의 발표 위주로 보도가 이루어졌다. 밤 9시경 백령도 앞바다에서 천안함이 강력한 폭발음과 함께 선체에 구멍이 뚫리면서 침몰되었다는 것, 승조원 100여명 가운데 40여 명이 실종된 것으로 추정된다는 것, 군경이 헬기와 경비정을 긴급 출동시켜 구조작업을 벌이고 있다는 것, 사고 원인은 선체 내부 폭발 또는 외부 충격으로 인한 폭발 가능성과 함께 북한군의 공격가능성도 배제할 수 없다는 내용 등을 기자는 전하고 있었다.
천안함폭침 사건은 사건 발생 이후 두 달여 동안 시청자들을 TV 앞에 붙들어 놓을 정도로 온 국민의 관심을 집중시킨 뉴스였다.

사건 초기에는 침몰 개요, 생존 및 사망자에 관한 소식 등에 뉴스의 초점이 맞추어지면서, 시체 인양 및 실종자 수색 작업, 침몰 원인에 대한 추정 등이 주요 뉴스로 보도되었다.
이어 사건 발생 20일 후, 실종 장병들이 숨져있는 함미(艦尾)부분이 인양되면서 시신이 발굴되자 유가족은 물론 국민들의 슬픔과 분노가 뉴스 화면을 뒤덮었다. 천안함폭침 뉴스는 침몰 원인을 두고 온갖 추측이 난무한 가운데 5월 20일 합동조사단이 북한군의 어뢰공격으로 침몰되었다는 발표를 하면서 국민들이 궁금해했던 의문점을 해소하게 되었다. 이와 함께 정부가 북한군의 무력도발 사실을 유엔 안보리에 상정하는 등의 조치를 취함으로써 이 사건은 국제뉴스로 확대되었다.

천안함폭침 소식은 뉴스가 무엇인지, 뉴스 전달자는 무엇을 어떻게 알려주어야 하는 것인지를 우리에게 다시 한 번 일깨워 주었다. 뉴스란 새로운 소식, 시청자가 알고 싶어하는 궁금한 소식을 정확하고 신속하게 알려주는 것이다. 시시각각으로 계속 새로운 소식이 밝혀진다면 그 때마다 뉴스가 탄생하는 것이다.
천안함 사건은 한국 국민들에게는 그 어떤 것과도 비교할 수 없는 가장 민감한 뉴스이다. 비단 한국뿐 아니라 미국, 중국, 일본 등 국제사회에까지도 큰 뉴스가 되는 것이다. 국내 TV 방송사들이 정규 프로그램을 중단하고 이 소식을 신속하게 뉴스특보로 전하는 것은 그만큼 국민들에게 엄청난 영향을 미치는 뉴스이며, 국민들 역시 관심이 지대하기 때문이다.

오늘날 사람들은 TV 화면을 통해 세상 소식을 생생하게 접한다. 처참한 살육전이 전개되는 전쟁터, 끔찍한 테러현장, 이해관계가 첨예하게 대립하는 외교전, 정상급 선수들이 경쟁하는 각종 경기 등 해외 뉴스 그리고 대선 · 총선 등 치열한 선거전에서부터 정치 스캔들에 대한 수사, 격렬한 노사분규의 현장, 수해, 화재, 교통사고, 살인 사건 등 강력 사건의 현장에 이르기까지 국내외 모든 뉴스의 현장을 TV를 통해 생생하게 보고 있는 것이다.
그런데 뉴스라는 것은 기사의 편집, 보도 방향에 따라 독자나 시청자 등 수용자에게 미치는 영향이 달라진다. 현실 세계와 영상 세계는 아무래도 차이가 나지 않을 수 없다.
방송매체는 화면, 음향, 효과 등 현장 화면과 메시지를 전하는 기자나 아나운서의 전달 방식에 따라 뉘앙스(nuance)의 차이가 있기 때문에 시청자가 TV를 통해 접하는 내용은 사실(fact)과 상당 부분 괴리가 있을 수 있다.
TV가 현실세계에서 벌어지고 있는 모습을 사실 그대로 전달하고 있는지에 대해서는 아무도 자신할 수 없다. 저널리스트들 나름대로의 노력에도 불구하고 수많은 변수로 인하여 뉴스는 굴절되고 왜곡되어진다. TV 뉴스의 한계는 어쩌면 불가항력적이다.

방송 뉴스는 TV와 라디오라는 전파매체를 통하여 시청자에게 소식을 전달하는 것이다. 방송 뉴스의 기사는 신문 기사와 같이 육하(六何) 원칙에 의거하여 작성된다. 뉴스 형식은 정시 뉴스 시간에 아나운서가 스트레이트 기사를 읽는 방식과 저녁 종합뉴스나 아침 종합뉴스 시간대에 앵커가 진행하면서 패키지로 제작된 기자 리포트를 방송하는 두 가지가 있다. 기자 리포트는 현장 화면과 효과음, 인터뷰 등을 본문 리포트와 합성, 편집하여 입체적으로 제작된다. 리포트 기사는 스트레이트 기사와 작성 방식이 다소 차이가 있다.
긴급 뉴스는 태풍, 수해 등의 재해가 발생하거나 대형 사건 · 사고 발생시, 수사 발표, 정치 경제적으로 중요한 발표가 있을 때 현장에서 기자가 사건의 진행 상황을 실시간으로 중계 보도하는 방식이다.

방송사의 편성정책, 뉴스 내용의 중요도에 따라 방송뉴스의 전달 방식 및 형식에 차이가 있는데 이것이 시청자들에게 끼치는 영향도 판이해진다.
시청자들은 방송사 직원들이 제작, 방영하는 제작물의 결과물(output)만 보고들을 뿐 그 제작 과정(input)을 알 수 없다. 모든 일이 그렇듯이 그 배경을 알면 실체를 알 수 있게 된다. 방송도 마찬가지로 제작물이 생산되는 배경을 알면 제작물의 실체를 어느 정도 이해할 수 있다. 뉴스거리를 취사선택하고 기사를 쓰고 현장을 촬영하고 편집하는 이른바 게이트 키핑(gate keeping)의 전 과정을 알면 알수록 실제 현실과 뉴스로 보도되는 영상 세계간의 괴리가 크다는 것을 깨닫게 된다. 따라서 제대로 된 뉴스, 사실에 가까운 뉴스를 제작하는 저널리스트의 자세와 노력은 아무리 강조해도 지나치지 않다.
방송뉴스는 현장을 제대로 보여주고 군더더기 없는 표현으로 사실을 전달할 때 진가(眞價)가 발휘된다.
100%까지는 어렵겠지만 완벽에 가까운 방송 뉴스는 어떻게 만들어질 수 있는

지를 짚어봄으로써 저널리스트 본연의 역할을 알아보고 나아가서 시청자들 입장에서 방송뉴스를 이해하는데 도움이 되고자 한다.

1) 뉴스란 무엇인가?

뉴스란 사람들이 빨리 알기를 원하고 필요로 하는 것이다. 옥스퍼드 사전에는 뉴스는 소식, 새롭거나 흥미로운 정보, 새로운 사건의 보도라고 정의되어 있다. 고전적인 격언이 되었지만 찰스 다나(Charles Dana)는 개가 사람을 물면 뉴스가 아니지만 사람이 개를 물면 뉴스가 된다고 했다. 아더 맥유언은 뉴스란 독자를 '어이쿠!'하고 놀라게 하는 것이라고 했다.

방송뉴스나 신문 뉴스 또는 인터넷 뉴스 등 모든 뉴스의 역할은 기본적으로 똑같다. 뉴스란 일어나고 있는 사건을 실시간(real time) 보도하는 것이다. 맨 처음 알려진 사실이 뉴스라고 보면 된다. 뉴스는 살아 있는 생물체와 같이 시시각각 변화하는 것이다.

기자들은 특종 보도에 민감하다. 특종 보도야말로 뉴스 가치가 있는 것이고, 진정한 뉴스인 것이다. 특종 기사를 그대로 베껴내는 것은 구문(舊聞)이지 뉴스가 아니다. 기자들이 흔히 보도 시점을 약속한 보도유예(embargo)를 깨는 경우가 있다. 기사를 쓰기로 약속한 날짜를 어기고 앞서서 먼저 기사를 써 출고하는 행위이다. 약속을 깨고 보도한 기자는 기자 사회에서 윤리적으로 비난받을 수는 있겠지만 결과적으로 특종을 잡은 셈이다. 독자나 시청자 입장에서는 맨 처음 접한 정보이기 때문이다. 후에 보도되는 것은 뉴스의 가치를 상실한 것이다.

뉴스는 사람이 만드는 것이기 때문에 주관적일 수밖에 없다. 같은 사건이라도 보도하는 기자에 따라서 기사 내용이 달라진다. 그 이유는 뉴스 가치(news value)에 대한 기자 개개인의 철학과 판단이 다를 수 있고, 기자의 자질에서도 격차가 있고, 기자가 소속되어 있는 언론사의 보도 성향에도 차이가 있기 때문이다. 원칙적으로 스트레이트 기사는 어느 기자가 취재하여 보도를 해도 내용이 똑같아야 하지만, 현실적으로 위와 같은 요인으로 인하여 기사가 제 각각으로 작성된다. 이것은 게이트키핑 이론으로 설명될 수 있다.

위와 같은 논리로 보면 뉴스 가치에 대한 기준은 다분히 주관적인 측면이 있다. 그러나 보편적이고 상식적인 차원에서 뉴스에 대한 판단의 기준을 제시할 필요가 있다.

일반적으로 뉴스 가치를 결정하는 특성으로는 근접성 · 관련성 · 저명성(著名性) · 즉각성 · 흥미 · 갈등 · 극적인 사건 등이 있다.

· **근접성:** 뉴스에 대한 개인의 반응은 다분히 주관적인 것이다. 따라서 뉴스 가치는 개개인에 따라 다르게 평가된다. 각 개인에 직접 관련되는 일이 뉴스 가치가 높을 수밖에 없다. 가령 수해나 지진이 발생하여 많은 사상자가 생겼을 때 그곳이 자기가 사는 주변 지역인 경우와 먼 나라인 경우에 따라 관심도와 반응은 사뭇 달라진다. 자기 주변 지역 소식이면 관심도가 높고, 관심도가 높으면 뉴스 가치가 높아진다. 근접성은 먼 곳에 있는 다른 사람들의 큰 사건보다 사소한 것이라도 내 주변의 사건이 뉴스로서의 가치가 높을 수 있다는 것을 나타내준다.

· **관련성:** 관련성은 뉴스기사의 영향력이다. 예를 들어 국제 원유가격의 폭등세가 지속되고 있다면 석유 수출국가에는 도움이 되겠지만 수입국에는 큰 부담이 될 것이다. 물론 장기적으로 수출국에게도 부담이 될 수 있다. 원유가 폭등은 정도의 차이는 있지만 세계 각 국, 특히 석유 의존도가 높은 국가에서는 민감한 뉴스가 될 것이다. 커피 값이 폭등한다면 커피 생산국이나 다량 수입국에는 관심이 큰 뉴스가 될 것이지만 아프리카 오지에 사는 사람들에게는 상관없는 일이 될 것이다. 이와 같이 개개인의 생활에 미치는 영향력과 중요도에 따라 뉴스 가치도 달라진다.

· **즉각성:** 뉴스는 새로운 소식이다. 새로운 소식을 빨리 알려주는 것이다. 같은 사건이라도 발생 즉시 알려주는 것과 시간이 오래 경과된 뒤 알려주는 것은 큰 차이가 난다. 묵은 소식은 뉴스가 아니다. 언제 사건이 발생했는가는 누가, 어디서, 어떻게 사건이 발생했는가 하는 것 이상으로 중요한 단서이다. 방송에서 대형 사건이 발생했을 때 자막 방송을 내고 긴급뉴스(spot news)로 처리하는 것은 뉴스를 신속하게 보도한다는 원칙에 따른 것이다.

매 시간 같은 소재의 뉴스가 나갈 경우에는 앞서 나간 내용에 새로이 취재된 내용이 덧붙여져야 한다. 최신 내용이 나가지 않으면 시청자는 묵은 소식만 되풀이해서 듣게 되기 때문에 뉴스 가치를 인정하지 않는다. 다음의 예를 보자.

◎ 오늘 정오 조금 지나서 서울시 서초동 XX로에서 가스 배관 공사를 하던 중 폭발사고가 발생해 작업을 하던 인부 5명이 부상을 당해 XX병원으로 옮겼다고 경찰이 발표했습니다.

◎ 오늘 낮 12시 30분경 서울시 서초동 XX로에서 가스 배관 공사를 하던 중 폭발사고가 발생했다고 경찰이 발표했습니다.
이 사고로 작업인부 5명이 부상을 당해 XX병원으로 옮겨졌습니다. 5명 모두 의식은 있다고 합니다.

◎ 오늘 낮 12시 30분경 서울시 서초동 XX로에서 가스 배관 공사를 하던 중 갑자기 폭발이 일어났습니다. 이 폭발로 작업인부 5명이 얼굴과 팔에 화상을 입었습니다.
이 중 YY가스회사 사원 26살 김XY씨와 부천시에 있는 YZ공업사 직원 28살 정WX씨 등 두 사람이 전치 2개월 이상의 중상을 입었습니다.

위에서 알 수 있듯이 시간이 지나면서 사고의 윤곽이 드러나고 취재가 상세하게 되면서 새로운 사실이 드러나게 된다. 밑줄 친 부분과 같이 새로운 내용이 밝혀지게 되는데 이것이 새로운 뉴스가 된다.

권력형 부정부패 등 대형 비리 사건의 수사에 대한 보도는 처음에는 작은 사건같이 보도되다가, 수사가 진척되면서 비리 사건의 전모가 드러나면 엄청난 정치 권력형 스캔들로 밝혀지게 된다. 수사 과정에서 시시각각 새로운 사실이 밝혀질 때마다 신속하게 속보(續報)를 전하는 데서 뉴스의 생명이 살아나고 뉴스의 진가가 돋보이는 것이다.

· **흥미:** 뉴스는 한마디로 흥미거리이다. 각종 사건사고, 기쁜 소식이든 슬픈 소식이든 인간사와 관련된 세상사 이야기가 제 3자에게는 관심과 흥미를 유발하는 것이다. 평범한 이야기는 흥미를 끌 수 없다. 흥미를 유발하는 요소는 특이한 사건이 될 수밖에 없다. 같은 종류의 사건이라도 연예계의 인기스타라든지 거물급 정치인이나 재벌 등 유명 인사의 이야기는 더욱 흥미를 끌게 되기 때문에 뉴스로서의 가치가 높아진다.

그러나 오늘의 언론이 지나치게 흥미 위주로 보도하는 경향이 있는 것은 큰 문제가 아닐 수 없다. 예를 들면 1997년 다이애나 전 영국 황태자비의 교통사고 사망 사건이 전 세계 언론으로부터 집중적인 스포트라이트를 받은 적이 있다. 거의 비슷한 시점에 테레사 수녀가 서거했는데 이 뉴스는 다이애나의 뉴스에 묻혀버려 세인의 관심을 끌지 못했다. 이는 뉴스의 가치를 지나치게 흥미 위주로 다룬 대표적인 사례라고 볼 수 있다.

· **기타:** 이밖에 극적인 사건이나 국가, 이해단체 등 조직 간의 갈등, 논쟁 등이 기사로서의 가치가 있을 수 있다. 특히 국가 정책을 놓고 이해관계를 달리하는 집단 간에 갈등이 빚어지는 경우, 국제사회에서 국가 간, 종교 집단 간의 갈등이 빚어지는 경우 등은 관련되는 당사자가 많기 때문에 사건도 크고 관심도가 높아진다. 관련되는 사람들의 수(數)에 따라 뉴스가치가 달라진다.

2) 방송뉴스란 무엇인가?

방송뉴스는 방송국에서 편성한 시간대에 정기적으로 방송하는 정규뉴스와 시청자에게 신속하게 알려야 할 필요가 있어 임시로 편성하여 방송하는 긴급뉴스가 있다.

정규뉴스는 기자들이 시시각각 송고해 오는 기사를 중요도에 따라 그때그때 편집하여 방송하는 것이다. 시청자에게 당일 발생한 데일리(daily)성 스트레이트 기사를 전달하는 것이다. 뉴스는 대부분 아나운서가 스트레이트 기사를 읽는 방식으로 진행하는데, 밤 9시 TV 종합뉴스는 앵커가 진행하면서 기자 리포트를 내보낸다.

긴급뉴스는 천재지변 등 대형 사건사고나 정치 · 경제적으로 큰 현안(issue)이 있는 경우 앵커가 뉴스 프로그램을 진행하고 기자가 현장에서 중계방송을 한다. 이미 방송중인 프로그램을 중단하거나 프로그램이 끝나는 즉시 사안의 중요도에 따라 적절한 시간을 할애하여 방송한다.

(1) 방송기사의 종류

a. 스트레이트 기사(Straight News)

스트레이트 기사는 사건 사고 등 자연적으로 발생하는 뉴스 그리고 정부, 기업, 단체 등이 발표하는 정책 및 신제품 출시, 행사 뉴스, 국회의 입법 활동에 관한 뉴스 등 당일 발생하는 이른바 데일리(daily)성 뉴스이다. 방송용 스트레이트 기사는 신문 기사와 마찬가지로 육하원칙에 의하여 작성한다. 스트레이트 기사는 일반적으로 30초 내지 40초 내로 작성한다. 문장은 3~4개로 구성한다. 비중이 큰 기사의 경우 1분 정도까지 쓰고 5~6개의 문장으로 구성한다. 기사는 반드시 리드(lead,前文)를 쓰고 본문을 쓴다. 리드는 미끼와 같다. 본문의 궁금증을 유도하는 간단한 문장으로서 기사의 핵심을 간단명료하게 표현하여야 한다.

신문의 1단 기사에 해당하는 간단한 내용의 방송기사는 20초 내지 30초로 2~3개 문장으로 구성하며 리드는 없어도 된다. 스트레이트 기사는 주어와 동사 위주로 간략하게 쓰는 것이 좋다. 형용사와 부사 등 수식어는 가능한 한 빼고 드라이(dry)하게 작성한다. 스트레이트 기사는 사실(fact)위주로 작성해야 하기 때문에 기자의 개인적인 주관이 들어가서는 안된다.

방송의 현장에서 보면 자사의 방송기자가 현장에 나가있는데도 연합뉴스 등을 인용하여 일보(一報)를 방송하는 경우가 적지 않다. 이는 담당 기자가 신속하게 스트레이트 뉴스를 송고하지 않아 일어나는 일로 기자의 책무를 게을리 한 데 원인이 있다. 방송기자는 종합뉴스 제작에만 매달리지 말고 우선적으로 스트레이트 기사를 작성하여 방송국에 송고하는 일부터 해야 한다.

b. 리포트 기사

리포트 기사는 기자가 직접 보도하는 것이다. 기자가 자신이 쓴 기사를 직접 읽는다. 리포트 기사는 주로 TV 종합 뉴스에서 쓰는 입체적인 보도 방식이다. 앵커가 도입 멘트(anchor ment)를 한 뒤 취재기자가 화면에 자신의 목소리를 담고 인터뷰한 것을 삽입하여 방송하는 것이다. 현장감을 주기 위해 기자가 스탠드업(stand-ups, 카메라 앞에 서서 방송하기)을 하고, 현장음(natural sound)을 삽입하기도 한다. 화면은 현장 촬영 화면과 방송국에 보관되어 있는 자료 화면을 사용한다.

리포트는 매일매일 발생하는 사건이나 정책 발표 등 데일리(daily) 기사를 리포트 하는 것과 기획 기사를 리포트 하는 경우의 두 가지로 나눌 수 있다. 데일리 기사 리포트는 보통 1분 20초 안팎으로 방송 당일에 제작된다.

기획 기사 리포트는 데일리 뉴스의 비중이 클 경우 이 뉴스에 관한 배경 및 문제점 등을 심층으로 보도한다. 혹은 사회적으로 이슈가 되고 있는 문제를 보도하는 경우가 있는데 이 때는 중요도에 따라 연속기획(시리즈)으로 방송하기도 한다.

기획기사 리포트는 뉴스의 현장을 취재, 보도하는 르포기사, 화제의 인물을 인터뷰하는 기사, 〈집중취재〉, 〈집중진단〉이라는 타이틀을 내걸고 사회적인 비리 · 부조리 · 불법행위 등을 파헤치는 고발 뉴스 형식 등으로 방송된다. 기획기사는 기자의 아이디어나 시청자의 제보를 바탕으로 만들어지는데 심층취재를 하기 때문에 제작하는데 시간이 다소 걸린다. 기획 기사 리포트는 3분 안팎으로 제작되며, 긴 것은 5분 정도로 제작된다.

c. 논평(Editorials and Commentaries)

뉴스에 반영된 기사의 내용은 사실(fact)의 뼈대이겠지만 사실의 상당 부분은 보도된 기사 밑에 묻혀 있다고 보아야 한다. 기사로 표현된 것은 빙산의 일각이라고 할 수 있다. 기사에 밝혀지지 않은 무수한 사실이 근저에 깔려있다. 중요한 것은 기사화되지 않은 뉴스의 뒷얘기 즉, 기사에 드러나지 않은 많은 사연과 배경이다. 이것을 알면 사건에 대한 분석과 전망을 하는데 큰 도움이 된다.

인터넷의 발달로 세상이 '정보의 홍수' 시대가 되면서 정보는 넘쳐나는데 반해 막상 쓸 만한 정보를 가려내기는 어려운 상황이 되어가고 있다. 인터넷에 수많은 사람들의 주장은 넘쳐나는데 옳고 그른 것을 가려내기가 어렵게 된 것이 오늘의 현실이다.

방송 뉴스에서 논평의 기능이 필요한 이유가 여기에 있다. 논평은 사실 보도에서 한 발 더 나아가 시시비비를 가리는 기사이다. 스트레이트 기사와 리포트 기사는 있는 사실을 객관적으로 전달하는 것으로 기자 개인의 주관이나 주장이 들어가서는 안 된다. 그러나 논평은 해설(논설)위원의 주장이 들어가는 글이다. 해설위원은 당일 뉴스 중 비중이 가장 큰 기사를 가지고 2~3분 내에서 논평을 한다. 논평은 정부 정책이나 사회 현상 등에 대하여 시시비비를 가리고 부정과 부조리, 그릇된 정책이나 주장에 대한 비판을 하는 것으로 신문의 사설과 같은 기능을 한다.

논평은 사회 정의를 구현하기 위하여 여론을 올바르게 이끄는 기능을 해야 한다. 이해 관계가 첨예하게 대립되어 있는 사회에서 논평은 공정성 시비를 불러 일으킬 수 있는 민감한 사안을 다루어야 할 때도 있다. 사안이 예민하다고 하여 이를 회피하거나, 논평이 양비론(兩非論)으로 흘러 의미 없는 내용이 되어서는 안 된다. 또한 논평이 원론적인 얘기만 하거나 추상적이고 공허한 말에 그치면 설득력이 없다.

(2) 방송뉴스의 형식

a. 정규뉴스

정규뉴스는 방송국의 편성 정책에 의하여 정해진 시간대에 방송된다. 정규뉴스를 편의상 아나운서가 TV와 라디오에서 스트레이트 기사를 읽는 일반뉴스 그리고 앵커가 진행하는 TV 밤 종합뉴스와 아침 종합뉴스로 구분한다.

일반뉴스는 라디오의 경우 거의 매 시간마다 편성돼 있는데, 뉴스 시간이 짧은 것은 5분 내외에서 긴 것은 20~30분 까지 편성되어 있다. TV 일반뉴스는 하루 7~8 차례에 걸쳐 방송하는데 뉴스 진행 시간은 시간대 별로 차이가 많다.

TV 밤 종합뉴스는 밤 8시나 9시에 당일 뉴스를 총 정리한다. 종합뉴스는 앵커(anchor, 뉴스 진행자)가 기자 리포트를 소개하면서 진행하는 방식이다. 방송사마다 조금씩 차이가 있으나 스포츠 뉴스를 포함하여 50분 내지 1시간 동안 방송한다. TV 종합 뉴스에서의 기자 리포트는 데일리 기사 리포트가 주종을 이루는데, 기획기사의 리포트도 많이 하고 있다. 방송사간 뉴스 경쟁은 엇비슷하게 보도되는 데일리 기사 리포트보다는 아이템과 제작이 차별화되는 기획기사 리포트에서 판가름이 날 수 있다.

비중이 큰 뉴스는 기자가 뉴스 스튜디오(studio)에 출연하여 앵커와 대담(cross talking)하는 형식으로 진행한다. 앵커가 질문하고 기자가 답변하는 대담 방식이다. 단순한 보도를 넘어서 배경 설명 및 해설이 가미된 심층 보도가 된다.

이때 질문 · 답변은 출연하는 기자가 작성하여 데스크(작성된 기사를 결재하는 부장급 선임 기자) 및 앵커와 협의한다. 이해도를 높이기 위해 현장 화면과 함께 컴퓨터 그래픽(computer graphic)을 활용하여 도표 등을 삽입하기도 한다.

사건 현장에서 앵커와 대담을 하는 경우도 있다. 라디오 방송도 대담을 하는 경우가 많은데 기자가 스튜디오에 출연하거나 현장에서 중계차 또는 전화를 이용하여 방송한다.

b. 긴급뉴스

정규 뉴스 시간이 아닌 때 긴급한 뉴스를 보도해야 할 경우가 있다. 전쟁 상황이라든지 수해 · 태풍 등 재난사고 발생시, 국가의 중요한 현안이 발표될 때에는 방송사의 긴급 편성으로 이루어진다. 뉴스특보 또는 뉴스속보라는 타이틀로 긴급뉴스 방송을 한다. 긴급뉴스를 현재 방송되고 있는 프로그램을 중단하고 내보낼 것인지, 방송중인 프로그램이 끝난 후 내보낼 것인지는 뉴스 책임자와 편성 책임자가 협의해 결정한다. 긴급뉴스는 앵커가 뉴스 프로그램을 진행하고 기자가 현장에서 중계방송을 한다.

c. 자막뉴스

대형 사건 사고가 발생했거나 정치 · 경제적으로 비중이 큰 뉴스가 터졌을 때 자막 뉴스를 내보낸다. 방송되는 프로그램의 화면 하단에 흘림 자막(roll super)으로 처리한다. 핵심적인 문구를 간결하게 작성하여 전달하도록 하고, 뉴스 가치에 따라 몇 차례에 걸쳐 반복하여 내보낼 것인지 판단하여 자막을 흘려보낸다.

자막뉴스를 내보낸 뒤에는 진행 중인 정규 프로그램이 끝난 다음 뉴스특보 또는 뉴스속보 형식으로 긴급뉴스를 편성해 상세하게 방송한다. 초대형 사건일 때에는 정규 프로그램을 중단하고 긴급뉴스를 내보낸다.

2. 방송뉴스의 위기

*

*

*

*

*

1) 방송뉴스 시청률 급락 위기

방송뉴스의 영향력은 여전하다. 하지만 최근 방송뉴스가 '위기'를 맞이하고 있다는 말들이 방송사 내부와 외부에서 동시에 들린다. 한때 잘나가던 지상파 TV 뉴스가 어려움에 봉착했다는 방송뉴스 위기설은 무엇보다 형편없는 방송뉴스 시청률 하락에서 찾을 수 있다.

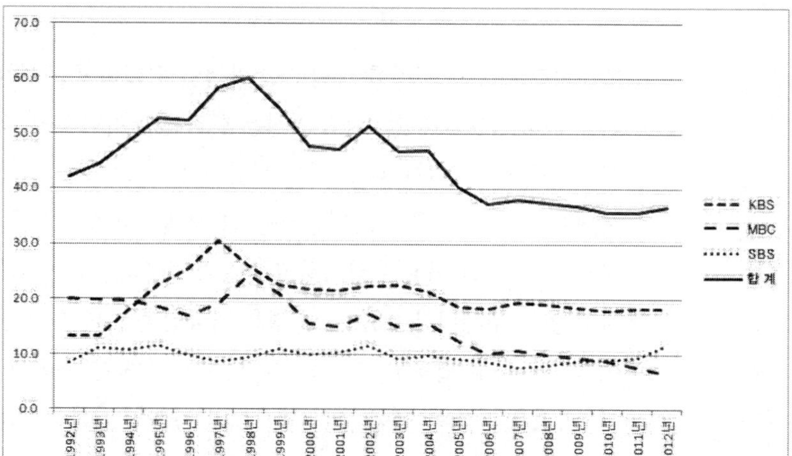

〈그림 2-1〉 지상파 3사 메인뉴스 시청률 20년 추이 (1992년~2012년, 가구시청률)

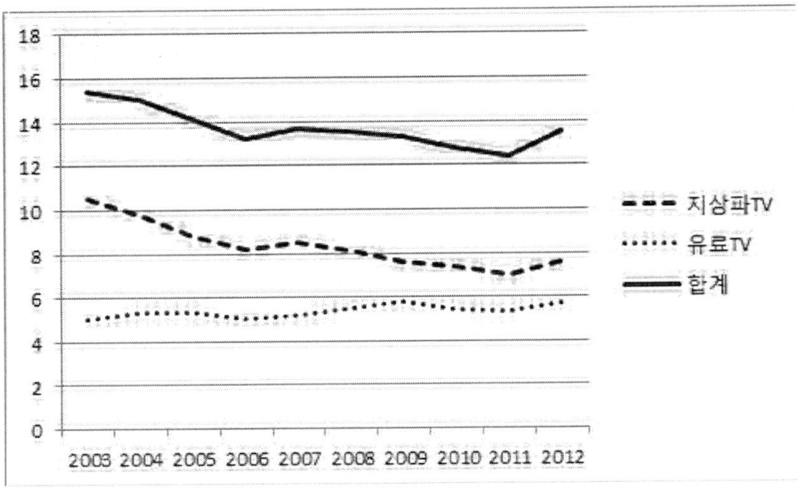

〈그림 2-2〉 TV 시청률 추이 (개인시청률, AGB닐슨)

지상파 방송뉴스 시청률은 1997년 IMF 사태를 전후해서 한때 급등한 뒤 곧바로 급락하는 추세를 보이다가 2005년 이후에는 방송 3사 뉴스 시청률을 모두 합쳐도 40%선 이하를 맴돌고 있다. 〈그림2-1〉. 한때 저녁 9시만 되면 거의 대다수의 국민이 텔레비전 앞에 앉아 세상 돌아가는 일을 TV뉴스에서 알고 그 다음날 TV뉴스를 이야기한 적이 있었다. 그같은 TV뉴스의 전성시대는 과거사가 되고 있다. 이제는 방송뉴스가 방영되고 있는 사이 약 60% 이상의 시청자들이 드라마를 보거나 아니면 케이블을 비롯한 뉴미디어 채널을 보거나, 아예 텔레비전을 시청하지 않고 있다.

텔레비전 뉴스의 시청률 하락은 전반적인 텔레비전 시청률의 하락과 궤를 같이 하고 있다. 〈그림 2-2〉. 이런 현상은 한국뿐만 아니라 미국, 영국 등 선진국들에서도 공통적으로 나타나고 있는 현상이다. 〈그림 2-3〉은 미국인들의 뉴스 이용 행태가 어떻게 변화하고 있는지를 잘 보여주고 있다. 전반적으로 전통적인 신문과 TV뉴스의 이용은 감소하고 있는데 반해 온라인 인터넷 뉴스 이용은 증가하고 있는 추세이다. 2010년의 경우 미국인들은 하루 평균 약 70분을 뉴스 이용에 할애한다고 답했고, 그 가운데 TV뉴스 이용은 평균 32분 한다고 답하고 있다. 라디오 뉴스는 15분, 인터넷 뉴스는 13분, 신문은 10분 이용한다고 응답했다.

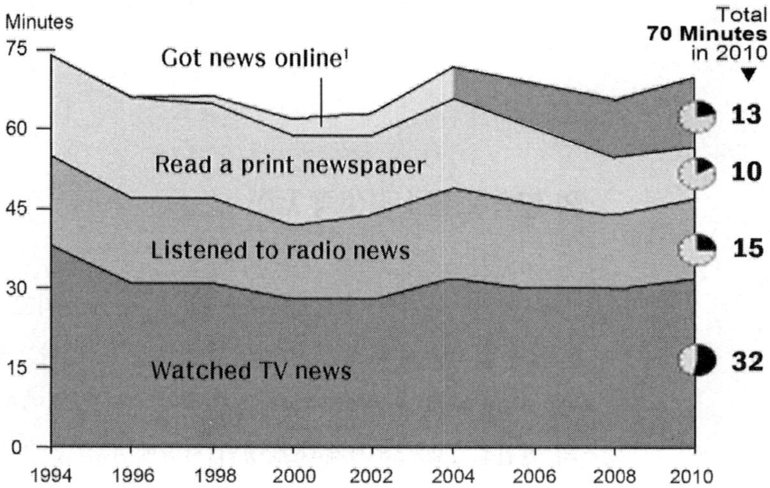

〈그림 2-3〉 미국인들의 뉴스 이용행태 (출처. Pew Research Center. 2010)

TV뉴스 시청률의 급속한 하락에 대한 여러 가지 원인진단과 분석이 나오고 있다. 우선은 손쉽게 찾을 수 있는 것으로 케이블/위성 다채널 TV와 인터넷과 같은 경쟁 채널의 등장이다. 그런가 하면 사람들의 라이프스타일 등이 변화하면서 절대적인 시사정보 뉴스 이용자가 감소하고 있는 현상도 TV뉴스 위기를 초래하는 원인으로 지적된다.

외부적인 원인 말고도, 내부적인 경쟁력 하락도 위기의 원인으로 꼽힌다. 경쟁적인 채널이 등장하고 뉴스에 대한 사람들의 기호가 변화하고 있는데, 방송뉴스는 적절히 대응하지 못했다는 것이다. 그러다 보니, 결과적으로 TV뉴스 이용자들이 외부의 경쟁적인 매체로 이탈하는 한편, 과거 필수 시청 목록이었던 저녁시간대 TV뉴스가 이제는 안 봐도 그만인 정도로 TV뉴스에 대한 시청자의 충성도(loyalty)가 낮아졌다.

정리해 보면 TV뉴스 위기를 부른 원인으로 1) 경쟁채널의 등장 2) 뉴스 이용자의 감소 3) TV뉴스의 경쟁력 저하 4) TV뉴스 충성집단의 이탈 등이 거론되고 있다.

2) 방송뉴스의 경쟁력 저하

방송뉴스의 위기를 말할 때 경쟁매체의 등장 그리고 전반적인 뉴스에 대한 무관심 등은 외부에서 발생한 원인이라고 할 수 있다. 하지만 외부 원인들은 어찌됐든 방송뉴스 내부에서 대처할 수밖에 없다는 점에서 방송뉴스의 진정한 위기의 원인은 TV뉴스 자체의 경쟁력 저하에서 찾을 수 있을 것이다. 무엇보다 이제 사람들이 TV뉴스의 이야기 방식이나 뉴스 가치에 별로 공감하지 않는 경우가 늘어나고 있으며, 바로 이것이 뉴미디어 경쟁매체로의 이동현상 그리고 전반적인 뉴스 이용자 감소 현상을 부르고 있다는 것이다.

TV뉴스가 상당수의 사람들로부터 외면을 받기 시작한 것은 방송뉴스가 더 이상 이렇다 할 매력을 주지 못하고 있기 때문이다. 일단 인터넷이나 뉴스전문 케이블 채널 등에서 이미 들을 이야기를 다 접한 상황에서 저녁 방송뉴스는 결코 신선한 충격이 되지 못한다. 더욱이 세상의 관심과 사람들의 라이프스타일은 크게 변하고 있는데, 방송뉴스는 여전히 시민과는 무관해 보이는 지배 엘리트로부터 나오는 관급 뉴스를 들어보라고 강권하고 있는 꼴이다. 신문이든 방송이든 저널리스트들은 이제 시청자의 코드가 아니라 자기들만의 코드로 살아가는 '뉴스의 베두인족'(News Bedouins)이 되고 있다.

특히, TV뉴스는 급변하는 뉴스매체 환경에서 생존하려면 최대의 장점인 '방송적인' 뉴스를 구현해야 할 터인데, 국내 방송뉴스는 여전히 신문뉴스에 영상을 입히는 수준에 머물러 있다고 해도 과언이 아니다. 도식적인 뉴스 양식, 예상할 수 있는 주제, 그다지 방송적이지 않은 뉴스 양식은 점차 세련미에 눈을 뜨고 있는 시청자에게 식상한 느낌을 주기 시작하고 있다.

3) 방송뉴스 충성집단의 이탈

뉴스 이용은 궁극적으로 습관이다. TV뉴스의 위기를 전반적인 시청률의 급락 현상에서 찾는다면 매일 또는 거의 매일 뉴스를 시청하는 사람들의 습관이 무너지기 시작한 지점에서 위기의 징후를 찾을 수 있을 것이다. 저녁 뉴스 시간이 되면 당연히 채널을 고정하던 사람들의 마음이 다른 채널의 유혹으로 흔들리고 있다.

저녁뉴스 시청 습관이 무너지기 시작한 것은 오늘 발생한 뉴스가 무엇인지에 대한 궁금증을 저녁 뉴스를 통해 해결하려는 동기 부여가 이제는 많이 사라지고 있기 때문이다. 인터넷이나 케이블 등 다른 채널을 통해 거의 실시간으로 시사 정보를 접한 상태여서 저녁 뉴스에 대한 기대감이 많이 감소했다.

그렇다고 저녁뉴스가 시사문제에 대한 심층적인 해설이나 공감할 만한 정치적인 관점, 또는 사회적 가치를 제공해 주는 것도 아니기 때문에 채널을 고정시킬 만한 이유나 동기를 찾기가 어렵다.

특별히 신문이나 다른 매체에 비해 방송뉴스가 언론으로서 공정성이나 신뢰도가 유별나게 높은 것도 아니다. 일반적으로 대상 매체에 대해 공정하거나 신뢰할만하다고 생각할수록 그 매체를 정기적으로 이용하는 경향이 있다. 특히 신문의 경우는 유료 구독을 하는 신문에 대해 해당 독자들은 공정성과 신뢰도 점수를 높게 매긴다. 반면에 방송뉴스는 영상효과 때문에 전반적으로 공정성이나 신뢰도에서 신문에 비해 높은 점수를 받지만, 그러나 공정성과 신뢰도 평가가 채널 선택으로 이어지지는 않는다.

결국 오늘의 TV뉴스는 뉴스의 정보성이나 심층성 그리고 공정성 면에서 이렇다 할 경쟁력을 갖추지 못함으로써 고정 시청자를 확보하는데 그다지 성공적이지 못하다. 저녁 뉴스 시간이 되면 뭔가 기대가 동반된 시청습관이 아니라, 달리 볼 채널이 없다는 이유로 타성적으로 저녁뉴스를 보는 시청자들이 많다. 이때 사람들은 드라마나 스포츠 등 다른 볼만한 대안 프로그램이 나타나면 뉴스 시청을 기꺼이 포기한다.

4) 방송뉴스의 "도식" 문제

(1) 한국 방송뉴스의 도식: 1분20초 신화

방송뉴스 시청률 하락으로 요약되는 방송 저널리즘의 위기는 그 원인이 무엇이든 방송뉴스 자체의 변화를 요구하고 있다. 실제로 방송사들은 최근 팀제 중심의 뉴스생산 조직의 개편과 방송뉴스 포맷과 스타일의 개혁 등을 통해 변화를 시도하고 있다. 변화와 개혁의 대상은 궁극적으로는 뉴스의 내용과 형식을 변화하는 방향으로 모아질 수밖에 없다.

선진 외국의 방송뉴스도 그러하지만 한국 방송뉴스 또한 전형적인 생산 방식상의 관행과 표현양식상의 도식을 가지고 있다. 한국 방송뉴스의 도식과 관행을 알아보기 위해 한국의 지상파 방송 3사의 뉴스와 영국의 BBC, 미국의 CBS, 일본의 NHK의 프라임타임대 대표적인 뉴스 프로그램의 양식을 비교해 봤다.〈최영재·남재일 (2013), '텔레비전 뉴스 포맷의 국가간 비교 연구' 및 최영재·손영준 (2005), '한국방송뉴스 양식의 관행 연구' 참고. 여기서는 최영재·손영준 (2005)의 연구 결과를 제시함. 분석기간은 2004년 8월 8일~14일〉

외국의 방송뉴스와 비교해서, 한국의 방송뉴스는 뉴스시간이 길고, 뉴스 아이템이 많은 대신, 개별 리포트의 길이는 상대적으로 짧은 것으로 나타난다. 〈그림 2-4〉는 뉴스 프로그램의 평균적인 러닝타임을 측정한 것이다. 전반적으로 한국의 방송들이 뉴스에 많은 시간을 할애하고 있으며, 특히 KBS는 종합뉴스의 경우 하루 평균 51.1 분으로 가장 긴 뉴스시간을 가지고 있었다. 이는 주말뉴스까지 포함한 것이어서 평일에는 거의 1시간씩 뉴스를 편성하고 있는 셈이다.

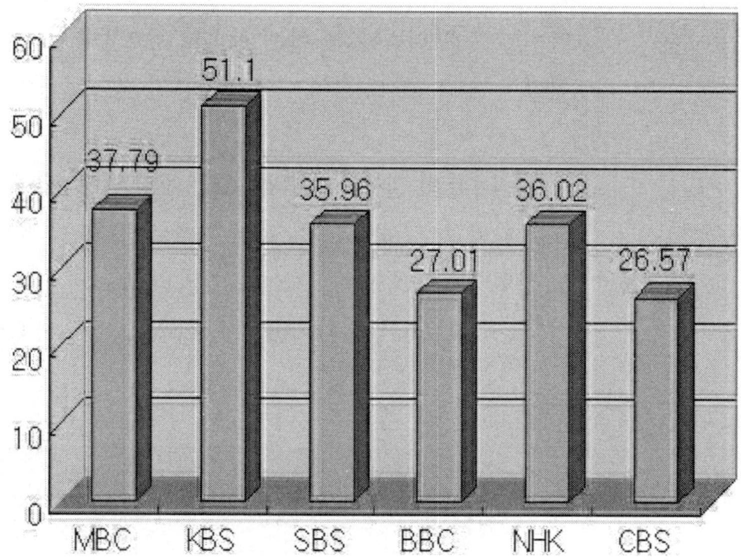

〈그림 2-4〉 뉴스 프로그램 평균 러닝타임(단위:분)

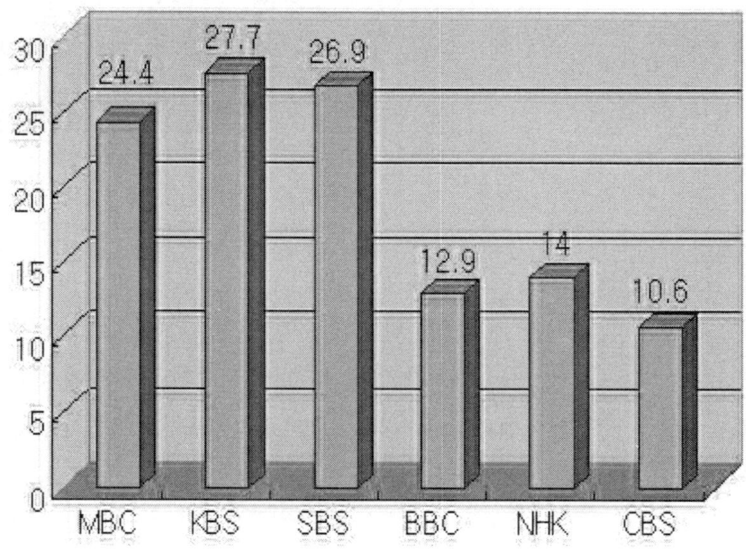

〈그림 2-5〉 방송사별 리포트 꼭지 수(생방송, 스튜디오 리포트 포함)

방송사별로 하루 평균 방송하는 뉴스 리포트수를 비교한 결과에서도 한국방송은 다른 세계 방송에 비해 현저히 많은 수의 리포트 아이템(꼭지)을 내 보내고 있는 것으로 나타난다. 이는 한국의 뉴스방송이 전체적인 러닝타임은 긴데다 개별 뉴스 리포트의 길이가 짧기 때문인 것으로 풀이된다. 〈그림 2-5〉

기자 리포트의 길이를 비교해 보면, 한국 방송뉴스의 리포트가 확실히 짧은 것으로 나타났다.(MBC 83초, KBS 96초, SBS 80초) 영국 BBC와 일본 NHK, 그리고 상업방송 체제인 미국까지도 거의 리포트 하나당 약 2분 안팎의 시간으로 구성되는 것으로 나타났다.(BBC 113초, NHK 143초, CBS 119초) 〈그림 2-6〉

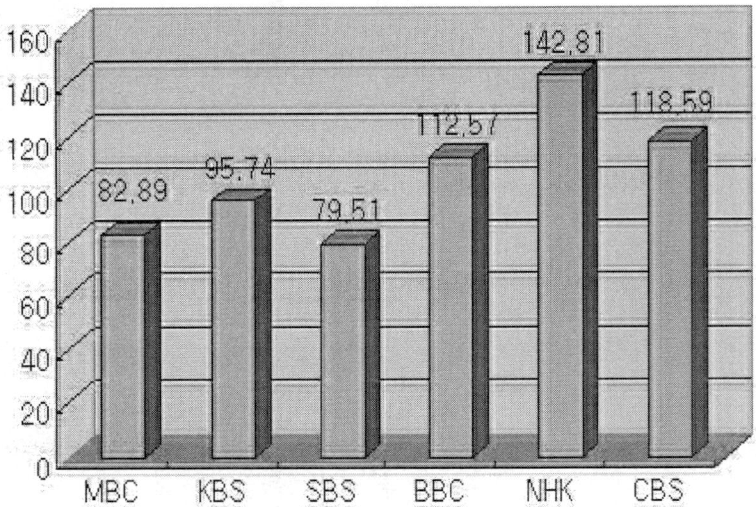

〈그림 2-6〉 리포트의 길이(단위 : 초)

기자 리포트를 안내하는 앵커 멘트의 길이에서도 한국과 외국 뉴스 간에는 눈에 띄는 차이가 있었다. 한국은 대체로 12초에서 14초 사이의 두 세 문장으로 앵커멘트를 처리하는 반면, BBC 앵커는 23초, NHK와 CBS는 18초의 멘트를 하는 것으로 나타났다. 〈그림 2-7〉

요컨대, 한국방송뉴스의 구성상의 특징은 되도록 많은 아이템을 전달하되 아이템 당 할애하는 시간은 짧다. 이러한 특징은 다양하고 많은 정보를 제공하는 장점 대신, 특정 분야에 대한 보도에 있어서 심층적이고 분석적인 보도태도가 결여될 가능성이 높다고 하겠다.

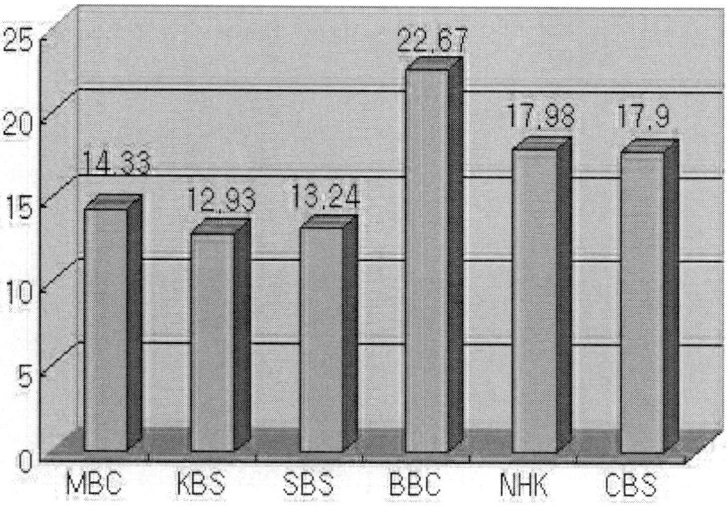

〈그림 2-7〉 리포트 기사에서 앵커멘트의 길이(단위 : 초)

(2) 한국 방송뉴스의 도식: 짧은 인터뷰

방송리포트에서 인터뷰의 숫자와 길이는 어떤 사안을 보도하는데 있어서 얼마나 관련 인사들의 목소리를 충실하게 전달해 주느냐하는 보도의 객관성을 재는 척도로 작용한다. 보도가 객관적일수록 대체로 많은 관련자들의 인터뷰를 담고, 또한 인터뷰의 길이도 길어지는 경향이 있다.

한국방송과 외국방송 리포트에서 인터뷰의 사용 경향을 측정한 결과 대체로 공영방송이 국적에 관계없이 많은 인터뷰를 사용하고 있으며, 인터뷰의 길이는 외국에 비해 한국방송이 짧은 것으로 나타났다.

리포트 당 인터뷰 수는 KBS(1.46명)와 BBC(1.3명)가 비교적 객관적인 외부의 목소리를 상대적으로 많이 담으려고 노력했고, MBC는 기사당 0.76명으로 인터뷰 사용에 가장 인색했다.〈그림 2-8〉

인터뷰 길이(sound-bite)는 한국 뉴스들이 10초 안팎의 매우 짧은 인터뷰를 구성하는 반면, BBC (17.6초)와 NHK (26.4초), CBS (16.4초)는 상대적으로 인터뷰 대상자에 많은 시간을 할애해 주는 것으로 나타났다.〈그림 2-9〉

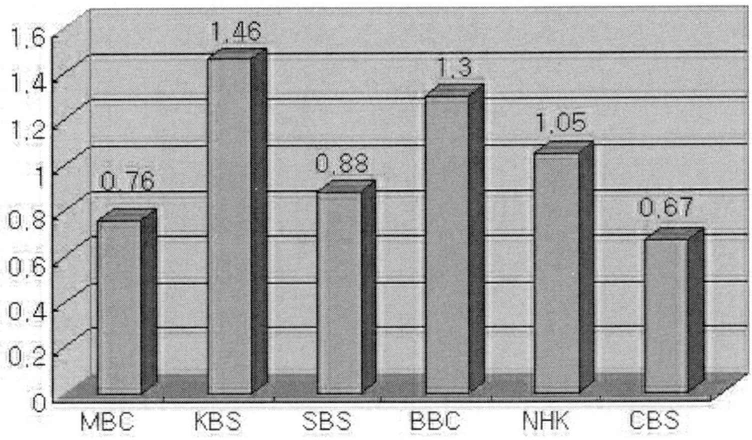

〈그림 2-8〉 리포트의 인터뷰수 (기자 리포트)

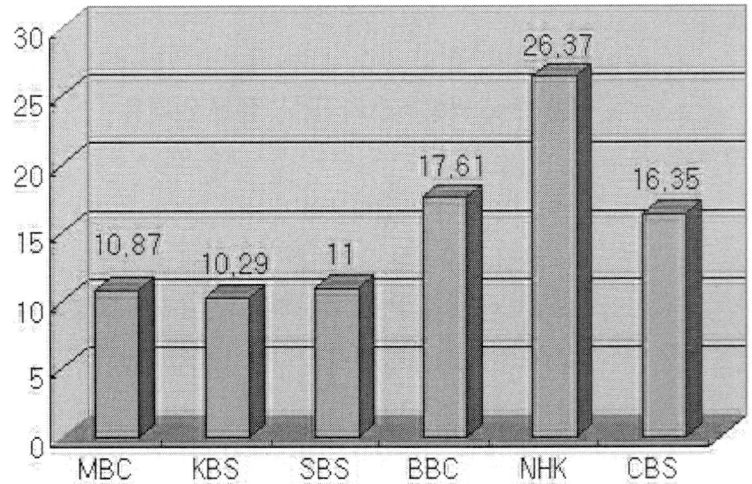

〈그림 2-9〉 인터뷰 길이 (단위 : 초)

(3) 한국 방송뉴스의 도식:

〈앵커+리포트〉식 단조로운 연출

한국방송은 외국의 방송뉴스에 비해 대체로 단조로운 연출을 하고 있었다. 한국방송사들의 뉴스는 앵커가 리포트를 소개하고 이미 녹화된 기자의 리포트 테이프를 돌리는 방식의 단조로운 연출을 반복하고 있다. 반면에 영국의 BBC와 일본의 NHK, 미국의 CBS는 기자의 생방송 리포트와 스튜디오 출연 대담 등 다양한 뉴스 재현 방식을 채택하고 있다.〈그림 2-10〉

뉴스 화면 컷 처리도 한국의 방송뉴스가 거의 모든 리포트에서 4초 안팎의 컷들로 구성된 리포트를 빠른 템포로 진행시키는 특성을 보인 반면, 외국의 방송뉴스는 전반적으로 리포트를 구성하는 화면 컷의 길이가 상대적으로 길었으며, 리포트마다 길고 짧은 컷을 적절히 사용하는 특성을 보였다.〈그림 2-11〉

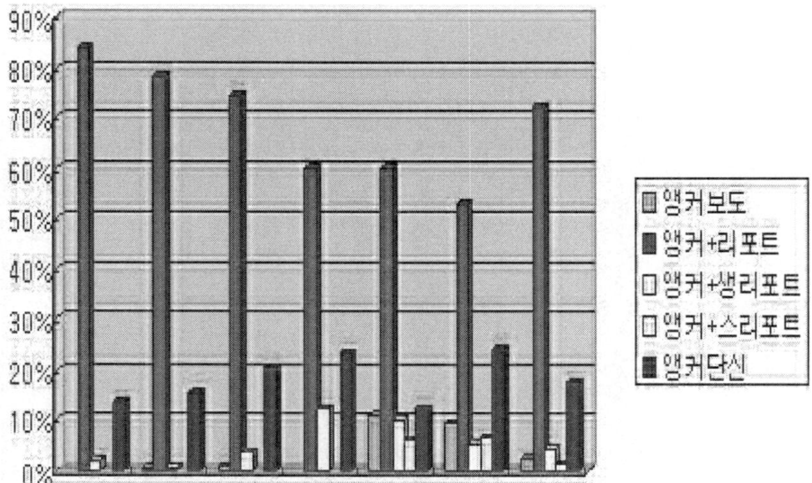

〈그림 2-10〉 뉴스의 제시 방식

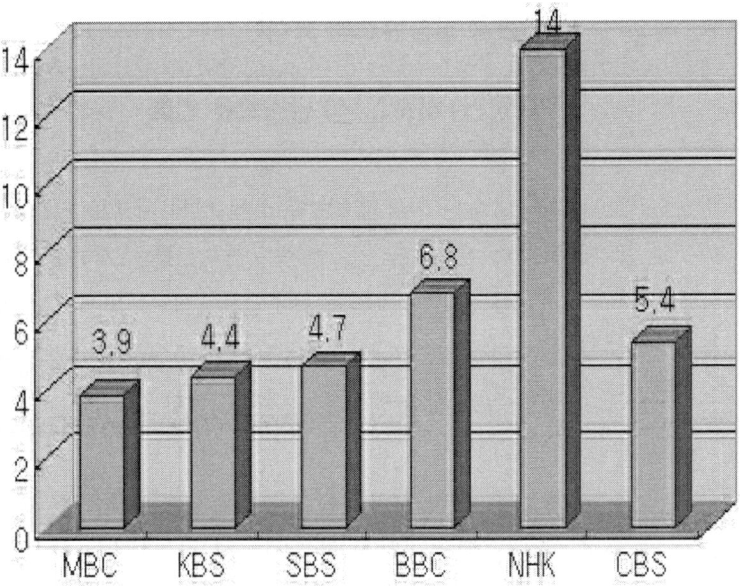

<그림 2-11> 리포트 화면 컷의 평균 길이 (단위:초)

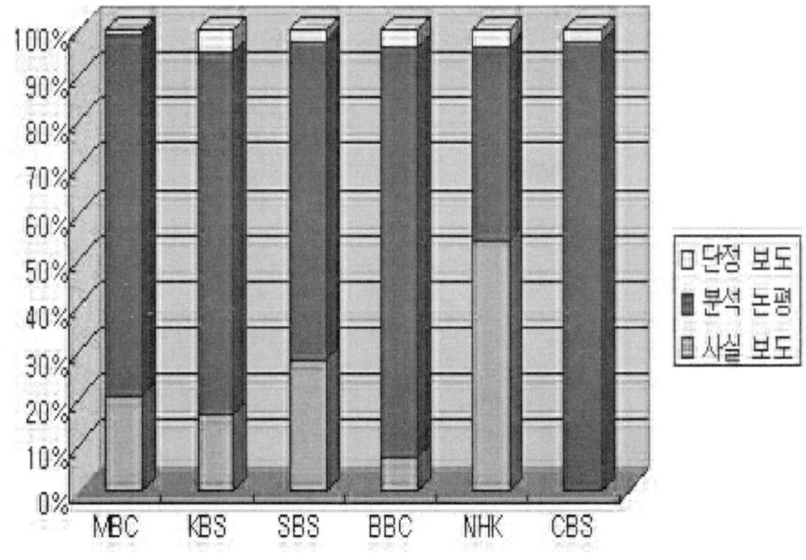

<그림 2-12> 기사 전개방식 (기자 리포트)

(4) 한국 방송뉴스의 도식의 문제점과 개선점

〈표 2-1〉은 한국방송의 뉴스와 외국방송의 뉴스의 양식상의 차이점을 비교 분석한 결과표이다. 한국의 방송뉴스는 대체로 외국뉴스에 비해 다소 진부하고 낡은 도식적인 특징을 가지고 있음이 발견된다. 한국 방송뉴스의 도식, 특히 짧고 많은 리포트 방식은 많은 사람들의 다양한 정보 수요를 충족시켜 주는 특장점을 가지고 있는 것이 사실이다. 반면에 방송의 특성을 충분히 살리지 못하는 도식적인 방송뉴스 연출 방식 등은 다매체 경쟁시대에서 한국 방송뉴스의 약점으로 작용하는 것은 틀림이 없는 것 같다. 구체적으로 한국방송의 뉴스 양식의 문제점과 개선점을 다음과 같이 제시해 볼 수 있다.

뉴스 양식	한국 방송뉴스	외국 방송뉴스	특이사항
뉴스 방송시간	36-51분	27-35분	
리포트 꼭지수	24-27개	11-14개	
리포트 길이	80-96초	113-142초	
앵커멘트 길이	13-14초	18-23초	
뉴스 주제	경제, 복지	다양	
뉴스 전개방식	사실 보도	분석논평	NHK는 사실 보도
인터뷰 길이	10-11초	16-26초	
리포트 컷의 길이	3.9 - 4.7 초	5.4 - 14초	
기사의 제시방식	앵커 + 리포트	다양성	
크로마키/ 자막	많이 사용	적게 사용	NHK 많이 사용
리포트내 효과	많이 사용	적게 사용	CBS 많이 사용

〈표 2-1〉 한국 방송뉴스의 전형-외국 뉴스 양식과 비교

* 위 내용은 단일 방송사의 특징을 나타낸 것이 아니라, 타 방송사와 비교했을 때 두드러진 측면을 표시한 것임.

첫째, 방송뉴스 시간이 길고, 리포트 꼭지수가 많다는 것이다. 이처럼 오랜 시간 많은 아이템을 보도하는 방식은 다수의 다양한 뉴스 시청자를 끌어 들일 수 있지만, 시청자들이 틀에 박힌 뉴스 양식에 대해 식상함과 피로감을 느낄 가능성이 높다. 이슈의 선택과 집중 원칙에 따른 '짧고 굵게 보도하는' 양식을 연구할 필요가 있겠다.

둘째, 한국의 방송뉴스는 개별 리포트 길이가 1분 20초 정도로 고정돼 있고, 인터뷰 길이도 약 11초로 제한돼 있다. 이러한 양식은 빠른 템포의 영상에 익숙해진 시청자들에게 지루하지 않고 속도감 있는 방송뉴스를 제공할 수 있다는 장점이 있다. 그러나 짧은 리포트와 짧은 인터뷰(sound bite) 신화를 생산해 낸 서양 뉴스는 정작 최근 들어 상대적으로 길어지고 있고, 일본의 NHK도 이를 따라가고 있음을 연구 결과를 통해 보여주고 있다. 아마도 매체환경의 변화가 신속하고 경쾌한 보도의 역할보다 심층적인 뉴스의 수요 때문인 것으로 풀이되는데, 한국의 방송뉴스도 새로운 뉴스 수요를 담아내기 위해서는 기존의 '짧은 뉴스, 짧은 신화'의 집착에서 벗어나는 실험정신이 요구된다고 하겠다.

셋째, 한국의 방송뉴스는 상대적으로 뉴스 내용의 심층성이 결여돼 있는 것으로 나타난다. 기사들이 사회적인 중요성 보다는 정보 중심적이고, 다면적인 것보다는 단발성 사건 기사가 많다. 개별 기사를 만들기 위해 동원된 취재원의 수도 상대적으로 적다. 다만 한국의 방송뉴스 중 일부는 사건 중심보다는 문제 중심의 뉴스가 많아 심층적인 뉴스를 위한 출발점으로 기획 뉴스를 찾는 노력을 보이고 있는 것으로 평가해 볼 수 있다. 전반적으로 짧은 리포트 양식의 문제점과 함께 내용상의 심층성을 보여주지 못하고 있는 문제를 해결할 수 있는 전략적 시도가 요구된다.

넷째, 한국방송뉴스는 뉴스 연출 측면에서 국내 다른 방송사와 마찬가지로 도식적이고 답답한 문제를 드러내고 있다. 뉴스의 제시방식이 앵커멘트와 리포트, 앵커의 단신 등으로 천편일률적이다. 외국 방송에서 채택하고 있는 생방송 뉴스의 비중을 높일 필요가 있겠다. '방송적인 뉴스'는 한국의 방송뉴스가 나아가야 할 핵심적인 방향일 것이다.

다섯째, 한국방송뉴스는 객관성과 공정성 측면에서 부분적인 문제점을 드러내고 있다. 리포트 내에서는 편들기 방식이 다른 방송사보다 적었지만, 앵커멘트의 편향성이 눈에 띄었다. 기사 내 인터뷰 수도 다른 방송사보다 적어 뉴스를 객관적으로 제작해 나가려는 노력이 부족한 것으로 보인다. 전반적으로 기자들의 음성이 높은 것도 뉴스가 '공정하고 객관적이다'라는 인식에 부정적 영향을 줄 수 있을 것이다.

3. 방송저널리즘의 미래

*

*

*

*

*

1) 방송뉴스의 미래

TV뉴스의 위기가 지상파 뉴스 시청률의 단기적인 하락으로 나타나고 있긴 하지만 그렇다고 TV뉴스의 미래가 어둡다고는 말할 수 없다. 매체적 특성 측면에서 보면, 방송뉴스는 신문이나 인터넷 등에 비해 분명히 경쟁 우위에 있는 것이 사실이다. 맥루한이 통찰한 대로 방송은 지구촌 사람들을 눈과 귀로 연결시킬 수 있는 영상과 음성을 가지고 있으며 그만큼 속보성에서도 경쟁 우위에 있다.

물론 예측을 불허할 정도로 급변하는 매체환경을 감안한다면 TV뉴스가 장 · 단기적으로 어떤 장르적 형태와 내용으로 변할지 속단할 수는 없다. 그러나 최근의 DMB나 IPTV 등에서 보여지는 모바일(mobile)과 융합(convergence) 추세를 고려해 보더라도 방송뉴스는 제약점보다는 오히려 무한한 가능성을 갖춘 뉴스 장르라는 사실을 알 수 있다.

DMB와 같은 모바일 방송은 신문이 가지고 있는 소지와 이동의 편리성을 방송뉴스에 부여하는 것이며, IPTV와 같은 융합 방송은 인터넷의 장점인 정보 네트워크 구조를 방송에 연결시키는 결과가 된다.

요약하자면, 방송뉴스는 그만큼 변화하는 매체환경에 순발력있게 적응할 수 있는 변용력을 지니고 있다고 할 수 있다. 여기서 TV뉴스의 장기적 성공의 열쇠는 변화된 매체환경에서 얼마나 '방송적인' 뉴스를 생산해 낼 수 있을 것인가에 달려 있을 것이다.

2) 방송뉴스의 생존 전략

TV뉴스가 작금의 시청률 하락 위기를 탈출하기 위한 생존전략을 한마디로 표현한다면 '방송적 저널리즘의 회복'이라 하겠다. 뉴스 시청률 하락의 원인은 인터넷 등 경쟁 매체에 대한 방송뉴스의 매체적 우위를 제대로 발휘하지 못했으며 거기에 방송을 통한 저널리즘적 가치 구현에 실패한데서 비롯됐다고 보기 때문이다.

방송적 저널리즘을 구현하기 위한 구체적인 방안으로는 첫째, 저녁뉴스의 답답하고 도식적인 양식에서 탈피해야 한다. 국내 방송뉴스 포맷에서 관찰되는 '1분 20초 리포트', '10초 인터뷰' 양식은 뉴스 제작자의 강박관념에서 비롯된 근거 없는 신화에 불과하다. 선진국 뉴스는 이미 그 같은 도식적인 양식을 깨부순 지 오래다.

둘째, 방송뉴스의 과감한 연출(producing & directing)이 필요하다. 뉴스의 제시 방식에서 앵커멘트와 리포트의 천편일률적 뉴스 편집 방식에서 탈피하여 때로는 앵커가 리포트도 하고, 기자가 스튜디오에 느닷없이 출연하여 생생한 뉴스 전달을 하는 등 탄력적인 뉴스 진행이 바람직하다. 특히 방송의 최대의 경쟁력은 생방송이다. 큰 사건이나 행사뿐만 아니라 일상적인 뉴스에서도 가급적 생방송을 일상화하는 것을 권장할 만하다.

셋째, 방송뉴스가 의제설정 역할을 해야 한다. 리포트 아이템이 줄줄이 너무 많은 뉴스편성은 시청자를 피로하게 한다. 너무 잡다하게 많은 뉴스는 오늘 저녁 뉴스에서 무슨 큰 뉴스가 나올 것인가에 대한 기대를 하지 못하게 한다. 정보 나열형 뉴스편성은 이미 낮시간에 인터넷과 케이블TV 뉴스채널에서 나온 이야기를 재방송하는 꼴이 되고 만다. 그 대신 굵직굵직한 기획성 뉴스로 시청자들의 새로운 뉴스에 대한 기대에 부응하는 것이 좋다. 뉴스 이벤트 연출, 매거진 스타일의 뉴스 스토리 창출 등의 기법도 방송적인 저널리즘을 구현하는 방법 가운데 하나이다.

물론 방송뉴스가 너무 화려함을 좇아 이벤트화되고 사소한 뉴스를 다루는 타블로이드 저널리즘의 함정에 빠져들고 있다는 미국 방송뉴스 쪽의 우려의 목소리도 들린다. 그러나 제대로 된 방송연출을 해보지도 못한 국내 방송뉴스로서는 미국 쪽의 상업화 우려는 행복한 고민에 해당한다.

3) 방송기자의 자질

매체 환경의 변화에 따른 방송뉴스의 위기 시대를 맞아 방송기자는 신문 등 다른 매체의 기자에게 요구되는 기자로서의 품성과 자질 이외에도 더욱더 '방송' 기자다운 자질과 함께 방송 매체 전반을 이해하는 '시스템적'이고 '창의적인' 역량을 요구받고 있다.

방송기자는 취재는 노련하게 하고 기사는 깔끔하게 써야 한다. 방송기자는 여기에 덧붙여 리포트를 매끄럽게 하고 방송 장비에 대해서도 조예가 깊어야 한다. 화면 구성에 대한 이해도 역시 높아야 하는 등 방송 메커니즘을 터득해야 한다. 뿐만 아니라 인터넷 매체 등의 등장에 따른 방송뉴스의 저널리즘적 위치를 직관적으로 터득하여, 이를 응용하는 리포트를 할 필요가 있다.

(1) 취재력

취재력은 뉴스 소재의 수집 능력이다. 뉴스 가치에 대한 판단을 한 후 뉴스를 만드는데 필요한 적절한 소재를 모으는 능력이다. 취재를 잘하기 위해서는 사물에 대한 통찰력이 뛰어나야 한다. 복잡한 사건도 쉽게 본질을 꿰뚫어 볼 줄 아는 능력이 필요하다. 경천동지(驚天動地) 할 사건이 터져도 흥분하지 않고 침착하게 대처하여 필요한 정보를 빠뜨리지 않고 챙기는 능력이 요구된다.

물론 취재는 신속해야 한다. 취재는 대부분 사람들로부터 이야기를 듣는 일, 즉 인터뷰로 이루어진다. 취재 대상자들을 신속하게 섭외해서 기사 내용에 관련되는 핵심 사항을 빠뜨리지 않고 캐내는 것이 중요하다. 취재원들로부터 기사거리를 얻어내기 위해서는 그들의 이야기를 참을성 있게 경청하고 주제가 엉뚱한 방향으로 나가지 않도록 방향을 잡아주는 등 대화 분위기를 장악해야 한다. 필요한 기사거리를 끄집어내기 위해 집요하게 노력하는 자세, 즉 프로다운 기질이 요구되는 것이다. 취재원의 이야기를 들으면서 진위를 파악하기 위해서는 뛰어난 판단력이 필요하다. 건전한 사고방식으로 사물을 대할 때 건전한 판단이 나온다.

위와 같은 능력과 기술을 갖추려면 세상만사에 대한 호기심이 많아야 한다. TV와 신문에 보도되는 세상 뉴스에 끊임없이 관심을 가지고 저널리스트로서의 소양을 길러야 한다.

(2) 전문성

기자는 수습과정을 거쳐 일정기간이 지나면 적성에 따라 특정 분야로 고정 배치되어 일하게 된다. 언론사에 따라 여러 부서를 두루 거치는 수도 있지만 요즘은 전문화 시대이기 때문에 기자도 전문성을 갖추는 일이 시급해졌고 언론사도 전문기자를 선호하고 있다. 언론사에 따라서는 과학 · 의학 · 기상 등 특수 분야의 전문기자제(專門記者制)를 운용하기도 한다.

기자의 전문성은 대학에서 전공한 분야를 활용하여 취재 활동에 접목시킬 수 있을 때 진가를 발휘할 수 있다. 예를 들어 경제학을 전공한 기자가 경제부에서 취재 활동을 하게 되면 기사를 이해하고 작성하는데 상당 부분 도움이 될 수 있으리라 본다.

언론사들은 전문기자제를 운용해본 결과 특정 분야의 전문성을 가지고 있으나 기자로서 취재력, 판단력, 기사 작성 능력 등 기본 소양이 부족한 사람보다는, 초기에는 전문성이 다소 부족하나 기자로서의 기본 소양이 갖추어져 있는 사람을 전문기자로 육성하는 것이 낫다는 결론에 도달하게 되었다. 기자로서의 근성 및 기본자질이 중요하다는 경험치를 얻은 것이다.

전문성은 기자가 취재 현장에서 전문가들과 접촉하는 과정에서 스스로 터득해 나가는 한편 평소에 동료기자, 취재원 등과의 대인(對人) 커뮤니케이션을 통하여 길러나가야 한다. 즉, 취재활동 외에도 각종 세미나, 간담회 등 공식·비공식 모임에 열심히 참여하여 활동하는 것은 기자의 전문성을 높이는 방안 가운데 하나이다. 명성 있는 기자의 기사를 열심히 보고 배우며 국내외 관련 뉴스를 섭렵하는 노력을 하는 것도 전문성을 키우는데 도움이 된다.

(3) 비판의식

기자는 날카로운 비판 의식을 가져야 한다. 일반인들이 평범하게 생각하여 대충 지나가는 일도 예사롭게 보아서는 안 된다. 특히 고위 공직자들의 언행이 국가와 국민들에게 미치는 영향력을 생각해서 이들에 대한 비판 의식의 고삐를 늦추어서는 안 된다. 정부 정책에 대해서도 전문성을 갖추고 평가를 할 수 있는 비판 능력을 길러야 한다.

비판 의식은 사물을 다각도로 바라볼 줄 아는 안목에서 길러진다. 통찰력과 탁월한 직관력이 요구된다. 매사를 다각도로 관찰하고 깊이 사고하는 능력을 길러야 한다. 잘못된 것을 비판하고 바로잡기 위해서는 기자 자신이 흠집이 없이 떳떳해야 한다. 윤리성이 강조되는 측면도 여기에 있다.

(4) 윤리성

기자는 기본적으로 건전한 사고방식과 윤리를 갖추어야 한다. 기자의 손에서 나온 기사가 사회에 엄청난 영향력을 미치는 점을 생각하면 기자의 윤리성은 매우 중요하다. 취재원과의 밀착, 금전수수, 연고주의 등은 기사가 편파적으로 흐를 수 있는 소지를 안고 있다. 언론윤리 규정 등 언론계 내부의 규정을 거론할 필요도 없이 기자 스스로 윤리 의식을 깊이 새겨두어야 한다. 윤리성은 기사 작성의 객관성, 공정성을 담보할 수 있는 한 요인이 될 수 있다. 언론의 생명인 비판 기능도 기자의 윤리성이 전제될 때 발휘될 수 있다.

취재 활동을 입신출세의 디딤돌로 삼는 사례 등은 언론인으로서 양심을 저버린 비윤리적인 행위인 것이다. 기자는 윤리성뿐만 아니라 취재 활동과 관련하여 부당한 압력을 거부할 수 있는 용기가 있어야 한다.

(5) 책임감

국민들은 언론으로 하여금 자신들의 알 권리를 충족시켜 줄 것을 요구하고 있으며 이를 위해 취재 보도의 자유를 존중하고 있다. 취재 보도의 자유는 언론이 국민을 대신해서 언론 자유를 행사하게 하는 개념이기 때문에 당연히 책임이 뒤따른다.

언론인으로서의 가장 중요한 책임감은 정확하고 공정하며 진실된 보도를 하는 것이다. 책임감은 저널리스트의 의무이자 양심의 문제이다. 기자는 단순히 한 번 보도로 문제를 끝내려 하면 안 된다. 그 문제의 해결에 도움이 되도록 헌신해야 하며, 그렇게 하는 것이 책임있는 기자의 역할을 다 하는 것이다. 문제를 적당히 보도하거나 귀찮다고 하여 대충 넘어가는 것은 무책임한 행위이다.

기자가 오보를 냈을 때 정정보도로 면책이 되는 것은 아니다. 잘못된 보도로 인하여 타인의 명예를 훼손하거나 재산상 손해를 입히는 경우는 단순히 배상으로 치유하기 어렵다. 기사에 대해 끝까지 책임을 지는 자세가 필요하다.

(6) 문장력

취재력, 전문성 등을 구비하였다 하더라도 기사 작성을 제대로 하지 못하면 아무 소용이 없다. 취재한 것을 시청자에게 알기 쉽게 전달하는 능력은 기자로서는 필수적인 요소이다. 기자는 아무리 복잡한 사안이라도 본질을 파악하여 핵심을 빠뜨리지 않고 간결하고 단순 명료하게 기사를 작성할 수 있어야 한다.

문법을 알고 글 쓰는 능력도 갖춰야 한다. 다방면에 걸친 독서를 통하여 사고의 폭을 넓히고 작문 실력을 기르는데 힘써야 한다. 좋은 기사를 반복해서 숙독(熟讀)해 보는 등 끊임없이 자기 연마를 해나가야 한다. 방송 기자는 특히 구어체로 문장을 쓰는 능력을 길러야 한다. 교육 수준이 낮은 사람들도 알아들을 수 있도록 기사를 쉽게 쓰는 노력을 끊임없이 해야 한다.

(7) 표현력

신문기자는 기사 작성으로 모든 일이 끝난다. 방송기자에게 있어 기사 작성은 일이 절반 정도 밖에 끝난 것이 아니다. 리포팅 등 마무리 작업이 남아있다.

리포트는 호흡을 가다듬고 자신감 있는 목소리를 내어 듣는 사람이 충분히 이해할 수 있게 한다. 듣는 사람이 편안하게 들을 수 있도록 정성을 다하는 기술을 습득해야 한다. 리포트는 기자가 시청자에게 전달하고자 하는 메시지를 충분히 표현하도록 해야 한다. 리포트를 반복 연습하는 부단한 자기 노력을 통해 자신을 계발하고 향상시켜 나가야 한다.

(8) 팀워크

방송은 여러 사람의 협력 작업의 소산이다. 방송뉴스는 취재기자, 카메라기자, 편집자 등이 합작하여 만들어 내는 것이다. 이 작업은 취재기자가 리더가 되어 선도해 나가야 한다. 취재기자가 뚜렷한 방향을 잡고 나가야 성공적인 작품이

나올 수 있다. 팀원 간의 충분한 의사소통, 상대방에 대한 존중, 리더십 등이 필요하다. 방송기자는 취재의 기획에서부터 끝마무리 작업인 편집에 이르기까지 전 과정을 함께 한다. 이 과정에서 팀원들 간의 커뮤니케이션이 대단히 중요하며 취재기자가 주도적인 역할을 해야 한다.

(9) 시스템적 사고

자동차 공장에서 부품 조립 담당자들이 오로지 자기 맡은 일만 아는 것과 전반적인 공정을 이해하면서 작업을 하는 것은 장기적으로 업무의 효율에 있어서 크게 달라진다고 한다. 마찬가지로 기자는, 특히 방송기자는 특정 주제에 대해 보도할 때 그 주제를 둘러싼 주변 역학관계와 여건을 이해함으로써 보도의 정확성과 심층성을 높일 수 있을 것이다. 또한 방송기자는 전반적인 방송제작 공정의 흐름 또는 새로운 변화를 이해함으로써 제시간에 뉴스를 제작할 수 있을 뿐만 아니라 새로운 스타일, 새로운 포맷의 뉴스를 만들어 낼 수 있는 역량을 가지게 된다. 요즘처럼 급변하는 미디어 환경은 더욱이 방송기자들에게 시스템적 사고를 요구하고 있다.

(10) 창의력

인터넷과 모바일 등 새로운 매체들이 뉴스 동영상을 실어 나르고 사람들의 방송뉴스 이용 패턴이 급격하게 변하는 시기에 기존의 틀에 박힌 뉴스 만들기에 안주하는 것은 침몰하는 배에 타고 있는 것과 같다. 방송기자는 지금까지 선배들이 만들어 오던 대로 방송뉴스를 만든다면 그만큼 경쟁력이 뒤쳐지게 된다.
요즘처럼 방송기자에게 창의력을 요구하는 시대도 없었던 것 같다. 방송기자는 방송뉴스 쓰기, 방송뉴스 만들기, 방송뉴스 연출하기 등에서 혁신적인 창의력을 요구받고 있다.

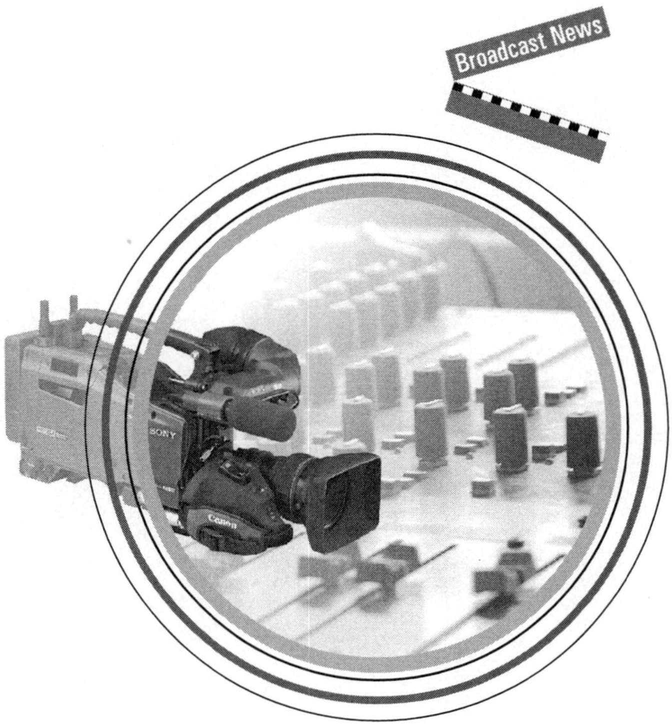

Ⅱ 방송뉴스 취재와 보도

1. 방송뉴스 취재
2. 방송뉴스 작성
3. 방송뉴스 리포팅

Ⅱ 방송뉴스 취재와 보도

방송뉴스는 새로운 사건이나 현상에 대한 정보를 수집한다는 점에서 신문기사와 크게 다르지 않다. 하지만 보도되는 형태가 다르기 때문에 방송기자는 신문기자가 취재를 위해 움직이는 동선이나 취재과정과 많이 다르다. 방송기자는 신문기자에 비해 기사의 내용을 설득력있게 전달해 줄 수 있는 뉴스영상과 음향을 챙겨야 한다. 가령 인터뷰 대상자를 취재할 때 신문기자는 전화로 통화하여 통화내용만 기사로 써서 본사에 송고해 버리면 되지만, 방송기자는 인터뷰 대상자의 얼굴 영상과 인터뷰 목소리를 테이프에 담아 방송해야 하는 수고를 아끼지 말아야 한다. 노력과 에너지가 많이 투여되는 만큼 전파를 타고 나가는 방송뉴스의 영상과 음향이야말로 방송뉴스의 영향력을 높여주는 역할을 한다.

방송뉴스는 글로 쓰여지는 것이 아니라 방송되는 만큼 최대한 말하듯이 써야 한다. 방송뉴스는 말과 영상, 음향이 조화를 이루어 뉴스 메시지가 정확하고 효율적으로 그리고 미학적으로 전달될 수 있도록 짜임새 있는 구성과 연출을 필요로 한다. 방송기자는 리포트 등을 통해 직접 뉴스의 정보를 전달해야 하기 때문에 카메라에 익숙해지고, 마이크를 적절하게 사용하며, 뉴스 메시지를 효과적으로 전달할 수 있도록 평소에 많은 훈련을 필요로 한다.

목 차

1. **방송뉴스 취재**
   1) 뉴스 원(News Source)
   2) 인터뷰(Interview)
   3) 올바른 취재
2. **방송뉴스 작성**
   1) 방송기사 작성 시 유의 사항
   2) 방송기사의 형식과 사례
   3) 분야별 스트레이트 및 리포트 기사 대비
   4) 생방송 중계의 요령
3. **방송뉴스 리포팅**
   1) 이해하기 쉽게 한다
   2) 말하듯이 전달한다
   3) 발성 연습 및 마이크 사용법

Key Words:

취재원 (news source), 출입처 (beat), 보도자료 (press release), CAR (computer assisted reporting), 인터뷰 대상자 (interviewee), 감시견 (watchdog), 역피라미드 (inversed pyramid), 뉴스꼭지 (news item), 자연음(natural sound), 앵커 멘트(anchor announcement), 어깨걸이 (news title), 스탠드 업(stand up), 흐름 (sequence), 교량역할 (bridging), 탐사보도 (investigative report), 강조(prominence)

1. 방송뉴스 취재

*

*

*

*

*

기사거리가 생기는 것은 세 가지 경우이다. 첫째, 눈 앞 에서 일어나는 것 즉, 발생기사이고 둘째, 기사와 관련된 당사자나 제 3자가 기자에게 알려주는 것이고 셋째, 기자가 스스로 취재 활동을 통해서 알아내는 것이다. 이 세 가지 경우 모두 기자가 철저한 확인 및 보완 취재를 통하여 기사를 만들어내야 하는 것은 물론이다.

어떤 것이 기사거리가 되는 것인가? 어디에 가서 누구를 상대로 무엇을 취재할 것인가? 취재 대상자에게는 무엇을 물어야 하는가? 인터뷰를 거부하거나 쉽게 입을 열지 않을 때는 어떻게 해야 하는가? 등의 문제들은 기자 초년생들이 해결하기가 쉽지 않다.

대부분의 기사거리는 뉴스 원(취재원)으로부터 일방적으로 제공된다. 정부 당국자, 정치인, 기업인 등의 발언, 이해 집단들의 발표 및 입장 표명, 억울한 사연을 하소연하는 시민의 주장 등 뉴스 원은 다양하다. 그들의 말을 듣고 보충 질의하는 식으로 취재는 이루어진다. 기자는 각종 발표 뒤에 숨은 진짜 의도를 파헤쳐내어 진실을 보도해야 한다.

사실과 진실은 다르다. 정부관계자, 정치인, 기업, 시민단체 등이 발표하는 것을 그대로 보도하는 것은 사실 보도일 수 있지만 진실 보도가 아닌 경우가 많다. 예를 들면 베트남전이 한창이던 1963년 로버트 맥나마라(Robert McNamara) 미 국방장관은 베트남전에 대한 상황을 설명하는 기자회견을 하면서 전세(戰勢)가 미군과 월남군에게 유리하게 돌아가고 있다고 말했다. 그러나 8년 뒤 《뉴욕 타임스》와 《워싱턴 포스트》는 '국방부 기밀문서(Pentagon Papers)'를 보도하면서 그 당시 전쟁 상황은 미군에게 불리하게 돌아가고 있었다고 폭로했다. 맥나마라 장관이 상황을 속이고 기자회견에서 거짓말을 했던 것이다. 당시 미국 정부의 발표를 그대로 보도한 미국 언론은 사실 보도를 한 것이라고 볼 수 있지만 진실 보도는 하지 못한 것이다. 실체적 진실을 밝혀내지 못하고 정부 당국의 발표만 그대로 인용 보도한 것이다.

기자가 진실을 보도하기 위해서는 사실 관계를 확인하고, 이해관계를 달리하는 쪽의 입장을 보충 취재하는 등 관련되는 뉴스 원을 찾아 다양하게 취재를 해야 한다. 기사를 작성하는 과정에서 가장 중요한 부분이 취재이다. 취재는 먼저 사안(事案)을 어떻게 볼 것인가, 어떤 관점에서 취재할 것인가를 생각하면서 진실을 캐내는 작업을 해야 한다.

취재는 어떻게 해야 하는가? 먼저 취재원이라 할 수 있는 뉴스 원에 대해 알아보자.

1) 뉴스 원(News Source)

뉴스는 정확성이 생명이다. 정확한 기사를 쓰기 위해서는 취재 대상인 뉴스 원을 신뢰할 수 있어야 한다. 기자는 신뢰성이 있는 뉴스 원에 접근해야 하고 이해관계가 얽혀있는 문제는 크로스 체크(cross check)를 통하여 확인 취재해야 한다. 기자가 접근하는 뉴스 원은 사건과 직접 관계있는 1차 뉴스 원이 있고 간접 취재하는 2차 뉴스 원도 있다.

(1) 1차 뉴스 원

a. 제보

사건 · 사고의 목격자, 당사자, 제보자는 가장 확실한 1차 뉴스 원이다. 뉴스의 현장에 가장 가까이 있는 주체이기 때문에 취재기자로서는 사건의 내용을 파악하는데 중요한 뉴스 원이다. 취재 시에는 이들이 정직하고 정확하게 증언하도록 다각도로 질문하여 사실을 확인하여야 한다.

특히 뉴스 원이 스스로 제보를 하는 경우 제보의 의도를 알아보고 반드시 증언을 확인해야 한다. 허위 제보가 있을 수 있기 때문에 크로스 체크는 필수이다. 전화 제보의 경우에는 가능한 한 제보자를 직접 만나 보충 취재를 하는 것이 좋다.

다소 확인이 미흡한 상황에서 빨리 보도해야 할 경우에는 제보자의 연락처, 인적 사항을 반드시 알아두는 것이 좋다. 실제로 언론사에서는 허위 제보에 속는 경우가 많이 있기 때문이다.

아무리 급해도 제보 내용을 관계당국에 확인하는 등 신중하게 처리하는 것이 원칙이다. 대형 사건의 경우 분 · 초를 다투어 보도하는 경우가 있지만, 보도가 다소 늦어지더라도 가능한 데까지는 확인해 보아야 한다. 정확은 속도보다 앞선다는 말이 있다. '확인되지 않으면 팽개쳐 버려도 된다.(If it doesn't check out, chuck it out.)'는 말을 명심해야 한다.

투서를 통하여 고발하는 제보는 제보자를 면담하여 심층취재를 하여야 한다. 제보자의 투서 의도를 파악하는 것은 필수적인 일이다. 투서 내용에 관련된 사람들에게 충분한 설명을 하고 그들로부터 직접 해명을 들어본 뒤, 기사화 할 수 있는 것인지 아닌지를 판단한다. 소송중인 사건은 보도를 하지 않는 것을 원칙으로 한다. 소송에 영향을 줄 수 있기 때문이다.

b. 발표 및 보도자료

정부기관, 기업, 각종 단체가 제공하는 보도자료는 뉴스 원의 가장 많은 부분을 차지한다. 기자들은 보도자료가 정기적으로 나오는 뉴스 원을 출입처(beat)라 하여 나누어 담당하고 수시로 체크한다.

보도자료는 그대로 기사로 쓸 수 있는 것이 아니다. 보도자료를 만든 사람들은 실적을 과장하거나 사안을 해명하는데 주안점을 두고 있기 때문에 이들에게 의심스러운 부분을 보충 취재하는 과정을 반드시 거쳐야 한다. 뉴스 원이 감추고 있거나 왜곡하고 있는 부분을 노출시키는 일은 기자의 역량에 달려 있다. 보도자료를 배포한 기관과 입장이 다르거나 수직 · 수평상 관련 있는 기관에 보충취재를 할 경우 전혀 다른 이야기를 들을 수 있고 때로는 진실이 드러날 수도 있다.

기자는 보도자료 속에 감추어져 있는 허위 사실을 찾아낼 줄 알아야 한다. 정부 정책, 기업 활동, 각종 이익단체의 성명이나 활동에 관한 보도자료를 보면 배경 설명이나 활동의 목적, 당위성 등은 대부분 그럴듯하게 포장되어 있다. 용어도 추상적이고 모호한 표현을 사용하여 국민들을 호도하는 경우가 많다.

예를 들면 정부는 교통 요금을 인상하는 명분으로 흔히 원자재 가격 상승, 서비스 개선 등의 상투적인 이유를 내세운다. '요금인상'이라는 용어도 '요금 현실화'라는 애매모호한 표현을 사용한다. 정부 당국이 통계수치를 제시할 때 대부분의 기자들은 이를 검증할 능력이 없을뿐더러 검증 자체를 생각하지도 않는다.

현실적으로 보도자료가 철저한 검증을 거쳐 보도되기는 어려운 측면이 있다.
검증 능력 부족, 기사 마감시간 촉박 등으로 보도자료가 그대로 기사화되는 예가 허다하다.

정부나 기업 등이 기사 소스를 제공할 때 중요하다고 판단되는 것은 단순히 보도자료 배포에 그치지 않고 기자회견을 개최하거나 기사에 대한 설명회를 여는 경우도 있다. 이때는 일문일답 형식으로 기자들이 궁금해 하는 사항에 대해서 설명을 곁들이는 수가 있다. 취재원은 대개가 어려운 질문이 나올 것을 가상해서 사전에 준비하고 난처한 질문에 대해서는 명확한 답변을 회피하기 때문에, 기자는 그들의 말을 비판 없이 받아들여서는 안 된다. 기자가 평소 해당 사안에 대해 소상하게 파악하고 있으면 회견장에서 핵심을 찌르는 날카로운 질문으로 문제점을 파헤칠 수 있는 것이다.

c. 시위, 행사

압력단체나 개인이 자신의 의사를 가장 강력하게 표현하는 방식 중 하나가 시위이다. 플래카드(placard), 피켓 등을 들고 구호를 외치거나 노래를 부르면서 길거리에서 벌이는 항의 시위는 언론의 관심을 끌 수 있다. 그러나 언론은 시위 자체보다도 시위를 벌이는 이유 등 그 배경에 관심을 가지고 보도해야 한다. 정책에는 양면성이 있기 때문에 이해 당사자의 주장이 상반되기 마련이다. 그러므로 어느 한 압력단체의 주장만을 단순 보도하는 것에서 벗어나 이해 당사자 모두의 주장을 균형있게 반영하고 국가 전체적인 측면에서 사안을 들여다 볼 필요가 있다. 행사도 외형적으로 화려하게 펼치는 겉모습만 보지 말고 행사가 의도하는 내용을 파악해야 한다.

d. 정치인

정치인은 신문의 부고란에 자신의 사망 기사가 나오는 것을 빼고는 무슨 기사라도 게재되기만 하면 좋아한다고 어느 정치인이 말하듯이, 자신의 동정이 언론에 끊임없이 보도되기를 원한다. 그만큼 정치인은 유권자들의 관심 속에 항상 머물러 있고 싶어 한다. 정치인만큼 언론에 노출되는 것을 좋아하는 사람은 없다. 따라서 정치인을 취재할 때는 조심하지 않으면 안 된다. 정치인의 발언은 정략적이고 대단히 자기중심적이기 때문에 그들의 발언을 여과 없이 보도하는 것은 위험하기 짝이 없다. 특히 정치인들로부터 어떤 사안에 대해 논평을 구하는 일은 신중을 기해야 한다.

기자에게 최악의 적은 정치인과 호형호제(呼兄呼弟)하면서 허물없이 지내는 것이라는 말이 있다. 흔히 기자들은 고위 정치인과 가깝다는 것을 과시하는데 이것은 극히 위험한 사고방식이다. 취재원과 지나치게 친밀하다는 것 자체가 보도의 공정성을 기대하기 어렵게 하기 때문이다. 기자는 취재원으로부터 한 발짝 떨어져 제 3자의 자세를 견지해야 한다.

(2) 2차 뉴스 원

a. 인터넷 및 데이터베이스

컴퓨터를 통하여 국회도서관을 비롯하여 정부, 언론기관, 기업, 학교 등 각 기관의 데이터베이스를 이용할 수 있다. 심층취재 등 탐사보도를 할 경우에는 데이터베이스 활용이 필수적이다. 데이터베이스 정보는 기자가 활용하기에 따라서 잘 가공하면 훌륭한 기사거리를 만들 수 있다. 그래서 DB저널리즘이라는 말까지 나온다. 기자 자신이 보관해 온 보도자료, 기사 파일 등도 유익한 자료로 활용할 수 있다.

인터넷은 정보의 바다라는 말과 같이 온갖 정보가 널려있다. 기자들은 1차 뉴스원에 직접 접촉하기 어렵거나, 접촉하기 전에 준비 작업으로 인터넷에서 취재 관련 자료를 검색해 볼 수 있다. 인터넷에서는 네티즌들의 댓글도 참고할 수 있어 여론을 어느 정도 가늠해 볼 수도 있다. 인터넷은 국제 뉴스를 다룰 경우 다양한 매체를 접할 수 있고 인터넷을 통하여 보충 취재도 할 수 있다.

컴퓨터를 활용한 보도를 CAR(Computer Assisted Reporting)이라고 한다. 최근에는 기자들 대부분이 인터넷을 취재에 활용하고 있다. CAR의 장점은 첫째, 다양한 인물을 접촉하여 인터뷰를 할 수 있고 시청자들과 상호교감을 나눌 수 있다는 점이다. 둘째는 정부기관이나 기업체 등 관련 기관의 홈페이지를 방문하여 기본 정보를 취득할 수 있고 이메일이나 토론그룹을 통해 취재 아이디어를 얻거나 정보를 입수할 수 있다. 셋째, 컴퓨터의 데이터베이스에 있는 자료나 통계를 분석하면 좋은 기사거리가 나온다.

인터넷은 정보가 많은 반면 옥석을 가리기가 어렵고 잘못 이용하면 정보의 홍수에 빠져 떠내려갈 수 있다. 인터넷에서 얻은 정보는 신뢰성을 보장할 수 없기 때문에 기사화하려면 반드시 검증하여야 한다. 기사 취재는 최종적으로 취재원을 면담하여 확인하는 것이 정석이다.

b. 신문, 통신

신문은 기사를 쓸 때 참고 자료로 쓸 수 있는 가장 믿을 만한 소스이다. 기자가 쓰고자 하는 기사에 직 · 간접적으로 관련되는 자료를 신문에서 찾을 수 있다. 특히 해설기사, 배경 설명기사 작성 등에 필요한 자료를 신문에서 참고할 수 있다. 신문을 참고할 때는 보수, 진보 성향의 신문을 각각 한 가지 이상 활용할 필요가 있다.

통신 기사를 인용할 때는 국내 뉴스의 경우 기자가 직접 확인을 하는 것이 좋다. 기사에 언급된 소스에 전화를 하거나 면담 취재를 하는 방법이 있으나 시간상 전화 확인하는 경우가 대부분이다. 국제 뉴스는 통신 기사를 그대로 인용하는 경우가 많은데 기사 비중이 큰 뉴스일 때는 전화로 확인하거나 특파원이나 통신원에게 확인토록 해야 한다.

c. 잡지 · 정기간행물 · 서적

잡지에는 신문이나 방송뉴스에서 다루지 않은 심층 분석 기사가 많이 실려 있다. 탐방 기사, 인터뷰 기사, 폭로성 기사 등 잡지의 특성에 맞는 기사를 게재하고 있다. 평소 잡지를 구독하면서 관심 사항을 체크, 메모해두면 나중에 기사 작성을 할 때 도움이 될 수 있다. 각종 단체의 소식지 등 정기 간행물은 내부 소식을 상세하게 게재하기 때문에 전문적인 지식을 습득하는데 좋은 자료가 된다. 기업의 사보를 꾸준히 체크해 보면 기업 활동의 흐름을 파악할 수 있어 기업의 성격, 사업 추진 방향, 노사 관계, 오너의 취향 등을 읽을 수 있다.

일반 서적 가운데 유명인의 자서전, 회고록 등도 내용을 걸러내 보면 유익한 정보를 추출해 낼 수 있다. 석 · 박사 학위 논문도 기획기사를 작성할 때 좋은 뉴스 소스가 될 수 있다. 논문이 처음 출시되었을 경우에는 시의성(時宜性)이 있어 뉴스 가치가 있는 것은 말할 필요가 없고, 차후에 기획기사를 작성할 때 참고 자료로서 좋은 뉴스 원이 될 수 있다.

d. 문서

문서는 가장 확실한 뉴스 소스이다. 취조 내용을 기록한 경찰 조서, 정부가 계획한 정책입안서, 기업의 사업계획서 등은 거의 완벽한 검증을 통하여 작성된

문서이기 때문에 뉴스 소스로서는 신뢰할 만한 자료이다. 그러나 이들 문서도 기자가 확인, 검증을 한 뒤 기사 작성을 해야 한다. 예를 들어 경찰 조서를 그대로 기사화 했는데 조서 내용이 잘못되었을 경우 보도한 기자에게도 책임이 돌아가기 때문이다. 정부 정책문서는 관련 부처 간 협의가 끝나 예산 배정까지 된 것은 신뢰성이 있으나 그렇지 못한 경우에는 기사 가치가 떨어진다.

2) 인터뷰 (Interview)

"기자는 질문하는 직업이다."라는 말이 있다. 이는 인터뷰가 기사 취재 시 가장 중요한 일이라는 뜻으로도 해석된다. 질문은 상대방의 본심을 이끌어 내는데 주력해야 하며, 여기에는 최상의 인터뷰 기법이 동원되어야 한다.

인터뷰는 기자의 경륜이 드러나는 부분이다. 노련한 기자는 취재원(뉴스 원)에게 부담을 느끼지 않도록 편안하게 해주면서 필요한 기사거리를 충분히 끄집어 낸다. 인터뷰 요령은 기자가 오랜 경험을 통하여 터득한다.

인터뷰는 뉴스 인터뷰와 인물 인터뷰 두 가지로 나눌 수 있다. 뉴스 인터뷰는 기사를 작성하기 위하여 관련자들, 사건 기사의 예를 들면 사건의 당사자, 목격자, 피해자, 가족, 경찰 등으로부터 사건의 개요, 목격담, 견해, 주장 등을 듣는 것이다. 이른바 탐문 취재이다. 뉴스 인터뷰는 많은 사람을 인터뷰하는 것이 좋다. 특히 기사 내용이 이해관계가 첨예하게 대립하고 있는 것이라면 반드시 이해 당사자들을 인터뷰하여 크로스 체크를 함으로써 기사의 정확성과 공정성을 기해야 한다.

인물 인터뷰는 뉴스와 관련 있거나 화제의 대상이 된 사람을 상대로 그를 주인공으로 하여 기사를 작성하기 위한 취재 방식이다. 전문가 또는 화제가 되는 인물의 견해를 듣고 뉴스의 자초지종(自初至終), 뒷이야기, 배경, 분석 등 상세한 정보를 이끌어낸다.

(1) 준 비

인터뷰에는 직접 얼굴을 마주 대하고 하는 대면 인터뷰와 우편이나 이메일, 팩스 등을 이용하는 서면 인터뷰, 전화 인터뷰 등이 있다. 서면이나 전화 인터뷰는 형식적이 되기 쉬워 원하는 정보를 충분히 얻어내기가 어렵다. 시 · 공간적 제약, 인터뷰 대상자의 비협조 등으로 대면 인터뷰가 성사되기 어렵기는 하나 가능한 한 대면 인터뷰를 하는 것이 바람직하다. 대면 인터뷰는 상대방의 발언은 물론 어투, 얼굴 표정, 제스처 등으로 다양하게 의도를 짐작할 수 있는 장점이 있어 인터뷰로서는 가장 효과적인 수단이다.

인터뷰를 하기 전에 인터뷰 대상자(interviewee)를 잘 선정하여야 한다. 사건 · 사고 보도는 경찰, 목격자, 피의자, 피해자 등이 대상자가 될 수 있다. 정부 정책은 대통령에서부터 정책 입안자, 국회의원, 관련 기업, 시민이 될 수 있다. 기업 뉴스는 최고경영자(CEO), 홍보 담당자, 경쟁 업체, 협력 업체, 소비자가 취재 대상이 된다.

기자는 우선 이들이 직무상 취하는 태도 및 답변의 한계에 대하여 이해하고 접촉하여야 한다. 경찰은 사건 · 사고를 축소, 은폐하려는 경향이 있다. 공무원은 그들이 입안한 정책에 대하여 오류를 인정하지 않으려 한다. 정책의 장점만 부각시키고 부작용은 숨기려 한다. 기업 홍보실 담당자는 PR이라는 속칭대로 회피할 것은 회피하고 알리고 싶은 것만 알리려고 한다. 취재기자는 그들의 생리와 속성을 잘 파악하여 대처하여야 한다.

노련한 인터뷰 대상자는 자신의 입장에서 유리한 답변만을 하기 때문에 기사 작성에 필요한 객관적인 정보를 얻기가 쉽지 않다. 기자는 이에 대비하여 사전 지식을 가지고 인터뷰에 임하여야 한다. 질문은 시청자 입장에서 궁금한 것을 기자가 대신한다는 생각으로 하면 된다. 상대방의 의표를 찌르는 지극히 단순하고 근본적인 질문을 해야 한다. 상대방이 내놓을 답변을 미리 생각해 보는 것도 좋은 방법이다.

인터뷰를 하기 위한 약속을 할 때는 취재 의도를 명확히 설명하고 약속 시간을 분명하게 정하여야 한다. 약속 시간은 정확하게 지켜 신뢰감을 주도록 한다. 인터뷰를 하기 전에는 반드시 기사화하려는 내용을 뽑아내기 위한 질문을 완벽하게 준비하여야 한다.

인터뷰 대상자의 활동상, 연구 실적, 작품, 성향 등 뉴스거리가 되는 내용은 물론이고 경력, 학력, 취미, 가족관계 등까지 파악해둔다. 질문 내용을 철저하게 준비해야 한다. 인터뷰의 달인이라는 미국의 여성 앵커 바버라 월터스(Barbara Walters)도 어떤 인터뷰 때는 질문을 200개나 준비하였다고 한다.

질문 내용에는 상대가 대답하기 곤혹스러운 것도 집어넣어야 한다. 폐부를 찌르는 날카로운 질문을 하되 표현과 태도는 부드럽게 하는 기술을 연마해야 한다.

(2) 인터뷰의 실제

a. 편안하게 해주어라

인터뷰를 하기 전에 분위기를 부드럽게 조성할 필요가 있다. 서로 긴장을 풀고 편안한 마음으로 인터뷰한다. 아무리 시간이 촉박하더라도 인터뷰 대상자에게 만나자마자 여유를 주지 않고 본론으로 들어가는 것은 상대에게 부담을 주는 일이다. 가볍게 인사를 나누고 날씨 이야기 등으로 분위기를 부드럽게 만든 다음 인터뷰를 시작하는 것이 좋다. 상대방의 신상에 대해 파악한 다음, 이를 덕담으로 연결시키면서 호의적인 태도를 이끌어내는 것도 좋은 방법이다.

고발성 뉴스를 취재할 경우 상대방이 방어적인 자세를 취하기 때문에 질문에 협조적으로 응하지 않는다. 경우에 따라서는 적대적인 행동을 취할 수가 있다. 되도록이면 상대를 윽박지르지 않고 상호 충분한 대화가 이루어질 수 있도록 분위기를 이끌어 나갈 필요가 있다.

인터뷰를 시작하자마자 필기도구를 꺼내 들고 메모를 한다든가 녹음을 하는 행동은 상대방을 당황하게 만들 수 있다. 정색을 하고 취재하는 모습을 보이면 분위기가 어색해져서 취재에 도움이 안 될 수도 있기 때문에 메모나 녹음은 상대방의 태도나 분위기를 봐서 양해를 구한 다음에 해야 한다. 상대방을 긴장시키고 움츠러들게 할 것 같으면 안 하는 것이 좋다.

b. 경청하라

가장 말을 잘 하는 사람은 상대방의 말을 경청하는 사람이라는 이야기가 있다. 하물며 상대방의 이야기를 듣고 기사 작성을 하려는 기자 입장에서는 성의껏 말을 들어주는 것은 당연한 일이다. 취재원의 말이 초점을 빗나가 엉뚱한 데로 흘러갈 때는 적당한 선에서 제지하여 다시 방향을 잡아주어야 한다. 그러나 웬만해서는 말을 도중에 끊지 말고 인내심을 가지고 끝까지 경청하는 자세를 유지해야 한다. 중간에 추임새를 넣으면서 흥미 있게 들어주다가 또 다른 질문을 이끌어내는 방식으로 대화를 유도해 나가는 테크닉을 쓸 필요도 있다.

경청한다는 것은 상대방을 존중해 주는 것이다. 존중받는다는 생각이 들면 호의적인 태도를 보인다. 인터뷰 대상자를 존중하는 자세를 취하고 그의 이야기를 성의있게 들어주면 본심을 들을 수 있고 정확한 기사거리를 얻어낼 수 있다. 인터뷰를 하면서 상호 신뢰 관계가 이루어지면 그 인터뷰는 성공한다.

c. 질문은 간결하게 하라

기사는 인터뷰 대상자의 말에서 나온다. 인터뷰 때 그의 말을 많이 듣고 필요한 기사거리를 뽑아내는 것이다. 그러므로 인터뷰를 하는 기자 자신은 말을 많이 해서는 안 된다. 상대방의 말을 이끌어내기 위한 질문을 간단명료하게 던지면 된다. 기자가 자신의 의견을 지나치게 많이 이야기하거나 인터뷰 대상자에게 혼란을 주는 쓸데없는 이야기를 질문에 삽입해서는 안 된다. 질문 내용이 무엇인지 파악이 안 되게 장황하게 질문을 늘어놓는 것도 피할 일이다.

질문은 한 번에 한 가지씩 해야 한다. 하나의 질문을 하면서 두 가지 이상을 답변하도록 요구하는 것은 현명하지 못하다. 취재원이 질문 내용을 모두 기억할 수 없을 뿐만 아니라 어떤 질문에 답변을 집중해야 할지 혼란스러워 하게 된다.

d. 긍정적으로 대응하라

논란의 대상이 될 수 있는 인터뷰는 가벼운 질문부터 시작하여 중심적인 질문으로 서서히 다가가는 것이 좋다. 인터뷰 대상자의 업적 등을 평가하면서 경계심을 풀어준 뒤 본격적인 질문을 시작하는 것이다. 상대방을 비난하거나 논쟁에 휩싸여서는 안 된다. 상대방을 긍정적으로 평가하면서 이해하는 태도를 보여야 한다. 겉으로 표현은 부드럽게 하면서도 날카로운 질문을 통하여 상대방의 본심을 이끌어내는 요령이 필요하다.

e. 열린 질문을 하라

질문은 좋은 답변을 얻어내기 위한 수단이다. 닫힌 질문(closed question)은 '예' 또는 '아니오'라는 답변이 나올 수밖에 없는 택일적 질문이기 때문에 좋은 질문이 아니다. 구체적인 답변이 나올 수 있는 질문을 하여야 한다. 예를 들면 "불법 성인 오락실에 대해 정부가 추가적인 규제를 검토하고 있습니까?"는 닫힌 질문이고, "불법 성인 오락실에 대해 정부가 추가적인 규제 대책으로 검토하고 있는 안은 무엇입니까?"는 열린 질문이다.

닫힌 질문을 이용한 유도 질문을 해서는 안 된다. 기자가 원하는 답변을 얻어내기 위한 의도적인 질문은 사실을 왜곡할 수 있다. 기자가 가지고 있는 편견을 전제로 유도 심문하듯이 인터뷰를 끌고 나가는 것은 잘못된 취재 태도이다.

상대방이 두루뭉수리하게 대답하도록 막연한 질문을 해서는 안 된다. 어물쩍 넘어가는 것을 그대로 놓아두지 말아야 한다. 답변 내용이 미흡하면 추가적으로 질문을 하여 구체적이고 실질적인 답변을 끌어내야 한다. 중대하고 민감한 사안은 반드시 거듭 질문하여 발언자의 의사를 명확하게 타진하여야 한다.

마지막으로 인터뷰가 끝난 다음에 기자가 빠뜨린 부분이 있을 수도 있기 때문에 인터뷰 대상자에게 추가로 하고 싶은 이야기는 없는지 확인한다. 또한 카메라 기자에게도 조언할 게 있는지 확인해 본다.

f. 뉴스 원(source)을 밝혀라

기사에서는 뉴스 원을 밝히는 것이 원칙이다. 뉴스 원을 밝히는 것은 기사의 투명성이 드러나고 신빙성을 높여주는 것이다. 뉴스 원에 따라 기사 내용의 진위(眞僞)를 알 수 있고 기사의 배경도 짐작할 수 있다. 취재 시 상대방에게 뉴스 원을 밝히겠다는 이야기를 하여 동의를 구하는 것이 좋다. 다만 취재원의 안전이 위태롭거나 부당하게 불이익을 받을 위험이 있을 경우에는 취재원을 밝혀서는 안 된다.

국내 언론에는 뉴스 원이 익명으로 처리되는 기사가 지나치게 많다. 예를 들면 기사에서 '정부 관계자'라는 표현이 자주 나온다. 이 기사를 해당 부처에 내용을 확인해 보면 그 누구도 쉽사리 확인해주지 않는다. 기사가 참인지 거짓인지 알 수 없는 경우가 많다. '정부 관계자'라는 모호한 표현 대신 어느 부서의 누구라고 뉴스 원을 정확하게 밝히는 것이 원칙이다.

익명 기사는 진실성을 의심받을 수 있다. 정부 고위 관계자들은 정책에 대한 사전 검증 및 여론 동향 파악의 의도로 자신과 가깝게 지내는 특정 기자에게 일부러 기사를 흘려주는 일이 적지 않다. 관계 부처와 협의하기 전에 유리한 여론을 조성할 목적으로 이 방법을 활용하거나, 국민들에게 미치는 정책의 충격을 줄여보기 위해 이런 수법을 사용한다. 말하자면 애드벌룬을 띄워보는 것이다. 이러한 기사는 마치 기자가 스스로 취재한 특종 기사 같이 보일 수 있다. 그러나 이 뉴스 뒷면에는 기자와 뉴스 원의 순수하지 못한 의도가 숨어있을 수 있다.
이 같은 이유 때문에 뉴스 원을 밝혀야 하는 것이다.

다만 예외적으로 뉴스 원을 보호해야 할 필요가 있어 밝히기 곤란한 경우 기사를 익명으로 처리할 수 있다. 예를 들면 워싱턴 포스트의 밥 우드워드와 칼 번스타인 기자가 특종 보도한 '워터게이트'사건은 내부 고발자(deep throat)로부터 정보를 얻어 뉴스 원을 익명으로 보도한 것이다. 그러나 이 문제에 대해서도 스티브 와인버그(Steve Weinberg) 미주리 대학 교수는 우드워드의 방식은 최상의 길은 아니라고 주장한다. 익명 보도를 전제로 하면 유리한 입장에서 취재할 수도 있으나 신뢰성 측면에서는 문제가 될 수도 있다. 어려움이 따르더라도 인용이 가능한 정보원을 계속 찾아 확인 취재하는 것이 정도(正道)이다.

익명 보도 기사는 그 이유를 밝혀주는 것이 원칙이다. 취재원의 생명에 위협이 될 수 있다든지, 직장에서 해고될 수 있다든지, 불이익을 크게 받을 수 있다는 등의 납득할 만한 설명을 시청자에게 해 주어야 한다.

g. 녹음을 해둔다

인터뷰 후에 기사가 나가고 나서 시비가 생길 수 있다. 민감한 뉴스는 인터뷰를 했던 사람이 입장이 곤란해지면 자신이 했던 말을 부인하는 경우가 많다. 자신이 발언한 내용이 앞뒤 문맥이 생략된 채 왜곡 보도됐다고 주장할 수도 있다. 정치인이나 공직자들로부터 이런 사례를 흔히 보게 되는데 증인이나 증거가 없으면 취재기자가 난처한 입장에 처할 수 있다.

노회한 정치인은 국민들의 반응을 떠보기 위해 입안중인 정책이나 논쟁중인 사안에 대해 의사 표현을 한 뒤 여론이 좋지 않다고 판단되면 발언한 내용을 부인하고 엉뚱하게 취재진에게 책임을 돌리기도 한다. 정부 당국자도 확정되지 않은 정책을 띄워서 국민들의 반응을 살펴보기 위해 이런 수법을 쓰기도 한다. 이러한 사태에 대비해 인터뷰 내용을 전부 녹음할 필요가 있다.

3) 올바른 취재

세상에는 수많은 사건이 발생한다. 이 가운데 기자가 뉴스가치가 있다고 판단하여 취재를 한 다음 기사를 써서 데스크의 결재를 받아 방송하면 뉴스가 된다. 기사 판단 및 기사 작성의 1차 책임자는 기자이다. 기자는 뉴스의 1차 수문장(gatekeeper)이다. 기자의 기사 판단력은 그의 가치관, 인격, 경험, 대인 접촉 과정 등에서 나온다. 기자는 뉴스에 대한 확고한 신념을 가지고 있어야 하는데, 그 핵심은 시청자와 독자에게 진실을 전달하는 것이다. 뉴스는 정확하고 객관적이고 균형 감각이 있어야 하며 공정하게 만들어야 한다는 원칙을 견지해야 한다.

(1) 정확성

뉴스의 정확성은 보도의 기본이 되는 최소한의 요소로서 협의(狹義)로 논의할 수도 있고 진실성, 객관성, 공정성 등을 포괄하는 광의(廣義)의 개념으로 논할 수도 있다. 여기서는 협의의 개념으로서의 정확성에 대해 짚어본다.

정확성은 기자가 똑바로 보고 듣고 나서, 올바르게 전달하는 것이다. 정확성에 대한 추구는 기자의 성실과 정직이 바탕이 되어야 한다. 부주의, 게으름, 편견, 예단 등은 이에 반하는 요소이다.

취재가 불완전하여 본질이 왜곡되거나 실수나 고의에 의해 부정확한 보도가 되기도 하고, 심한 오보를 내는 사례도 적지 않다. '북한 핵무기 5~6개 보유'라는 2006년 9월 25일자 국내 신문들의 보도는 오보의 좋은 사례가 된다. 대부분의 국내언론들은 연합뉴스가 보도한 이 기사를 자체적인 확인 과정을 거치지 않고 그대로 인용 보도하여 결과적으로 오보를 낸 사건이다.

> 확인과정 없는 무분별한 받아쓰기가 또 대형 오보로 이어졌다. 연합뉴스를 비롯해 10개 전국단위 종합일간지가 칼린 전 미 국무부 관리가 한반도 관련 싱크탱크인 노틸러스연구소 홈페이지에 올린 가상 에세이를 강석주 북한 외무성 제1부상의 발언으로 잘못 보도하는 일이 벌어졌다. 24일 밤 11시께 연합뉴스의 보도로 시작된 오보 사태는 25일 일부 신문이 〈북 핵무기 최소 5~6기 보유〉 등의 제목으로 3개면에 걸쳐 대서특필하면서 확산됐다. 25일 새벽 5시경 연합뉴스가 '기사 전문을 취소한다'고 밝히면서 오보는 6시간의 수명을 마쳤지만 언론은 이번 일로 신뢰성에서 지울 수 없는 상처를 남겼다.(미디어 오늘, '강석주 발언' 받아쓰기 대형 오보, 2006.9.29.)

방송보도의 경우 시간 제약 상 상세한 보도를 하기가 쉽지 않다. 그러나 짧은 시간의 보도라 할지라도 전체 맥락이 흐트러져서는 안 된다. 기자가 필요로 하는 부분을 발췌하여 기사화하는 과정에서 전체적인 의미가 훼손되지 않도록 주의를 기울여야 한다. 지엽적인 것을 강조하여 침소봉대 한다거나 자극적인 발언을 지나치게 부각시키는 일은 피해야 한다. 기자가 필요한 부분만을 편집하여 의도적으로 기사를 만들어서도 안 된다.

예를 들면 "현재 시점에서는 사퇴할 의향이 없다"라는 말에서 '현재 시점에서는'이라는 말을 빼고 보도하면 상당한 오해가 생긴다. "여당이 사과한다면 등원하겠다"에서 '여당이 사과한다면'이라는 전제(前提)를 빼고 전달하면 발언자의 의도가 엉뚱하게 알려진다. 발언내용 중 앞뒤 문장을 들어내고 보도하는 경우에는 전혀 다른 이야기가 될 수 있다.

(2) 진실성

저널리즘의 첫째 의무는 진실을 추구하는 것이라는 말은 언론계의 금언(金言)이다. 그러나 '진실' 이 무엇을 의미하는지에 대해서는 대부분의 언론인들이 제대로 답변하지 못한다. 예를 들면, 정부가 허위로 발표한 것을 그대로 보도한 것은 사실 보도이다. 그러나 이것은 진실 보도라고 할 수 없다. 앞서 소개한대로 베트남전의 전황에 대하여 1963년 당시 미국 정부가 거짓으로 발표한 것을 미국 언론들이 그대로 인용 보도한 것은 당시로서는 사실 보도이지만, 진실 보도는 아니었던 것이다.

사실로서는 정확하지만 실제로는 허위인 기사를 보도하는 것은 위험천만한 일이다. 뉴스는 단순한 정확성만을 추구하는 것이 아니다. 진실 보도는 사실 속에서 잘못된 정보, 남을 속이기 위한 정보, 자기선전 위주의 정보 등 허위 사실을 검증하는 과정에서 나올 수 있다.

> 진실을 발견하기란 쉽지 않다. 똑같은 사건에 대해서도 목격자들은 서로 다른 이야기를 한다. 어느 한 쪽이나 다른 쪽에 서서 편파적으로 이야기 하거나, 불완전한 기억에 의존해 이야기 한다.
> 〈Thucydides, History of the Peloponnesian War,bks. 1 and 2, trans. C. F. Smith, Cambridge: Harvard University Press, 1991, pp.35~39〉

소문, 가십, 애매모호한 증언, 막연한 이야기 등에서 진실을 가려내기란 쉽지 않다. 완벽할 수는 없지만 '진실의 완전판(complete version)'에 근접한 뉴스를 만들어 내는 것이 언론인의 사명이다.

(3) 공정성, 균형성

언론이 진실을 추구하는 방편의 하나로 공정해야 하고 균형 감각을 갖추어야 한다는 의미에서 공정성, 균형성도 진실성의 범주에 포함된다고 볼 수 있다.

사실 공정성이라는 말은 너무 추상적이고 진실성보다 주관적이다. 누구에게 공정한가? 공정성을 어떻게 검증하는가? 진실은 어려움이 많기는 하지만 적어도 검증될 수는 있다.

균형성 또한 너무 주관적이다. 두 개 세력의 주장이 맞설 때 양쪽이 똑같은 비중을 지니지 않는데도 양쪽 모두에게 공평해짐으로써 기사의 균형을 취하는 것은 진실에 대해 공정하지 않을지도 모른다.(빌 코바치 · 톰 로젠스틸, 2005.)

공정성, 균형성은 기자의 양심에 관한 문제이기도 하다. 기자가 자신의 양심에 따라 올바른 정신으로 취재 대상에 접근하여 진실을 가려내는 일을 하기 위하여 공정하고 균형있는 감각이 필요한 것이다.

(4) 독립성

언론이 '감시견(watching dog)' 역할을 하기 위해서는 취재 대상으로부터 독립해야 한다. 언론사 내부의 상하관계에서 빚어지는 압력, 언론사 외부의 압력단체로부터의 독립은 물론이고 보수 · 진보 등 사회 각 계층이나 경제적 지위로부터의 독립, 인종 · 민족 · 종교 · 성별로부터의 독립이 요구된다.

언론인은 지적 엘리트의 일원으로서 상류 계급의 취향과 욕구에 맞추는 속성이 있다고 볼 수 있다. 사람들은 언론 기관을 권력 기구의 일부라고 생각하고 있다. 언론인이 자신의 주변 환경으로부터 개인적인 거리를 유지하면서 독립적인 판단을 하는 것은 진실을 추구하는 자세이다.

기자는 취재원으로부터 협박을 받거나 취재원이 기술적인 용어를 사용하면서 무시할 경우 의연하게 대처해야 한다. 상대방의 심리적인 압박이나 노림수에 말려들지 않고 냉철하게 대처하는 능력이 요구된다. 기자는 공적인 업무에 종사하고 있다는 사명감을 가지고 어려운 상황을 슬기롭게 대처해야 한다.

(5) 윤리성

취재 윤리는 정확하고 공정한 기사를 작성하는데 중요한 요소이다. 금품을 받거나, 취재 편의를 제공 받는 것은 기자 양심에도 어긋날 뿐만 아니라 정확하고 객관적인 기사를 작성하는데도 장애가 된다.

기자는 있는 사실을 그대로 취재하여 기사를 작성하여야 한다. 사실을 조작하거나 함정 취재, 속임수 취재, 스파이처럼 잠입 취재하는 것은 취재 윤리에 어긋난다. 흔히 고발 뉴스에서 기자가 신분을 속이거나 몰래 카메라를 사용하여 취재하는 것을 볼 수 있으나 이것은 정석(定石)이 아니다.

속임수를 쓰는 것을 정당화하는 것은 공익에 필요한 중대한 뉴스일 경우이다. 잠입 취재 같은 것도 최후의 수단으로 쓸 수 있는 것이며 시청자에게 그럴 수밖에 없다는 이유를 설명할 수 있어야 한다. 정도(正道)로 취재하는 것이 정품(正品)을 만들어내는 길이다.

2. 방송뉴스 작성

*

*

*

*

*

취재된 자료를 가지고 기사를 작성하는 것은 마치 시장에서 사온 음식 재료를 가지고 요리를 하는 것과 같다. 아무리 좋은 재료라도 요리 솜씨에 따라서 음식 맛이 다르듯이, 똑같은 취재 내용을 가지고도 기사의 방향을 제대로 잡고 핵심 사항을 잘 요약하여 기사를 깔끔하게 작성하느냐 그렇지 않느냐에 따라 뉴스 가치가 달라진다.

방송기사는 쉽게 써야 한다. 신문기사 역시 쉽게 써야 한다는 점에서는 다를 바 없지만 방송은 더욱 그렇다. 정해진 기준은 없지만 굳이 말하면 초등학교 졸업 수준의 지적 수준을 가진 사람이 이해할 수 있도록 쉽게 써야 한다.

1) 방송기사 작성 시 유의 사항

대부분의 사람들은 '읽는 글'에 익숙하지, '말하는 글'에는 생소한 편이다. 학교 교육을 그렇게 받아왔기 때문이다. 방송기사는 말하는 식으로 작성해야 한다. 구어체로 작성하는 것은 물론이고 짧게 써야 한다. 간결하고 명료해야 한다.

스트레이트 뉴스의 경우 1개 기사는 3~4개 문장으로 써서, 읽는데 걸리는 시간은 30초 내지 40초 정도가 되도록 하는 것이 적당하다. 비중이 큰 기사는 1분 정도가 되게 하여 5~6개 문장으로 구성한다. 비중이 작은 기사는 20초 내외로 읽을 수 있도록 2~3개 문장으로 작성한다.

1개 문장은 글자 수가 가능한 한 50자를 넘지 않도록 한다. 글자 수가 적을수록 좋다. 리드 문장은 20자 안팎으로 쓴다. 기사 문장의 순서는 먼저 리드를 간단하게 뽑고 다음에 본문으로 넘어가는데 가장 중요한 사실부터 차례대로 언급한다. 기사비중이 작은 20초 내외의 기사는 리드를 쓸 필요가 없다.

방송언어는 생생한 표현으로 듣는 사람의 귀에서 직접 머리와 마음으로 전달되어야 한다. 구어(口語)는 누구나 쓰기 쉬운 말이고 직관적으로 이해할 수 있으며 게다가 감정을 표현할 수 있어 방송에는 안성맞춤인 언어이다. 그러나 구어는 어휘가 적고 음성에 좌우되는 단점도 있다. 따라서 방송문장은 몇 가지 기본 원칙을 가지고 작성한다.

◎ 간단명료한 문장을 만든다.
◎ 첫 문장에서 결론을 제시한다.
◎ 문장을 한 숨에 전달할 수 있게 짧게 쓴다.
◎ 논리 구성을 간단하게 한다. 원인, 결과를 바로 연결 짓도록 문장을 배치한다.
◎ 원칙적으로 주어를 문장 맨 앞에 둔다.
◎ 서술어는 주어 가까이에 둔다.
◎ 시간의 흐름에 따라 문장을 구성한다.
◎ 전체에서 세부적인 것으로 작성한다.

이러한 점들에 주의를 기울여 방송 문장을 만든다. 하나의 의미라도 다양한 뉘앙스를 가진 것이 어휘이다. 예를 들면, 먹는 것을 표현하는 단어도 밥, 먹을 것, 식사, 음식물, 양식 등 많이 있지만 뉘앙스는 조금씩 차이가 있다.

적절한 단어를 문맥에서 전달하는 일이 중요하다. 자신이 말한 내용이 전부 전달된다고 생각하지 말고 상대방에게 정성스럽게 전달하는 게 바람직하다.

(1) 준말을 쓴다

예를 들어 '공부하였습니다'는 '공부했습니다', '되었습니다'는 '됐습니다', '노력하여'는 '노력해서' 또는 '노력해' 등의 준말 형태로 써야 한다. '김영수 기자입니다' 는 '김영수 기잡니다', '이동원 기자의 보도입니다' 는 '이동원 기자의 보돕니다'로 쓰고 읽어야 한다.

(2) 수식어는 뺀다

불필요한 수식어는 제거한다. 형용사, 부사 등은 다분히 주관적인 표현이기 때문에 스트레이트 기사에서는 절제해야 한다. 문장을 써놓고 나서 어떤 단어를 빼도 전체적인 의미 전달에 아무 지장이 없다고 판단되면 과감하게 빼는 것이 좋다. 쓸데없이 첨가된 단어는 문장의 신뢰와 격을 떨어뜨린다.

(3) 숫자는 절제한다

경제 기사에서는 숫자가 많이 나오는데 적절한 선에서 끝자리는 반올림하여 큰 단위로 쓰고, 숫자는 되도록 많이 쓰지 않는 것이 좋다. 소수점은 불가피할 때 외에는 쓰지 않는다. 숫자를 상세하게 나열하지 않는 것이 방송기사와 신문기사가 다른 점이다. 1만, 1천, 1백은 만, 천, 백으로 쓰고 읽는다.

(4) 시제에 유의한다

신문기사는 날짜를 표기하지만 방송뉴스에서는 방송하는 시점을 기준으로 구어체로 표현한다. 예를 들면 날짜는 오늘, 어제, 내일, 그제, 모레, 지난 20일, 지난달 25일 등으로 표현한다. 연도는 올해, 지난해, 내년, 지난 98년 등으로 쓴다. 시간은 오전, 오후 외에도 새벽, 아침, 낮, 저녁, 밤 등으로 때에 맞게 적절하게 표현한다.

(5) 전문용어는 쉽게 풀어 쓴다

방송은 한번 들으면 그 자리에서 금방 잊어버린다. 뉴스의 뼈만 머릿속에 남는다. 따라서 일반인이 이해하기 어려운 전문 용어는 가급적 쓰지 않는 것이 좋다. 꼭 써야 할 경우에는 쉽게 풀어 써야 한다. 경제 · 과학 기사에서의 전문 용어, 문화예술 기사 등에서의 추상적이고 관념적인 용어도 가능한 한 쉽게 풀어 쓰는 것이 좋다.

(6) 첫 문장부터 약칭을 쓰지 않는다

정부기관들의 약칭은 처음부터 쓰지 말아야 한다. 첫 문장에서는 정식 명칭(full name)을 써주고 두 번째 문장부터 약칭을 써야 한다. 외국 기관의 명칭은 첫 문장에는 원어와 우리말을 쓰고 두 번째 문장부터는 원어를 쓴다. 예를 들면 '전경련'은 첫 문장에서는 '전국경제인연합회'로, '안행부'는 '안전행정부'로, 'IMF'는 'IMF 국제통화기금'으로 각각 쓴다.

(7) 외래어는 순화하여 사용한다

외래어는 일반적으로 사람들의 이해도가 낮은 편이다. 가능한 한 우리말로 바꾸거나 의미를 설명해 줄 필요가 있다. 일본어는 우리말로 대체하고 어려운 한자어도 될 수 있으면 사용하지 않는다.

a. 외래어

◎ 그는 이번에 국내 최대의 로펌에 취직했습니다.
-〉 그는 이번에 국내 최대의 법률회사에 취직했습니다.
◎ 노사관계 로드맵은 참여정부의 큰 정책줄기가 됐습니다.
-〉 노사관계 일정표는 참여정부의 큰 정책줄기가 됐습니다.
◎ 그들은 과격한 노동운동으로 기업들의 블랙리스트에 올랐습니다.
-〉 그들은 과격한 노동운동으로 기업들의 감시 대상 명단에 올랐습니다.

◎ 컴퓨터는 자동차 충돌 시뮬레이션에 사용됩니다.
-> 컴퓨터는 자동차 충돌 모의실험에 사용됩니다.

b. 영어 식 표현

영어나 일어를 우리말로 옮길 때 직역을 하는 습관이 있는데, 우리말을 쓸 때 그대로 잘못 사용하는 일이 많다.

◎ 그 동안 많은 연구가 이루어져 왔음에도 불구하고
-> 그 동안 많이 연구해 왔지만
◎ 자유롭고 공정한 기회가 주어지지 않았다고 주장합니다.
-> 자유롭고 공정한 기회를 주지 않았다고 주장합니다.
◎ 여야가 안보 문제를 논의하기 위한 회동을 가졌습니다.
-> 여야가 안보 문제를 논의하기 위해 모였습니다.
◎ 대통령이 교포 500명과 리셉션을 가졌습니다.
-> 대통령이 교포 500명을 접견했습니다.
◎ 정부가 공기업에 대한 실사에 나섰습니다.
-> 정부가 공기업을 실사했습니다.
◎ 어려운 고비를 맞을 것으로 보여집니다.
-> 어려운 고비를 맞을 것으로 보입니다.

c. 일본어

◎ 급사 → 사환
◎ 찌라시 → 광고지
◎ 십팔번 → 단골 노래
◎ 곤색 → 감색
◎ 매점 → 사재기
◎ 독거노인 → 홀로 사는 노인
◎ 건폐율 → 대지 건물 비율
◎ 오찬 → 점심
◎ 우동 → 가락국수
◎ 이면도로 → 뒷길
◎ 거래선 → 거래처

◎ 엔고 → 엔화 상승

◎ 기스(傷) → 흠(집)

◎ 단도리 → 채비, 단속

◎ 바자회 → 자선장

◎ 가봉(假縫) → 시침질

◎ 와사비 → 고추냉이

◎ 노가다(土方) → (공사판)노동자

d. 한자어

◎ 그는 지하철에서 가방을 분실했습니다.

-〉 그는 지하철에서 가방을 잃어버렸습니다.

◎ 나는 그가 개전의 정이 현저해 용서해 주기로 했습니다.

-〉 나는 그가 뉘우치는 빛이 뚜렷해 용서해 주기로 했습니다.

◎ 남의 물건을 몰래 훔치는 것은 법에 저촉되는 행동입니다.

-〉 남의 물건을 몰래 훔치는 것은 법에 걸리는 행동입니다.

◎ 하루에 3번 이 약을 복용합니다.

-〉 하루에 3번 이 약을 먹습니다.

◎ 소방관들이 화재를 진압하는 훈련을 하고 있습니다.

-〉 소방관들이 불을 끄는 훈련을 하고 있습니다.

◎ 그들은 전력을 경주해 목표를 완수했습니다.

-〉 그들은 온 힘을 기울여 목표를 이뤘습니다.

(8) 올바른 어휘를 선택한다

a. 관용구, 속담, 전통적인 표현이 잘못 쓰이지 않도록 주의한다

무심코 써오던 말이라도 잘못 사용하는지 확인해 보아야 한다. 문어적(文語的)인 표현도 절제해야 한다.

◎ 그 약은 피로회복에 좋습니다.('회복'은 원상태로 돌이키는 것이므로 피로회복이란 피곤한 상태로 돌아간다는 뜻이 되어 의미가 달라진다)

-> 그 약은 원기회복(피로해소)에 좋습니다.

◎ 그의 발자국 소리가 크게 들렸습니다.(발자국은 발로 밟은 자리에 남은 모양이라는 뜻)

-> 그의 발소리가 크게 들렸습니다.

◎ 선거관리는 불편부당(不偏不黨)하지 않도록 최선을 다해야 합니다.('불편'은 치우치지 않는다는 뜻, '부당'은 무리짓지 않는다는 뜻이므로 '불편부당하다'는 공정하다는 뜻)

-> 선거관리는 불편부당하도록 최선을 다해야 합니다.

◎ 진위여부(眞僞與否)를 확인해야 합니다.

-> 진위를 확인해야 합니다.('여부'란 '그러함과 그러하지 아니함'이므로, '진위', '생사' 등 대립적인 뜻끼리 결합한 말에는 쓰지 않는다)

◎ 생사 여부를 확인합니다.

-> 생사를 확인합니다.

◎ 국민의 혈세(血稅)를 낭비해서는 안 됩니다.('혈세'란 '가혹한 조세'라는 뜻)

-> 국민의 아까운 세금을 낭비해서는 안 됩니다.

◎ 임산부(姙産婦)에게 이 약을 투여하면 유산할 우려가 있습니다.(임산부는 '임부와 산부' 즉 임신한 여자와 아기를 낳은 여자를 합친 말이다)

-> 임신부(姙娠婦)에게 이 약을 투여하면 유산할 우려가 있습니다.

◎ 집안이 풍지박산이 되었습니다.

-> 집안이 풍비박산(風飛雹散)이 됐습니다.

◎ 산수갑산에 가는 한이 있더라도 그 일은 꼭 해내겠습니다.

-> 삼수갑산(三水甲山)에 가는 한이 있더라도 그 일은 꼭 해내겠습니다.

◎ 나라를 위해 돌아가신 분들의 넋을 기리기 위해 위령비를 세워야 합니다.('기리다'는 좋은 점이나 잘 하는 일을 찬사를 드린다는 뜻)

-> 나라를 위해 돌아가신 분들의 넋을 위로하기 위해 위령비를 세워야 합니다.

◎ 단촐하게 차려 입었습니다.

-> 단출하게 차려 입었습니다.('단출하다'는 '식구가 적거나 옷차림이 간편하다'는 뜻이다)

◎ 너무 예쁩니다.('너무'는 '넘다'에서 나온 부사로 정도가 지나칠 경우에 사용하는 부정적인 의미를 갖는 말이다)

-> 매우(아주) 예쁩니다.

◎ 굉장히 작은 동물을 보았습니다.('굉장하다'는 규모가 매우 크고 으리으리하다는 뜻으로 '작은'과는 상반되기 때문에 함께 쓸 수 없다)

-> 무척 작은 동물을 보았습니다.

◎ 유익한 주말(週末)이 되십시오.('너는 유익한 주말이 되어라'는 뜻이므로 잘못된 표현이다)

-> 유익한 주말을 보내시길 바랍니다.

◎ 집중 호우로 경기 북부 지역이 초토화(焦土化)됐습니다.(초토화는 불에 타서 땅이 검게 그을리고 황폐해져 못쓰게 된 것을 뜻함)

-> 집중 호우로 경기북부 지역이 폐허가 됐습니다.

b. 중복되는 표현을 피한다

일상적으로 쓰이고 있지만 잘못된 표현이 많다.

◎ 피해를 입었습니다.

-> 피해를 봤습니다. 또는 해를 입었습니다.

◎ 부상당했습니다.

-> 부상을 입었습니다. (부상했습니다. 또는 다쳤습니다.)

◎ 아카데미상을 수상했습니다.

-> 아카데미상을 받았습니다.

◎ 방학 기간 동안 봉사활동을 했습니다.

-> 방학 동안 봉사활동을 했습니다.

◎ 그에게 자문을 구하였습니다.

-> 그에게 자문했습니다.

◎ 연휴가 계속되었습니다.

-> 연휴가 됐습니다.

◎ 석유 부족난으로 에너지 대책이 시급해졌습니다.

-> 석유 부족으로 에너지 대책이 시급해졌습니다.

◎ 수많은 관객들

-> 수많은 관객

◎ 결실(結實)을 맺었습니다.

-> 열매를 맺었습니다. 또는 결실을 거두었습니다.

◎ 낙엽이 떨어집니다.
 -> 낙엽이 집니다. 또는 잎이 떨어집니다.
◎ 남은 여생(餘生)
 -> 여생 또는 남은 생애

c. 원칙적으로 경어를 사용하지 않는다

방송은 시청자의 존재를 생각해야 하기 때문에 취재대상자를 주어로 쓸 때 경어를 사용하는 것은 옳지 않다. 특히 모든 대상(對象)을 공평하게 다루는 뉴스에서는 경어를 쓰는 것은 적합하지 않다. '대통령은 말씀하셨습니다.'가 아닌 '대통령은 말했습니다.'라고 보도하는 것이 그 예이다. 다만 뉴스가 아닌 인터뷰나 대화 등에서는 적절한 경어를 쓸 수 있다.

d. 애매한 표현은 쓰지 않는다

기사 작성 시 애매한 표현은 기사의 신뢰성을 떨어뜨린다. 흔히 '전해졌습니다', '알려졌습니다' 등으로 끝나는 기사를 쓰는데 이는 명확한 표현이 아니다. 취재원을 익명으로 처리할 때 또는 기자가 확인 취재가 되지 않을 때 추측 기사로 이러한 표현을 사용하는데 정확한 기사 작성이라 볼 수 없다. '~라고 합니다', '~같습니다' 등의 표현도 사용하지 말아야 한다.

애매한 표현으로 인해 전달자와 피전달자 간에 오해가 생길 수 있다. 말하는 사람이 생각하는 내용과 받아들이는 사람의 감각이 빗나가면 정보가 바르게 전달되지 않는다.

예를 들면 주말이라는 말은 받아들이는 사람에 따라서 토 · 일요일, 금 · 토 · 일요일 또는 일요일 등으로 다양하게 받아들인다. 정확하게 표현하려면 토요일, 일요일, 또는 날짜를 명시해야 한다. '사정이 좋지 않다 ', '유감이다'라는 표현도 애매하여 해석이 제 각각일 수 있다. 어떤 사정이 좋지 않은 것인지 유감의 구체적 내용은 어떤 것인지 분명하게 해야 한다.

추상적인 언어는 듣는 사람이 실감하지 못한다. 듣는 사람에 따라 제각각 받아들인다. 구체적인 표현을 함으로써 듣는 사람의 머릿속에 이미지가 떠오를 수 있도록 한다. 매사를 막연하게 보지 말고 자세하게 관찰하면 사실을 정확하게 파악할 수 있다. 그것을 구체적으로 표현하는 것이다.

◎ 숫자나 비유 등을 활용한다. (예: 큰 나무 → 5m 나무)
◎ 수십이라는 표현도 20~30, 40~50, 60~70 등 다양하다. 20~30이라는 식으로 써야 한다.
◎ 형용사, 부사에 유의한다. 예를 들면 '크다', '작다', '많다', '적다'라는 표현은 주관적이어서 말하는 사람과 듣는 사람의 생각이 다를 수가 있다.

e. 사려 깊지 못한 표현은 쓰지 않는다
◎ '원조교제'같은 용어는 순화된 표현이지만 범죄 행위를 은폐하는 적절치 못한 표현이다.
◎ "태풍이 부산을 빠져나가 강원도로 갔습니다." 라는 표현도 강원도 사람으로서는 오는 태풍이기 때문에 부적절한 표현이다.
◎ 화재 현장 리포트를 하면서 "깡그리 타버렸다." 외신뉴스에서 외국인들이 많이 사망한 사고를 보도하면서 "다행히도 한국인 사망자는 단 한 명도 없었다."와 같은 표현은 적절치 못하다.

(9) 객관성을 저해하는 표현은 피한다

선정적인 표현은 시청자의 정서적 반응을 유도함으로써 사실을 객관적으로 이해하는데 방해가 된다. 사건이나 현상을 극단적으로 표현하거나 왜곡하거나 부정확하게 표현하지 말아야 한다.

a. 선정적 표현
◎ 암매장 장소를 찾은 범인은 승용차 트렁크에서 시신을 꺼내 야산 비탈길로 굴렸습니다.
-> 범인은 야산에 시신을 몰래 매장했습니다.
◎ 우리 식탁을 위협하는 불량 식품들
-> 우리의 건강에 좋지 않은 불량 식품들

◎ 백화점과 택배 회사들의 추석 선물 배달 경쟁이 절정으로 치닫고 있습니다.
-> 백화점과 택배 회사들의 추석 선물 배달이 더욱 바빠지고 있습니다.
◎ 조립식 건물이 폭격을 당한 듯 산산이 부서졌습니다.
-> 조립식 건물이 크게 부서졌습니다.

b. 태도의 직접적 표현

◎ 범인은 태연자약하게 살인을 재연했습니다.
-> 범인은 살인을 재연했습니다.
◎ 십대 청소년들이 한데 어울려 거리낌 없이 술을 마시고 행패를 부렸습니다.
-> 십대 청소년들이 한데 어울려 술을 마시고 행패를 부렸습니다.
◎ 산짐승들이 안타깝게도 덫에 걸렸습니다.
-> 산짐승들이 덫에 걸렸습니다.

c. 사실을 과장하거나 왜곡한 표현

◎ 파격적인 인사 바람 -> 인사
◎ 적자가 눈덩이처럼 늘어났습니다. -> 적자가 늘어났습니다.
◎ 산더미처럼 쌓였습니다. -> 많이 쌓였습니다.
◎ 뼈를 깎는 -> 열심히 노력하는
◎ 회의장이 아수라장이 됐습니다. -> 회의장이 혼란해졌습니다.
◎ 눈물 바다를 이루었습니다. -> 눈물을 흘렸습니다.
◎ 날벼락 -> 갑작스러운 사고
◎ 청천벽력 같은 소식 -> 갑작스러운 소식
◎ 귀성전쟁, 교통전쟁, 폭로전, 정쟁 -> 귀성, 교통, 폭로경쟁, 정치적 갈등
◎ 오늘 하루 전국적으로 일어난 산불은 모두 40여건, 현재까지 파악된 것만 여의도 면적의 4분의 1이 넘는 임야가 소실됐습니다.
-> 몇 평방 킬로미터(여의도 면적을 아는 사람은 극히 일부이고, 특히 이 표현은 서울 중심의 사고에서 나온 것이므로 바람직하지 않다.)
◎ 폭락, 폭등과 같은 용어도 기자의 주관적인 느낌에 의존하여 쓰지 말고, 구체적으로 수치를 들어 표현한다.

(10) 시청자 입장에서 쓴다

정부 발표는 대체로 정책의 당위성을 주장하고 합리화하는 내용이다. 따라서 정부의 보도자료는 시청자 입장에서는 판단하기 어렵게 되어 있다. 예를 들면 '정부는 부동산 시장을 안정시키기 위해', '정부는 세수증대를 위해', '가격을 현실화시키기 위해'라고 발표한다. 시청자 입장에서는 세수 증대는 세금을 더 거두는 것이고, 가격 현실화는 가격인상이다. 기사를 완전히 이해하여 시청자 입장에서 재구성 하는 습관을 들여야 한다.

(11) 상투적인 표현을 남용하지 않는다

◎ 진부한 표현은 상투적이고 문장에 힘이 없다. 예를 들면 다음과 같은 문장들이다.

- 다행히도 생명에는 별 이상이 없습니다.
- 정확한 사고 원인을 조사하고 있습니다.
- 만전을 기하고 있습니다.
- 기쁨의 비명을 질렀습니다.
- 산더미 같이 쌓였습니다.
- 교통대란이 우려됩니다.

◎ 굉장히, 매우, 상당히 등 습관적으로 쓰는 형용사와 부사는 자주 쓰면 식상하다.

◎ 접속사를 남발하는 것은 좋은 문장이 아니다. '그리고', '또한', '그래서' 등의 접속사는 불필요하다. '그러나', '한편' 등의 접속사도 부득이한 경우가 아니면 쓰지 않는 것이 좋다.

◎ '및'은 '와', '과', '그리고'로 바꾸어 사용한다.

◎ '이와 관련해', '와(과) 관련하여'는 가능하면 사용하지 않는다.

(12) 같은 표현을 반복하지 않는다

어미에 같은 단어가 반복되는 것은 피한다. 정부 발표 기사의 경우 많이 나타나는데 '말했습니다', '밝혔습니다'라는 표현 이외에 '강조했습니다', '덧붙였습니다', '전했습니다' 등의 다양한 표현을 써서 변화를 줄 필요가 있다.

(13) 능동형·긍정형 문장을 사용한다

수동형 문장 보다는 능동형 문장을 구사해야 한다. 다음과 같은 예를 보자.

◎ 당뇨병은 식이 요법으로 고쳐 질 수 있습니다.
 -> 당뇨병은 식이 요법으로 고칠 수 있습니다.
◎ 우리 조상의 손으로 만들어진 청자의 아름다움
 -> 우리 조상의 손으로 만든 청자의 아름다움
◎ 경찰청 간부들이 순찰대원들에게 정기적으로 금품을 상납받아 온 사실을 밝혀냈습니다.
 -> 순찰대원들이 경찰청 일부 간부들에게 정기적으로 금품을 상납해 온 사실을 밝혀냈습니다.
◎ 그 계획은 성공하지 못했습니다.
 -> 그 계획은 실패했습니다.

(14) 품위 있는 표현을 사용한다

살인 사건 등 강력 사건의 장면을 필요 이상으로 상세하게 묘사하는 것은 방송에서 금기 사항이다. 시청자에게 혐오감을 주는 표현은 절제해야 한다. 예를 들어 '식칼로 난자했습니다.'는 것도 '흉기로 살해했습니다.'는 식으로 완곡하게 표현한다. '죽었다.'는 것도 '숨졌다.'로 써야 한다.

유행어를 포함하여 특정 연령층이나 그룹이 자주 사용하는 말은 방송에 적합하지 않다. 방송 업계에서 유행하는 상투적인 말도 방송인들은 익숙해져서 별 문제의식 없이 사용하는데, 절제해야 한다.

(15) 인격을 존중하는 용어를 쓴다

사람에게 상처를 주는 표현을 주의해야 한다. 방송의 문장은 인격을 존중하고 인권을 보호한다는 기본에 어긋나서는 안 된다. 사람에게 상처를 주는 폭력적인 언어를 쓰지 않도록 유의해야 한다.

같은 말이라도 말하는 사람에 따라 어감이 다를 수 있다. 듣는 사람이 불쾌감을 가지지 않도록 용어 선택을 신중히 해야 한다. 특정 직업을 비하하거나 장애인에게 상처를 주는 표현도 신경을 써서 다루어야 한다. 예를 들면 '택시 운전수'는 '택시 기사'로 '말단 공무원'은 '일선 공무원'으로 '농부'는 '농민'으로 쓰는 것이 바람직하다.

2) 방송기사의 형식과 사례

(1) 스트레이트 기사

방송에서 스트레이트 기사는 주로 정규뉴스 시간대에 아나운서가 읽는다. 단 종합뉴스 시간에도 비교적 뉴스 비중이 작은 뉴스는 리포트를 하지 않고 스트레이트 기사로 작성하여 앵커나 아나운서가 단신으로 처리한다.

스트레이트 기사는 기자가 어떤 기획 의도를 갖고 만든 기사가 아니라 자연발생적인 일, 즉 천재지변, 정치적 사건, 정부나 기업 및 각종 단체의 발표, 사건사고 등을 있는 그대로 기술하는 기사이다.

기자가 문제의식을 가지고 의도적으로 만드는 기획기사와는 달리 자연적으로 일어나는 사건 및 정보를 알려주는 것으로 육하원칙(5W1H; 누가, 언제, 어디서, 무엇을, 어떻게, 왜)에 입각하여 시청자에게 신속, 정확, 간결하게 보도하는 것이 핵심이다.

스트레이트 기사는 시청자들이 사건의 전모를 짧은 시간 안에 파악할 수 있도록 해야 하기 때문에 방송기자는 시간을 다투어서 빠른 시간 내에 알기 쉬운 용어로 쉽게 기사를 작성하여 송고하여야 한다.

방송에서 스트레이트 기사는 일보(一報)가 생명이다. 방송현장의 현실을 보면 자사(自社)의 기자가 취재 현장에 나가 있는데도 일보를 송고하지 않아, 뉴스를 내보내는 편집부나 사건 데스크가 연합뉴스를 인용하여 보도하는 경우가 적지 않다. 현장에 도착한 방송기자는 우선적으로 스트레이트 기사를 작성하여 데스크에 송고해야 하며 시간적 여유가 없을 때는 간단한 메모 형식으로라도 일보를 보고해야 한다.

스트레이트 기사는 역 피라미드 형식을 갖추어 작성한다. 즉, 삼각형을 거꾸로 세운 모습으로, 전달하고자 하는 가장 중요한 부분부터 먼저 제시하고 밑으로 내려갈수록 중요도가 떨어지는 내용을 배치한다.

역피라미드식 기사

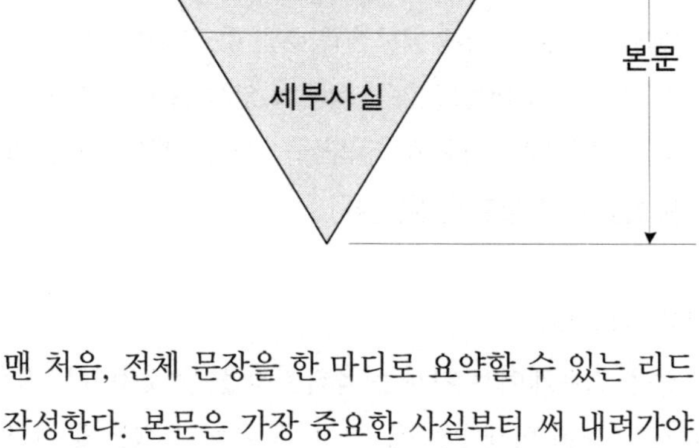

맨 처음, 전체 문장을 한 마디로 요약할 수 있는 리드 기사를 쓰고 이어 본문을 작성한다. 본문은 가장 중요한 사실부터 써 내려가야 한다. 스트레이트 기사를 역 삼각형 식으로 작성하면 기자가 전달하고자 하는 핵심을 먼저 제시함으로써 기사에 관심을 집중시킬 수 있고 시청자들의 이해도가 빨라지게 할 수 있다. 또한 편집자가 기사 편집을 할 때 중요도가 낮은 뒷 부분에서부터 삭제할 수 있어 편집이 용이하다.

뉴스를 방송할 때 시간 제약으로 인하여 기사를 중간에서 읽다가 끝낼 수가 있는데, 이런 경우 자칫 보도 내용이 부실해질 수 있다. 역 피라미드식으로 기사를 작성하면 중요한 내용부터 순차적으로 방송되기 때문에 이 같은 사태가 발생하지 않는다.

◎ 스트레이트 기사 작성의 예

2006. 10. 14. 土
KBS 뉴스

제목: 건조한 날씨에 산불 잇따라

건조한 날씨가 이어지면서 전국적으로 산불이 잇따랐습니다.
오늘 오후 3시쯤 전남 해남군 화원면 신덕리 사동 마을 뒷산에서 불이나 잡목 등 임야 1ha가량이 ①불에 탔습니다. 불이 나자 군청 직원 등 80여 명과 산림청 진화 헬기가 출동해 막바지 진화 작업을 벌이고 있습니다. ②또 ③오늘 낮 한 시쯤에는 경북 영천시 오미동 육군부대 뒤편 야산에서 등산객의 실화로 보이는 불이 나 잡목 등 임야 200여 평을 태우고 40여 분만에 꺼졌습니다. 또 오후 네 시쯤에는 대구시 덕곡동 팔공산 파계사 서편에서 불이 나 40분 만에 ④진화돼, ⑤소방서에서 피해 규모를 파악하고 있습니다.
이에 앞서 오늘 새벽, 강원도 횡성군 강림면 북바위 인근 야산에서 원인을 알 수 없는 불이 나 임야 0.3㏊를 태우고 5시간 30여 분만인 ⑥오전 6시쯤 ④진화됐습니다. 불이 나자 공무원과 주민 등, 200여 명이 긴급 투입돼 진화작업을 벌였으나, 날이 어둡고 현장 접근이 쉽지 않아 본격적인 진화작업은 ⑥오전 5시쯤 시작되면서, 진화에 어려움을 겪었습니다. ⑤경찰과 소방당국은 정확한 화재 원인을 조사하고 있습니다.

◎ 기사 살펴보기

위와 같은 스트레이트 기사는 육하원칙을 잘 갖추어서 작성하여야 한다.
이 뉴스는 산불 발생 기사를 여러 개 묶어서 썼는데 이런 경우 산불의 규모 및 주민들에게 미치는 영향력이 큰 것부터 쓰는 것이 좋다.

산불 기사는 발생 시간, 발화지점, 산불원인, 피해상황, 산불확산 상황, 진화작업, 당국의 조치 등을 기사 내용에 담는다. 산불의 원인은 원칙적으로 기사에서 언급해 주어야 한다. 단 산불을 여러 개 묶어서 종합하는 경우에는 기사를 간결하게 하기 위해, 산불의 원인을 밝히지 않아도 무방한 것은 언급하지 않을 수도 있다.

시청자가 가장 궁금해 하는 것은 산불이 진화됐는지 또는 확산되고 있는지의 여부이다. 따라서 현재 산불의 진행 상황을 써 주어야 한다. 필요한 경우에는 현지 주민들이 유의해야 할 사항도 기사에 넣어야 한다.

◎ 기사 바로잡기

① 말이 겹치므로 '불에'를 뺀다.
② '또'는 불필요한 접속사이다.
③ '오늘'은 서두에 썼기 때문에 계속 쓸 필요가 없다.
④ '진화됐다'는 표현보다 '꺼졌다'는 표현이 구어체이므로 바람직하다.
⑤ 당연한 이야기이며 상투적인 표현이므로 불필요한 문장이다
⑥ '오전' 대신 '새벽'으로 표현하는 게 적절하다.

2006. 10. 14. 土
KBS 뉴스

제목: 단풍철 등산객 사고 잇따라

오늘 오전 10시 반쯤 서울 종로구 평창동 북한산 삼천골 계곡에서 산을 내려오던 등산객 58살 김 모 씨가 발을 헛디뎌 발목을 삐어 출동한 119 구조 헬기로 구조됐습니다. ①또 오늘 오전 11시쯤에는 서울 노원구 상계동 수락산 코끼리 바위에서 등산객 51살 이 모 씨가 바위 밑 10m 아래로 미끄러져 119구조대에 구조되는 등 ②곳곳에서 등산객 사고가 잇따랐습니다.

◎ 기사 살펴보기

이 뉴스는 사망자가 없는 간단한 사건·사고 기사에 속해 리드가 필요 없다. 육하원칙에 의해서 사고의 개요를 기사로 작성한다. 사건·사고 기사는 사상자의 수에 따라서 기사의 비중이 달라진다. 사상자가 많을 경우 사건에 대한 원인 및

분석이 필요하다. 그러나 사상자가 적더라도 특이한 사건일 경우 또는 사회적 인 파급 효과가 큰 뉴스인 경우에는 리드를 써서 뉴스를 상세하게 전한다.

◎ 기사 바로잡기

① 첫 문장에 '오늘'을 언급했으므로 필요 없다.

② 등산 사고 2건을 두고 '곳곳에서'라고 하는 것은 너무 과장된 표현이다. '곳곳에서 사고가 잇따랐다'고 하려면 최소한 3~4건 이상을 종합하여야 한다. 또는 오늘 전국에서 몇 건의 등산사고로 몇 명이 부상했는지 집계된 수치를 구체적으로 언급해야 한다.

2006. 10. 9. 月
SBS 아침종합뉴스
모닝와이드

제목: 체첸 보도 러시아 여기자 피살

체첸 전쟁에 대한 비판적 보도로 잘 알려진 저명한 러시아의 여성 언론인이 괴한에 암살당했습니다. 안나 폴리트코프스카야 기자는 ①그제(7일)인 지난 토요일 아침, 모스크바 중심부에 있는 자신의 아파트 엘리베이터에서 숨진 채 발견됐습니다.

이날 야구모자를 쓰고 아파트를 나서는 한 남자의 모습이 잡힌 CCTV 화면이 공개됐습니다.

②추모 시위가 잇따르는 가운데 유럽 연합과 미국도 러시아 당국에 철저한 수사를 촉구한 상태이나, 여기자가 체첸 인권 활동 때문에 암살된 것으로 보는 러시아인들은 당국의 수사 의지를 신뢰하지 않고 있습니다.

③러시아에서 언론인 암살이 잇따르는 가운데, 유명인사인 폴리트코프스카야 기자의 암살은 큰 충격을 던지고 있습니다.

◎ 기사 살펴보기

외신 뉴스는 출처를 명시해야 한다. 외신 뉴스는 현지의 방송, 신문, 통신의 보도를 인용하거나 특파원이 송고한 기사를 국제부 담당 내근 기자가 정리하는 것이다.

기사의 대부분은 AP · AFP · 로이터 · UPI 등 서방 메이저 통신사가 독점 공급하기 때문에 그들의 시각에서 작성되는 뉴스를 일방적으로 수용하고 있는데 우리 시각에서 기사를 보고 정리할 필요가 있다. 가능한 한 여러 통신사의 뉴스를 종합, 검토하고 해외 특파원이나 뉴스 소스(source)를 직접 확인하여 정확하게 기사를 작성해야 한다.

위 기사는 러시아가 체첸과 벌이고 있는 전쟁에 대해 비판적인 보도를 해오던 러시아 여기자가 피살된 사실을 보도한 것인데, 단순히 사건 보도에 그치지 말고 피살 의혹에 대한 배경을 밝히는데 기사의 초점을 맞추어야 할 것이다.

◎ 기사 바로잡기

① 현지 시각인지, 한국 시각인지를 밝혀 준다.

② 문장을 다음과 같이 짧게 나눈다.

현지에서는 폴리트코프스카야 기자에 대한 추모 시위가 잇따르고 있습니다. 러시아인들은 이 기자가 체첸의 인권 보호 활동 때문에 암살된 것으로 보고 있으며 당국의 수사의지를 신뢰하지 않고 있습니다.

유럽 연합과 미국은 러시아 당국에 폴리트코프스카야 기자의 암살 사건에 대해 철저히 수사할 것을 촉구했습니다.

③ 직역되어 있는 기사를 다음과 같이 정리해 본다. '러시아에서는 푸틴 대통령 집권 후 12명의 언론인이 피살됐습니다. 폴리트코프스카야 기자는 13번째 피살된 언론인입니다.'

(2) 리포트 기사

기자 리포트가 방송되는 유형 및 시간대는 크게 네 가지로 나눌 수 있다.

- 첫째, 하루 뉴스를 정리하는 밤 9시 종합뉴스 및 아침 6~7시 종합뉴스 시간대에 방송되는 데일리성 뉴스 리포트
- 둘째, 주로 밤 9시 종합뉴스 시간대에 심층으로 보도하는 기획기사 리포트
- 셋째, 정오 뉴스 또는 저녁 7시 등 일반 뉴스 시간대의 리포트
- 넷째, 뉴스 특보 또는 뉴스 속보라는 타이틀로 방송되는 긴급뉴스 시의 리포트

a. 종합뉴스 시간의 데일리성 뉴스 리포트

밤 9시 및 아침 종합뉴스에서 방송되는 데일리 뉴스의 리포트는 스트레이트 기사를 그대로 쓰지 않고 입체적으로 가공하여 제작한다. 즉 화면과 기사를 일치

시키는 작업을 한다. 때문에 기사는 스트레이트 기사와는 다른 형태로 작성한다. 인터뷰 및 기자의 스탠드 업도 삽입하여 완결된 제작물로 뉴스를 만든다.

리포트는 1개 아이템(item)이 대략 1분 20초 내외로 구성된다. TV리포트는 취재기자, 카메라기자, 오디오맨, 편집자가 공동작업을 한다. 원칙적으로는 PD가 전체 진행을 해야 하지만 한국 현실에서는 취재기자가 총괄적으로 책임지고 작업을 한다.

◎ 기획 및 취재

TV 리포트물을 만드는데 있어 화면에 기사를 맞추어야 하는 것인지, 기사에 화면을 맞추어야 하는 것인지 논란이 있을 수 있다. TV는 화면이 중요하니까 화면이 우선이라는 주장이 있을 수 있고 내용이 중요하니까 기사가 우선이라는 주장도 있을 수 있다.

그러나 사안에 따라 다르다. 사건 리포트라면 취재기자와 카메라기자가 같이 현장에 출동하여 취재 및 촬영을 하게 된다. 취재팀은 현장에서 활발하게 의견을 나누면서 방송에 필요한 화면을 촬영하고 인터뷰 및 기자 스탠드 업을 녹화하게 된다. 이 때 현장의 자연음(natural sound)을 삽입하는 것을 잊지 말아야 한다. 자연음은 현장감을 생생하게 살릴 수 있는 요소이다. 취재, 촬영이 끝나 방송국으로 돌아오면 취재기자는 촬영 화면을 참고하면서 기사를 작성하게 된다.

정부나 기업의 발표기사를 리포트 할 경우에는 대개 보도자료가 미리 나오기 때문에 기자가 사전에 보충취재를 하고 기획을 할 수 있다. 기사의 윤곽을 잡아 놓고 거기에 따라 촬영할 내용을 카메라기자와 미리 의논할 수 있다. 카메라기자는 기사 내용을 보고 카메라 샷, 피사체, 촬영 시간 등을 대략 기획할 수 있다. 이를 토대로 취재기자와 카메라기자가 현장에 같이 나가 녹화한다.

사전 기획된 것이라 할지라도 현장에 나가보면 책상에서 기획한 것과 다른 상황이 전개될 수도 있다. 따라서 현장에서 보충취재가 이루어지는 일이 많기 때문에 현장에서 역시 취재기자와 카메라기자간의 원활한 의사소통이 중요하다. 상호 협의 하에 기사 방향을 잘 잡아 나갈 수 있도록 팀워크가 이루어져야 한다.

◎ 입체적인 리포트 제작

리포트 기사의 작성 요령은 스트레이트 기사와는 다르다. 스트레이트 기사는 신문기사와 같이 육하원칙에 의해서 조목조목 써 내려가는데 반해 리포트 기사는 화면 스케치, 사건 분위기 묘사 등으로 시작하여 본론으로 들어감으로써 시청자들을 화면 속으로 끌어들이는 테크닉을 구사하는 것이다. 현장감이 생생하게 묻어나는 기사를 만들어야 한다.

스트레이트 기사가 육하원칙에 충실히 의거해 역피라미드 방식으로 작성되는데 반해, 리포트 기사는 육하원칙에 입각하되 역피라미드, 피라미드, 사다리 방식 등으로 기사 성격에 맞추어 다양한 방식으로 작성된다.

여기서 사다리 방식이란 일종의 귀납식 구성이다. 즉, 기사 첫 머리에서 근거 또는 사례를 보여주고 결론을 제시하는 것으로, 화면에 대한 설명으로 리포트를 시작하여 본론과 결론으로 이어지는 방식이다. 기사의 구조가 사다리꼴과 같다고 하여 붙여진 명칭이다.

리포트 기사는 도입부, 본문, 정리부로 구성된다. 도입부는 기사의 첫머리이기 때문에 시청자의 관심을 끌 수 있는 인상적인 화면과 멘트가 나와야 한다. 도입부는 리포트 본문 전체를 요약하는 형태로 작성하거나 또는 본문으로 유도하는 길잡이 역할을 하는 식으로 기사를 작성한다.

본문은 도입부에서 이어지면서 메시지가 명료하게 드러나도록 작성해야 한다. 본문은 단일 메시지가 리포트 전체를 관통하도록 짜임새 있게 구성되어야 한다. 시청자로 하여금 기사의 주제를 이해할 수 있도록 충분한 정보를 제공하는 것이 중요하다. 그러기 위해서는 본문의 각개 문장이 하나의 주제 하에 긴밀한 연관성을 갖도록 쓰여져야 한다. 초점이 흐려지고 중언부언해서는 안 된다.

정리부분은 리포트를 마무리하는 것이다. 기사 전체를 요약하거나 핵심부분을 강조할 수 있고 분석 또는 전망을 할 수도 있다. 마지막 문장에서의 정리하는 멘트는 리포트의 완성도를 좌우하는 요소이다. 리포트 기사는 이 부분에서 기자의 주관이 들어갈 수 있는 여지가 있는데, 가급적 기자 개인의 견해를 배제하고 객관적인 멘트를 해야 한다.

리포트 제작에서 중요한 요소는 앵커 멘트, 어깨걸이 제목, 인터뷰, 기자 스탠드 업이다.

◎ **앵커 멘트**

앵커 멘트는 기자 리포트를 소개하는 것으로서 시청자의 관심을 끄는 중요한 요소이다. 일단은 기자가 작성하되 앵커가 필요하면 고치기도 한다.

앵커 멘트는 10~15초 정도로 전달하는 것이 바람직하다. 대개 2개의 문장으로 작성하며, 기자 리포트를 요약한 본문 요약형이 대부분이다. 앵커 멘트는 그 자체로 완결성을 가져야 하고 정확한 정보를 전달하는데 초점이 맞춰져야 한다. 객관적이고 냉철해야 시청자의 신뢰를 받을 수 있다. 주관적이거나 감정이 개입되어서는 안 된다.

앵커 멘트는 기자 리포트와 논리적으로 연결이 되어야 한다. 기자 리포트의 첫 문장인 리드 기사와 중복되는 것은 가장 피해야 할 일이다. TV 종합뉴스에서 앵커 멘트는 앵커의 몫이다. 앵커 멘트는 앵커의 개성이 드러나는 것으로 뉴스의 분위기를 좌우하는 측면이 있다. 경우에 따라서는 딱딱한 기사라도 유연성 있는 멘트로 시청자들에게 접근하는 역할을 할 수도 있다.

◎ **뉴스 제목**

기자의 리포트를 소개하는 앵커 멘트를 할 때 앵커의 좌측이나 우측에 그림과 문자를 써서 제목을 띄운다. 제목은 시각적인 효과를 감안하여 8자 내외로 쓴다. 신문의 제목이 독자를 본문에 끌어들이는 역할을 하듯이 TV 뉴스에서도 제목은 시청자를 유인하는 기능을 한다. 상품을 포장하듯이 취재한 내용을 잘 포장하여 시청자의 이해를 돕고 기사를 돋보이게 한다.

제목은 기사의 핵심을 정확하게 요약하여야 한다. 기사에 언급된 내용으로 명확한 사실을 제목으로 쓰되 짧은 글이라도 문법에 맞게 써야 한다. 어깨걸이의 화면과 자막을 적절히 배합하여 정보가 잘 전달될 수 있는 제목을 뽑아야 한다.

기사 내용을 과대 포장한다든지 부풀리는 등 과장된 제목을 달아서는 안 된다. 내용과 동떨어져서도 안 된다. 지나친 비약이나 감정적인 표현의 제목은 피해야 한다.

◎ 인터뷰

인터뷰는 기사에 적합한 사람을 선정하고 발언 내용은 기사의 흐름에 맞아야 한다. 단지 구색용으로 인터뷰를 삽입해서는 안 된다.

인터뷰는 꼭 필요한 말만 삽입하도록 한다. 자질구레한 군더더기 말은 삭제한다. 시청자 입장에서 볼 때 무례하거나 함부로 하는 말은 방송해서는 안 된다. 시간은 10초 안팎으로 하되 20초가 넘지 않도록 한다. 큰 사건사고와 관련된 인터뷰는 다소 시간을 길게 할 수도 있다. 인터뷰 내용은 기사에서 중복해 언급하지 않도록 한다. 기자 리포트와 인터뷰 내용이 중복되는 것은 완성도를 떨어뜨릴 뿐만 아니라 시간 낭비이다.

◎ 기자 스탠드 업

리포트에서 중요한 부분 중 하나가 기자의 스탠드 업 멘트이다. 이것은 현장에서 녹화하는 것이기 때문에 기사가 완전히 작성되기 이전에 이루어지는 경우가 많다. 스탠드 업 멘트를 리포트 첫머리에 할 것인지 중간에 할 것인지 또는 끝마무리로 할 것인지를 현장에서 결정해야 한다.

대부분 마무리 멘트를 하게 되는데 전달의 파급효과(impact)를 감안할 때 마무리 멘트는 시청자가 오래 기억할 수 있을 정도의 강렬한 메시지를 주어야 한다. 상투적인 표현, 예를 들면 '관심이 집중되고 있습니다.', '주목되고 있습니다.', '전문가들의 지적입니다.'와 같은 멘트는 지양해야 한다.

리포트 기사는 사실 보도를 위주로 하기 때문에 스탠드 업 때 기자가 해설 및 논평을 하는 등 주관적인 의견을 제시하는 일이 없도록 한다. 스탠드 업에 대하여 정리해 보면 다음과 같다.

① 요점(points): 의미 있고 명확한 메시지를 전달할 것.
② 배경(background): 기사의 핵심 내용이 될 만한 장면을 배경으로 할 것.
③ 도입(opening): 화면 처리가 마땅치 않을 경우 뉴스 맨 앞부분에서 도입 형식으로 처리한다.
④ 교량역할(bridging): 뉴스 안에서 장면과 장면, 시퀀스(sequence, 연속된 한 장면)와 시퀀스의 연결 고리로서 사용한다.
⑤ 결말(closing): 뉴스 내용을 정리하는 형식으로 강렬한 인상을 남기는 마무리 멘트가 되어야 한다.
⑥ 자세(body posture): 고정적일 필요는 없다. 서있거나, 앉거나, 걸어가는 등 상황에 따라 다양한 자세를 취한다. 손에 상징적인 물건을 들거나, 손으로 기사와 관련 있는 것을 가리키면서 리포트 하면 효과가 있다.
⑦ 길이(length): 보통 10~15초 정도로 한다. 경우에 따라서는 다소 길어질 수도 있다.

◎ 데일리성 리포트 기사 의 예

2006. 10. 9. 月 KBS 뉴스9 [정부대책] "北 불장난 포용정책 고집 어려워"

〈앵커 멘트〉
①노무현 대통령은 북한의 핵실험 발표를 한반도와 동북아 안정을 위협하는 중대 사태로 규정하고 대북정책 기조의 수정이 불가피해졌다고 밝혔습니다. 포용정책의 변화를 시사한 것입니다. 먼저, OOO 기자가 보도합니다.

〈리포트〉

②노무현 대통령은 북한의 핵 실험은 한반도 평화와 동북아 안정을 위협하는 중대한 사태라고 말했습니다.

〈녹취〉

노무현 대통령: "대단히 위험한 불장난을 한 것이다. 논리의 문제가 아니고 현실의 문제다. 우리는 이 같은 성격에 걸 맞는 한국 정부의 대응을 해 나갈 것이다."

그러면서 ③포용 정책이 핵 문제 해결에 유효하지 않았다는 평가가 제기될 가능성이 있다고 대통령은 말했습니다.

〈녹취〉

노무현 대통령: "이 마당에 와서 포용 정책만을 계속 주장하기는 어려운 문제 아니겠나 궁극적으로 포기하는 건 아니지만 상황이 그렇게 바뀌고 있는 건 객관적 상황이다."

노 대통령은 지금까지 강경 대응을 강조하는 미 · 일에 대해 대화를 통한 해결을 주장해 왔지만 이제 대화를 강조할 입지가 거의 상실됐다고 말했습니다.

〈녹취〉

노무현 대통령: "평화적 해결, 대화를 통한 해결을 포기하지는 않겠지만 과거처럼 모든 것을 인내하고, 양보하고, 수용하게 이렇게 갈 순 없게 된 것 아닌가 생각한다."

구체적인 대응은 국내외적으로 충분한 의견을 나눈 뒤 전략적으로 잘 조율된 조치로 대응하는 것이 중요하다고 밝혔습니다.

④〈녹취〉

노무현 대통령: "대한민국 정부이면 그 정도 상황 관리할 역량 있다고 믿는다. 현재와 미래의 합리적 대응을 믿고 불안해하지 말고 일상생활에서 안정된 생활을 해 주시면 좋겠습니다."

KBS 뉴스 OOO입니다.

◎ 기사 살펴보기

KBS가 저녁 종합뉴스에서 북한 핵실험을 보도한 것이다. 북한 핵실험은 파장이 엄청나게 큰 초대형 사건이기 때문에 이날 오전부터 오랜 시간에 걸쳐 긴급뉴스로 처리한 바 있고, 종합뉴스에서도 뉴스 시간 대부분을 할애하여 심층보도 했다.

KBS 종합뉴스는 북한 핵실험에 대한 뉴스 순서를 정부의 '포용정책변화 시사' 발언을 첫머리로 하고 '핵 보유를 용납하지 못 한다'는 청와대 성명, 이어 북한의 핵실험 성공 보도, 핵실험장소 예측, 핵실험 성공 여부에 대한 의문, UN 등 국제사회 움직임 및 미국, 일본, 중국 정부 등의 반응 순으로 보도했다.

일반적으로 북한의 핵실험 사실을 먼저 보도한 다음 정부의 반응 및 대책이 이어져야 한다. 그러나 이 날 긴급뉴스를 통해 핵실험 사실이 이미 알려졌기 때문에 정부의 대책을 먼저 보도한 다음 북한 핵실험 사실은 그 뒤에 보도했다. 기사의 편집은 대체로 무난한 것으로 보이는데, 그 중에서 톱뉴스로 방송된 기사를 살펴보았다.

◎ 기사 바로잡기

①② 앵커 멘트와 리포트 첫 문장이 중복되지 않도록 해야 한다.

③ 문장을 쉽게 써야 한다. 예를 들면 '포용 정책이 북한 핵 문제를 해결하는데 효과를 거두지 못했다는 평가가 나올 수 있다.'로 고쳐본다.

④ 마지막 문장은 기자의 정리 멘트로 끝내야 한다. 인터뷰나 녹취로 끝내서는 안 된다.

b. 심층으로 보도하는 기획기사 리포트

기획기사 리포트는 주로 밤 9시 종합 뉴스 시간에 방송한다. 기획기사 리포트의 제작 방식 및 요령은 앞부분의 데일리성 뉴스와 동일하므로 참조하도록 한다. 기획기사는 3~5분 정도로 제작한다.

종합뉴스에서 기획으로 리포트 하는 경우는 3가지로 분류할 수 있다. 첫째, 사회 비리나 불법, 부조리를 폭로하거나 정부 정책이나 행정의 잘못된 점을 고발하는 것으로 일종의 탐사보도 형식을 취한다. 방송사에서 긴급점검, 집중진단,

집중취재 등의 타이틀로 방송하는 것이 이에 해당한다.

방송사마다 기획취재팀, 탐사보도팀 등의 명칭을 붙인 전담팀을 두어 고발성 뉴스를 심층보도하고 있다. 고발뉴스 리포트는 제보에 의존하거나 기자나 취재팀의 기획에 의해 제작한다. 주로 제보자의 정보를 토대로 취재하는 경우가 많은데 이 때 제보자는 이해 당사자가 절반 이상을 차지하고 있다.

따라서 제보를 근거로 선입견을 가지고 취재에 나서면 자칫 제보자에게 이용당하는 결과를 초래할 수 있으므로 관련자들을 모두 접촉하여 다각도로 취재해야 한다.

고발뉴스 취재에서는 특히 취재 아이템 결정이 중요하다. 아이템 결정이 잘못됐을 시, 도중에 취재를 중단하는 경우도 생길 수 있다. 이미 취재에 착수해서 상당 부분이 진행됐다 하더라도 기사로서 미달된다고 판단되면 과감하게 제작을 중단해야 한다. 억지로 뉴스를 만들려고 하면 안 된다.

고발뉴스는 어느 한 쪽 측면만 보고 보도해서는 안 된다. 사건이 주는 의미와 파장을 생각하고 사회 전체적인 측면에서 사건을 들여다봐야 한다. 예를 들면 어느 중소기업이 피해사실을 고발하였을 경우 단순히 그 중소기업의 입장에서만 사건을 바라보지 말고 국가 경제 전체적인 측면도 고려하여 다루는 넓은 시각을 견지할 필요가 있다.

탐사보도를 하는 기자는 불의와 싸우는 투사처럼 행동해서는 안 된다. 세상사(世上事)는 이해관계가 복잡하게 얽혀 있고 서로의 입장이 다르기 때문에 선과 악으로 단순하게 이분법적으로 접근해서는 안 된다. 기자가 마치 악인을 응징하는 것과 같은 태도로 접근하여 취재하는 것은 금기 사항이다.

둘째는 '연속기획' 형식이다. 큰 이슈가 발생하였을 때 사안에 따라 여러 차례에 걸쳐서 기획 리포트를 하는 것이다. 예를 들면 한미 FTA 협정에 대한 연속기획 같은 것이 있을 수 있다. 이런 아이템은 여러 취재 부서의 기자들이 태스크 포스(task force) 팀을 구성하여 분야 별로 취재보도하는 것이다.

이 때 중요한 것은 기획기사의 방향을 어떻게 정할 것인가 하는 점과 기사 아이템을 세분화하는 일이다. 핵심을 제대로 파악하여 분석보도하고 대안을 제시하는 것이 연속기획의 생명이다.

셋째는 대형 사건이 발생하거나 국민에게 영향이 큰 정책이 발표됐을 때 스트레이트 기사 리포트에 덧붙여 별도 아이템으로 보도하는 기획 리포트가 있다. 방송국에서 '심층취재', '집중취재'라는 타이틀로 방송하고 있다. 정책이나 사건에 대하여 문제점을 지적하고 분석 및 해설을 하는 것이다.

예를 들면 부동산 가격이 폭등하고 있다는 리포트가 방송되면 이어서 폭등 원인을 분석하고 앞으로의 가격 전망과 함께 대책을 제시하는 기획성 리포트를 하는 것이다.

또 다른 예로 교통사고 발생시, 사고 개요 리포트에 이어 사고의 구조적인 원인, 당국의 무대책, 사고의 근본적인 해결책 등을 제시하는 리포트를 한다. 이것은 당일 발생한 뉴스에 덧붙여 방송하는 것이기 때문에 신속하게 취재하여야 한다.

◎ **기획기사 리포트의 예**

2006. 11. 2. 木
KBS 뉴스 9 [경제]
[심층취재] 집값
왜 오르나

〈앵커 멘트〉

정부의 모든 투기억제 대책을 비웃기라도 하듯이 집값이 다시 크게 오름세로 돌아선 이유는 무엇일까요?
일부 지역의 고분양가 논란과 섣부른 신도시 정책이 불씨로 작용했습니다.
OOO 기자가 심층 분석했습니다.

〈리포트〉
①화성 동탄 지구 아파트는 지난 9월 말부터 매수문의가 부쩍 늘면서 가격이 오르기 시작했습니다.
비슷한 시점 강남구의 아파트 값도 움직이기 시작했습니다.

〈인터뷰〉
김기준(대치동지역 공인중개사) : "9월말 전까지 집을 사겠다고 관망하던 분들이 10월 초에 한꺼번에 몰리면서 매물도 없어지고 그러다보니 가격이 상승한 거죠."
서울 지역의 경우 하반기 들어 상승률이 1%를 넘지 않았으나 9월부터 전체적으로 상승폭이 커지면서 10월달 급상승한 것입니다.
이처럼 관망세를 보이던 부동산 시장을 매수세로 돌아서게 만든 요인은 파주와 뉴타운 고분양가 논란입니다.
이 시점부터 주요지역 아파트 가격은 점차 오르게 됩니다.
지난 9월 말 파주는 평당 천 2백만원, 은평 뉴타운 분양가는 평당 천 5백만원이 된다는 소식이 주변 지역 가격을 끌어 올렸고 서울을 포함해 수도권 전체에 영향을 미쳤습니다.
이 가격 상승 조짐을 수요자들은 심상치 않게 받아들인 것입니다.

〈인터뷰〉
안명숙(우리은행 부동산 팀장): "높은 분양가가 인근시세로 굳어지고 있고 내년에도 선거랑 맞물려 집값이 떨어지지 않을 것이라는 불안감이 수요자를 추격 매수하도록..."
여기에 판교 신도시 낙첨자들과 높은 전세가격에 주택 구입 쪽으로 선회한 수요자들도 시장에 큰 부담을 줬습니다.
게다가 연말이 되면 중과세 회피 매물이 쏟아질 것이라던 정부의 기대와는 달리 다주택 보유자들의 상당수가 버티기로 일관하고 있습니다.
또한 경기부양책이 거론되는데다, ②현 정부의 지지율 하락으로 차기 정권에서는 부동산 규제가 완화될 수밖에 없다는 기대도 오히려 집을 사자는 쪽으로 시장의 물꼬를 돌렸습니다.
이런 상황 때문에 정부의 추가 신도시 정책은 시장불안을 누르기에는 역부족이었습니다.

〈인터뷰〉
김용진(부동산 뱅크): "시장은 즉각적인 공급과 고분양가에 대한 구체적인 답을 요구했지만 정부의 신도시 대책은 이 두 가지 부분이 미흡했기 때문에 효과가 없지 않았나 분석됩니다."
③그러나 일부 전문가들은 지금 부동산은 비정상적으로 오른만큼 추격 매수에 나설 경우 낭패를 볼 수도 있다고 경고합니다.

〈인터뷰〉
고종완(RE멤버스 대표): "11월 들어 비수기로 접어든다는 점, 가격 급등에 따른 조정매물과 세계부동산 경기가 저조하다는 점 때문에 추격매수에 나설 경우 손해를 볼 수 있습니다."
④정부는 추가 대책으로 신도시를 공급하되 분양가격을 획기적으로 낮춰서 공급하는 방안에 대해 구체적인 검토 작업에 착수한 것으로 알려졌습니다.
KBS 뉴스 OOO입니다.

◎ 기사 살펴보기

이 뉴스는 집값이 3년 반 만에 최고 상승세를 보이고 있다는 리포트에 이어서 보도된 아이템이다. 집값이 오르고 있는 원인에 대하여 심층취재한 기획 리포트이다. 앞서 데일리 기사를 리포트한 기자는 최근 두 달 사이에 수도권 지역의 아파트 가격이 급등했다고 전했다. 많이 오른 아파트는 2~3억 오른 곳도 있다고 보도했다. 현상에 대한 보도를 했다.

이에 이어지는 심층취재는 급등의 원인에 대하여 다각도로 분석하고 문제점을 지적한 다음, 대책을 제시하는 리포트가 됐어야 한다. 그러나 리포트 앞부분에서 화성 동탄, 강남 지역 등의 가격 동향을 짚어보는데 시간을 할애하고, 막상 원인 분석은 피상적으로 흘렀다. 심층취재는 핵심을 바로 보고, 깊이 있게 파고 들어가 시청자 앞에 문제점을 드러내 실감나게 보여주는 묘미가 있어야 한다.

◎ **기사 바로잡기**

① 이 리포트 앞서 보도된 데일리 리포트는 과천과 잠실 지역의 아파트 가격 급등 상황을 전해 주었다. 심층취재 리포트에서는 동탄과 강남 지역 상황을 전했는데, 가격이 급등한 현상을 중복 보도함으로써 시간 낭비만 했다. 곧바로 원인 분석으로 들어감으로써 문제의 핵심을 파고들어야 했다.

② '현 정부의 지지율 하락으로 차기 정권에서는 부동산 규제가 완화될 수밖에 없다는 기대'라는 말은 논리가 비약된 표현이다.

③ 아파트 가격 급등을 우려하는 측면에서 급등을 경계하는 말과 인터뷰를 삽입했는데, 이 리포트는 원인 분석과 정부 정책의 실패를 지적하는데 주안점을 두어야 한다.

④ 마무리 멘트로 적합하지 않다. 전체적으로 정부의 부동산 정책 실패를 지적해 주어야 한다. 수요 억제 위주의 대증 요법 즉, 부동산 중과세 정책, 투기 단속, 재건축 억제, 주택 거래 허가제 문제 등을 짚어 주고 뒤늦게 설익은 공급 대책으로 사람들의 불안 심리만 더 자극시킨 점을 지적했어야 한다.

c. 일반뉴스 리포트

아나운서가 진행하는 일반뉴스는 스트레이트 기사를 아나운서가 읽어내려 가는 것이 보통이지만 정오뉴스나 저녁 뉴스 등 15분 이상 방송되는 뉴스에서는 비중이 큰 기사는 기자 리포트로 처리한다.

이때 리포트는 기자가 자신이 작성한 스트레이트 기사를 그대로 읽는 게 대부분이다. 기자가 스튜디오에 들어가서 방송하거나 전화로 리포트 하는데, 대부분 생방송을 하며 녹음을 하기도 한다.

◎ **일반뉴스 리포트의 예**

> 앵커: 오늘 아침 짙은 안개로 서해대교에서 ①차량들이 잇따라 추돌하는 사고가 있었습니다.
> ②사고 여파로 현재까지 서해대교 양방향 통행이 통제되고 있습니다.

2006. 10. 3. 火
MBC 930뉴스
서해대교 차량
30대 추돌

취재기자 전화로 연결합니다. 대전의 OOO 기자.

기자: 사고는 오늘 오전 7시 50분쯤 서해안고속도로 서울 방향 279km 부근 서해대교 입구에서 발생했습니다. 짙은 안개 속에 화물차 등 차량 ③여러 대가 잇따라 부딪쳐 일부 차량에서 화재까지 발생하면서 도로는 ④아수라장이 됐습니다. 사고로 현재까지 3명이 숨진 것으로 파악되고 있는데 사상자는 더 많아질 것으로 보입니다.

⑤게다가 현장 접근이 어려워 소방차가 반대 차로에서 불을 끄고 있어 목포 방향도 차량혼잡이 심각한 상태입니다. 이 때문에 양방향 도로가 모두 차단됐고 이미 진입한 차량들은 갓길을 이용해 역주행으로 도로를 빠져나가고 있습니다.

⑥사고 당시 이 지역은 짙은 안개로 가시거리가 100m 남짓. 한치 앞도 분간하기 어려운 상황이었습니다.

도로공사측은 서울방향은 당진이나 송학나들목으로 빠져나가 39번 국도를, 목포방향도 서평택 나들목을 이용해 국도로 우회해 줄 것을 당부했습니다.

MBC뉴스 OOO 입니다.

◎ **기사 살펴보기**

사고뉴스는 인명 피해를 확인하는 것이 가장 중요하다. 육하원칙에 의해서 사고 개요를 밝혀준 다음 인명피해를 전해주어야 한다. 사망자와 부상자의 명단을 확인하여 보도하고 부상자들이 입원해 있는 병원을 시청자에게 알려 주어야 한다.

교통사고의 경우 사고원인, 사고처리 상황은 물론 현장 교통 상황을 신속하게 보도하여 그 지역 통행 차량에 교통정보를 제공해 주어야 한다.

이 뉴스는 오전 9시 30분대에 방송되는 프로그램이다. 이 기사는 사건 발생 후 1시간 40여분 후 방송됐기 때문에 현장 취재가 되지 않은 상태에서 기자가 경찰서 상황실에 보고된 내용을 근거로 리포트한 것이다. 화면은 스틸 사진으로 처리되었다. 위와 같은 사건 기사는 내용이 추가로 파악 되는대로 매 시간마다 신속하게 속보를 보도해야 한다. 참고로 이 사고는 40중 추돌로 11명이 사망하고 54명이 부상한 대형 교통사고로 최종 확인됐다.

◎ **기사 바로잡기**

①③ 앵커의 어깨걸이 제목은 '30대 추돌'로 돼 있는데 앵커 멘트와 리포트에서는 언급돼 있지 않다. 제목과 기사 내용을 일치시켜야 한다.

② 도로 통제 상황보다도 인명 피해를 먼저 보도해야 한다.

④ 아수라장이라는 표현보다도 도로가 양방향 모두 차단돼 혼잡하다는 식으로 사실적인 표현을 해야 한다.

⑥은 ⑤보다 앞으로 가야 한다. 사고 원인 및 현장 상황을 먼저 전하고 도로 상황을 나중에 전한다.

d. 긴급뉴스시의 리포트

방송국은 긴급사태가 발생하였을 때는 사안에 따라서는 기존의 방송되고 있는 정규 프로그램을 중단하고 긴급뉴스를 방송한다. 국가비상 사태나 천재지변 등 국민에게 지대한 영향을 미치는 사건이 발생시, 뉴스 특보라는 형식으로 방송을 한다. 긴급뉴스 시에는 기자들이 총동원된다. 자신이 맡고 있는 업무를 잠시 멈춘 다음 우선적으로 긴급뉴스에 투입된다.

편집 책임자는 뉴스 전체 방향을 정하고 기자들에게 업무 분담을 한다. 가능한 한 기자들이 담당하고 있는 분야를 존중하여 업무를 배당하지만 그렇지 않은 경우도 있다. 따라서 기자들은 어떤 경우에라도 대응할 수 있도록 뉴스 전반에 대해서 폭 넓은 지식을 갖추고 있어야 한다.

긴급뉴스는 경우에 따라서는 취재를 충분히 하지 못한 상태에서 방송을 하는 경우도 많다. 이에 대비해서 자신의 출입처나 담당 업무에 대해서는 평소에 숙지해둘 필요가 있다. 기본 지식에만 의존하여 방송에 임해야 하는 경우가 많기 때문이다.

긴급사건이 발생했을 시에는 현장에 도착하여 즉시 리포트를 해야 하는 경우가 많다. 긴급 보도는 다음의 유의 사항을 숙지하여 실수가 없도록 해야 한다.

① 가능한 한 빨리 현장으로 달려간다.
② 도중에 데스크 및 현장의 관계자 등과 전화로 연락을 취하면서 현장상황을 파악한다.
③ 현장 도착 시에는 전체상황을 파악하고 있는 상황실에 먼저 가서 사건 개요를 취재한다.
④ 현장에 도착하여 취재된 내용을 기사화하는데 시간이 걸리기 때문에 중요한 내용은 우선 메모로 작성하여 송고해야 한다.
⑤ 사건의 핵심부 현장으로 즉시 출동하여 촬영 및 인터뷰를 한다.
⑥ 방송 사인이 나면 즉시 방송해야 하므로 데스크와의 연락체계를 갖추면서 언제든지 방송할 수 있도록 대비해 두어야 한다.
⑦ 긴급할수록 제보 내용이 사실인지 반드시 확인하고 방송해야 한다.
⑧ 대형사건 현장에서는 마이크를 잡고 방송하는 기자와, 취재를 하여 뉴스거리를 제공해 주는 기자의 역할 분담이 원활히 이루어져야 한다.
⑨ 시시각각으로 변화하는 상황을 제 때에 보도할 수 있도록 다양하게 취재해야 한다.

⑩ 긴급하고 국민들에게 크게 영향을 미치는 사건일수록 기자는 냉정하고 담담하게 보도하여 시청자들을 안정시켜야 한다.
⑪ 정보를 가능한 한 객관적으로 전하고 그 중에서도 사람의 생사에 관한 정보는 신중하게 보도해야 한다.
⑫ 잘못 보도된 내용이 있으면 즉시 고친다.

◎ 긴급뉴스 리포트의 예

긴급뉴스는 방송되고 있는 정규 프로그램을 중단하고 내보내는 것이다. 천재지변, 국가 비상사태 발생시, 중요정책 발표 시 또는 대형 사건사고 발생시에 긴급뉴스를 내보낸다. 몇 가지 사례를 소개한다.

2010. 3. 26. 金
KBS 뉴스속보
해군 초계함 침몰

2010년 3월 26일 밤 9시 22분 서해 백령도 앞 바다에서 해군 초계함 천안함이 북한의 어뢰 공격을 받아 침몰해 해군 장병 46명이 목숨을 잃었다.
사건 발생 1~2시간 후 각 방송사들은 정규 방송을 중단하고 이 소식을 긴급 뉴스로 보도했다. 다음은 이날 밤 11시 35분 방송된 KBS의 뉴스 속보이다.

〈앵커 멘트〉

뉴스 속보입니다.
해군 경비함 침몰 소식 속보 전해드립니다. 침몰 원인은 북한 공격으로 추정됩니다. 물론 아직 확실한 것은 아닙니다. 취재기자 연결합니다. OOO기자. 새로운 소식 전해주시지요.

〈리포트〉

백령도 인근에서 경비 중이던 우리 해군 초계함이 침몰하고 있다고 군 관계자가 밝혔습니다. 이 관계자는 오늘 저녁 9시 반쯤 새해 백령도와 대청도 사이에서 경비 중이던 초계함이 원인 모를 폭발로 인해 침몰하고 있는 것으로 안다고 말했습니다. 이 관계자는 이어 이 초계함에는 승무원 100여명이 타고 있으며 인명피해는 알려지지 않고 있다고 말했습니다. 군 관계자는 현재 구조함이 출동해 이들에 대한 구조작업을 벌이고 있다고 전했습니다. 오늘 사고는 초계함의 선미 쪽에서 원인 모를 폭발로 인해 발생한 것으로 전해지고 있습니다. 북한측 공격을 받았다는 소식도 전해지고 있지만 아직 당국으로부터 공식 확인된 내용은 아닙니다.

이명박 대통령은 이번 사건과 관련해 긴급 안보관계 장관 회의를 소집했습니다. 이 회의엔 국방부장관과 국가정보원장, 외교통상부장관이 참석 중인 것으로 알려졌습니다. 한편 백령도 주민이 KBS에 전해온 내용에 따르면 9시 반 무렵부터 20분 정도 함포소리가 계속 났다고 전했습니다. 또 중간중간 끊기는 소리가 아니었고 지속적으로 대포소리가 났다고 전했습니다. 현재 백령도 용기포 부두항에는 군 앰블런스가 계속 왔다갔다하고 있다고 이 주민은 전했고, 군 헬기도 계속 환자를 실어나르고 있다고 전했습니다.

지금까지 KBS뉴스 OOO입니다.

◎ **기사 살펴보기**

KBS 뉴스속보는 YTN이 10시대에 1보를 전한 후 1시간 후에 방송되었다. 시간상으로 어느 정도 사실(Fact)확인을 할 수 있었다고 보는데, 정확한 메시지를 전달하지 못했다. 군 당국의 공식적인 발표가 없는 상황에서 민감한 뉴스를 보도하기에는 어려움이 있었으리라 본다. KBS 뉴스속보는 취재원을 익명으로 하여 해군 초계함이 침몰하고 있다는 개략적인 내용을 보도하는데 그쳤다.

여기에 긴급안보관계 장관 회의가 열렸다는 소식과 백령도 주민이 전해준 현장 상황 등을 간단히 덧붙이는데 그쳤다. 이처럼 긴급 뉴스를 보도할 때는 시간 제약상 취재된 Fact가 그리 많지 않기 때문에 그 때까지 수집된 개략적인 내용을 중심으로 리포트하는 경우가 많다.

2010. 11. 23. 火
KBS 뉴스속보
北, 연평도에 포격

2010년 11월 23일 오후 2시 34분 북한군은 서해 연평도에 해안포와 방사포 등을 동원하여 170발의 포격을 가해 우리측 해병과 민간인 등 4명을 사망하게 하고 19명에게 부상을 입히고 주택, 건물 등을 파괴했다. 연평도 포격 사건이 발생하자 각 방송사들은 정규 방송을 중단하고 이 소식을 긴급뉴스로 보도하였다.
KBS가 이날 오후 3시 뉴스 속보 형식으로 방송한 긴급뉴스이다.

〈앵커 멘트〉

오늘 오후 2시 30분쯤 연평도 지역에 포탄 20여발이 떨어졌습니다. 합동 참모본부는 연평도 지역 마을과 부대 부근에 포탄 20여발이 떨어져 긴급 대응 태세에 들어갔습니다. 합동 참모본부는 인명피해와 함께 이 포탄이 어디로부터 발사된 것인지 확인 중이라고 밝혔는데요. 취재 기자 연결해서 자세하게 알아보겠습니다. OOO기자. 개요를 좀 전해주시지요.

〈리포트〉

합동참모본부는 조금 전 국방부 기자실에서 브리핑을 실시했습니다. 포탄이 발사된 시각은 14시 34분경이고 포탄 발사지역으로 추정되는 곳은 북한의 개머리 해안포 기지로 추정이 되고 있습니다. 그리고 포탄이 떨어진 지역은 연평도 일대로 추정이 되고 있습니다. 북한이 해안포를 발사함에 따라 우리군은 교전규칙에 의거해서 자위권 행사 차원의 즉각적인 대응사격을 실시했습니다.
지금 현재 포탄이 떨어진 발수는 정확하게 측정하기가 어렵지만 양쪽 다 수십발인 것으로 파악이 되고 있습니다. 북한군이 수십 발을 발사했고 우리도 이에 따라서 대응사격을 수십 발을 발사했습니다. 우리군은 위기 관리 체계를 가동하고 일단 전군에 경계태세를 강화한 상태입니다. 북한의 추가도발에 대비해서 확고한 군사대비태세를 완비하고 있다고 합참은 밝혔습니다. 현재도 상황은 끝나지 않은 상탭니다. 상황이 진행 중입니다. 합동참모본부는 북한의 무모한 사격도발은 한반도의 긴장을 고조시키고 남북대결을 조장하는 행위로 규정하고 즉각 중단할 것을 경고했습니다. 또 추가 도발 시는 강력 대응할 것이라고 밝혔습니다.

◎ 기사 살펴보기

이 뉴스는 북한군이 연평도에 포 사격을 하자 합동참모본부가 곧 바로 상황 설명을 하고, 방송사들은 이 내용을 토대로 즉각 긴급뉴스 형식으로 보도한 것이다. 상황이 계속되고 있었기 때문에 군 당국도 정확한 내용을 브리핑할 수 없었을 것이고, 브리핑을 받은 방송사들도 Fact를 정확하게 파악하지 못한 상태에서 군의 발표대로 보도할 수밖에 없는 한계가 있었다. 또한 긴급뉴스를 방송하는 초기 시점에서는 기자가 브리핑 내용을 메모하여 방송하기 때문에 조리 있게 리포트를 하지 못하는 점도 있다.

2006. 10. 9. 月
KBS 뉴스특보
[정치] 北 "핵실험 성공적 실시"

2006년 10월 9일 월요일 오전. 긴 추석 연휴가 끝나고 맞은 첫 날. 북한이 핵실험을 강행하였다. 방송사들은 이 소식을 긴급뉴스로 전하기 시작했다. KBS가 뉴스특보라는 형식으로 전한 긴급 뉴스를 소개한다.

〈앵커 멘트〉

북한이 핵실험을 했을 수 있는 정황이 포착됐습니다. 이에 따라 정부는 현재 긴급 안보 관계장관 회의를 소집해 사태 파악에 나섰습니다. 취재기자 연결합니다. OOO기자. 정부 대응 전해주시죠.

〈리포트〉

아직 외교부는 북한이 핵실험을 했는지 여부는 최종 확인하지는 않고 있습니다. 다만 정부의 한 관계자는 핵실험을 했는지 여부를 분석 중이다, 인공 지진파가 감지됐지만 그렇다고 100% 핵실험이라고 단정할 수 없다고 말했습니다. 또 다른 당국자는 그 동안 가동되어온 정부의 네트워크에 북한 핵 관련 움직임이 포착됐다고 말했습니다. 현재 정확한 상황 파악에 주력하고 있으며 조만간 내용이 나올 것이라고 말했습니다.

실제 북한이 핵실험을 했는지 여부는 최종 확인되지 않고 있지만 뭔가 중대한 움직임이 포착된 것만은 분명한 것으로 보입니다. 북한이 핵실험을 했는지 여부는 조금 뒤 최종 확인될 것으로 전망됩니다.
이와 함께 정부는 미국과 일본 중국 등과 함께 긴밀한 연락 체계를 가동하고 있습니다. 현재 미국이 어떤 내용을 파악했는지 어떻게 대응할지는 아직 알려지지 않고 있습니다. 물론 핵실험을 했을 경우 미국 측으로부터 받은 정보가 많을 것으로 보입니다. 그렇지만 어떤 내용인지에 대해서는 아직 알려지지 않고 있습니다. 일본 역시 사태 파악에 주력하고 있는 것으로 보입니다.

사실 이번 주말 북한이 핵실험을 할 가능성이 있다는 소식은 지난주부터 계속 흘러 나왔습니다. 야치 일본 외무성 사무차관이 미국 국방부의 차관과 만난 자리에서 북한이 이번 주말 핵실험을 할 가능성이 있다는 데 의견의 일치를 봤다고 블룸버그 통신이 지난 6일 밤 보도한 바 있습니다.
그렇지만 정부 당국자는 핵실험 가능성에 대해 100% 장담할 수는 없다, 우리가 파악하는 정보는 위성을 통해서인데 실제 위성을 통한 지상의 움직임은 핵실험 가능성 판단의 10% 정도에 해당하는 것으로, 확인할 수 없다고 밝힌 바 있습니다.
다만 북한이 핵실험을 감행할 것이라는 판단은 북핵 전문가뿐만 아니라 정부 내에서도 조심스럽게 제기돼 왔습니다. 일단 지난 3일 저녁 북한 외무성이 시기를 못 박지는 않았지만 앞으로 핵실험을 할 것이라고 밝힌 바 있는데 보통 북한이 앞으로의 행보를 공개할 경우 큰 변화가 없는 한 감행해 온 것을 봤을 때 핵실험 가능성이 높다는 겁니다. 이와 함께 북한이 핵실험을 감행해 핵 보유국으로 기정 사실화를 한 뒤 미국과 직접 대화를 하면서 좀 더 유리한 상황으로 이끌기 위해 핵실험을 할 것이라는 전망도 있습니다.

만약 북한이 핵실험을 했다면 유엔 안보리 차원의 결의안이 나올 것으로 보입니다. 북한이 핵실험을 하겠다는 성명을 낸 뒤 48시간 만에 유엔 안보리가 이례적으로 매우 빠른 시간 안에 의장성명을 밝힌 바 있는데요 이번에는 좀 더 강력한 대북 제재 내용을 담을 것이라는 전망도 있습니다. 경제제재뿐만 아니라 군사적 제재까지 포함할 수 있는 유엔 헌장 7장이 포함될 것이라는 관측이 있습니다. 결국 북한이 핵실험을 했다면 유엔 안보리가 소집돼 이런 내용의 대북 결의안이 채택될 것으로 보입니다.
아울러 미국의 직접 대북 제재 일본의 대북 제재가 더욱 강력해 질 것으로 보입니다. 특히 북한의 혈맹인 중국 역시 대북 제재에 나서지 않을 수 없을 것으로 보입니다. 자세한 소식은 내용이 확인되는 대로 다시 전해드리겠습니다.
KBS 뉴스 OOO입니다.

◎ 기사 살펴보기

이 뉴스특보는 북한의 핵실험 사실에 대한 우리 정부의 공식 발표가 나오기 전에 방송된 것이다. 따라서 기자는 구체적인 Fact가 없는 상황에서 리포트를 작성하였다고 볼 수 있다. 시청자들은 정규방송이 중단되고, '북한 핵실험 움직임'이라는 타이틀로 긴급뉴스가 방송되기 때문에 북한이 핵실험을 실시했을 것이라는 뉘앙스로 받아들이게 된다. 그러나 방송되는 뉴스 내용은 이러한 사실을 명확하게 전달하지 못하고 있는데, 이것은 취재가 제대로 되지 않은 상황에서 방송하기 때문이다.

3) 분야별 스트레이트 및 리포트 기사 대비

스트레이트 기사와 리포트 기사를 대비하여 분야별로 유의 사항과 함께 소개해 본다. 같은 내용의 뉴스에서 스트레이트 기사와 리포트 기사가 어떻게 다르게 작성되는지 알 수 있을 것이다.

(1) 정치 뉴스

방송보도의 공정성은 대부분 정치 기사의 보도에서 판가름 난다. 정치 뉴스의 핵심은 균형성과 공정성이다. 정치 뉴스는 크게 입법부와 행정부 기사로 나눌 수 있다. 입법부 분야는 국회 기사가 중심이 되고 정당 기사가 포함된다. 행정부는 청와대를 비롯해서 국무총리실, 외교부, 통일부, 감사원, 선거관리위원회 등이 취재 영역에 속한다.

◎ 취재 및 기사 작성 시 유의 사항

① 정치 기사는 민생에 역점을 두어야 한다. 민생에 관련된 법률안 제정, 정책개발, 예산결산 심의 등에 기사의 초점이 맞춰져야 한다. 정치부 기자는 상임위를 열심히 취재하여 민생 위주의 기사를 개발해야 한다. 정치 기사가 정당간의 갈등, 언쟁, 가십성 뉴스에 치중하고 있는 것은 바람직한 현상이 아니다.

② 한국 언론은 권력의 향배에 지나치게 민감하여 정치 기사는 대권 경쟁 위주로 흐르고 있다. 사실 대권이라는 말도 엄밀하게 말하면 권위주의 시대에나 쓰는 용어로 적합하지 않은 표현이다. 정치 기사는 ○○대전, ××전투 등의 전쟁 용어를 지나치게 많이 사용하는 경향도 있다.

③ 정치 기사가 정치인의 주관적인 발언을 여과 없이 보도하는 것은 문제이다. 정치인은 유권자의 표를 의식하며 자기중심적인 발언을 하는 경우가 많기 때문에 정치인의 발언을 일방적으로 단순 중계하는 것은 위험할 수 있다.

또한 기사에서 소식통을 밝히지 않는 것은 시청자에게 신뢰를 줄 수 없다. '정가의 한 소식통에 따르면', '정부 고위 당국자에 따르면'이라는 식의 익명성 기사는 신뢰성이 없다. 정치부 기자는 정치인의 술수에 넘어가서는 안 되며, 정치인의 발언 속에 숨겨 있는 진의(眞意)를 파악할 수 있는 능력을 길러야 한다.

④ 연조(年條)가 오래된 기자는 더욱 자신에게 엄격하여야 한다. 정치인과 오랫동안 접촉하여 친밀해지면 자신도 모르게 편향된 기사를 쓰게 마련이다. 정치

부 기자가 가장 경계해야 할 대목이다. 한국 사회에서는 많은 정치부 기자들이 정계로 투신하였는데 그 배경을 보면 이른바 권언유착(權言癒着)이 저변에 짙게 깔려 있다.

⑤ 정치 기사는 선거 때 국민들의 관심이 절정에 이르게 된다. 선거 보도는 국민들의 관심과 흥미를 가장 많이 불러일으킨다. 후보자 선출에서부터 지지자에 대한 여론조사, 투 · 개표, 당선자 확정에 이르기까지 유권자의 눈과 귀가 집중된다. 선거보도에 있어서 균형성, 중립성, 공정성은 아무리 강조해도 지나치지 않다. 특히 민심의 향배에 막대한 영향을 끼치는 여론조사 보도는 신중을 기해 보도해야 한다. 후보의 공약에 대한 검증을 기사에 집중적으로 반영하여 선거운동이 선동적이 되지 않고 생산적인 장이 될 수 있도록 언론이 선도해야 한다.

◎ 정치기사 작성의 예

다음은 고건 전 국무총리의 신당 발표 뉴스인데 스트레이트 기사와 리포트 기사 2가지를 소개한다.

스트레이트 기사는 고 전 총리가 기자간담회에서 발언한 내용만을 중심으로 작성된 반면, 리포트 기사는 고 전 총리의 육성을 삽입하고 신당 성패에 대한 전망, 열린 우리당의 분위기, 민주당의 반응 등을 종합하여 전달했다.

◎ 스트레이트 기사

2006. 11. 2. 木
KBS 뉴스
고건 前 총리
"다음달 신당 창당 본격화"

고건 전 총리는 정기국회가 끝나는 다음달 중 ①통합 신당 창당 추진을 본격화하겠다고 말했습니다.
고건 전 총리는 오늘 충북 미래희망포럼 창립 기념식에 앞서 ②기자 간담회를 열어 국난 타개와 국가 재도약을 위해 중도 실용 개혁 세력을 하나로 모으는 국민 통합 신당 창당의 주춧돌 역할을 하겠다며 이같이 말했습니다.
고 전 총리는 국가 정통성을 부정하는 세력이나 냉전수구세력 등 좌우 양 극단을 제외하고 정파를 초월해 양심적인 인사들과 손을 잡을 것이라며 합리적 진보세력부터 개혁적 보수세력까지 아우르겠다고 말했습니다.
고 전 총리는 ③이어서 자신이 추진하는 신당은 특정 정당에서 논의되고 있는 정계 개편과는 전혀 연관이 없다면서 ④뜻을 같이 하는 사람들이 새로운 광장에서 연대하고 협력하는 헤쳐 모여 방식이 될 것이고 이를 위한 대화의 마당으로서 국민통합신당 추진 원탁회의 같은 기구도 검토해 볼 수 있다고 말했습니다.

고 전 총리는 친 노대통령 그룹도 참여할 수 있냐는 기자들의 질문에 노무현 대통령이 열린 우리당을 지키겠다고 공언한 바가 있고, ⑤정부 여당의 잘못 때문에 나라가 어렵기 때문에 현재의 여당이 아닌 대안을 구상하고 있는 것이라며 노 대통령은 북핵 사태로 어려워진 안보위기 상황 속에서 국정에 전념하는 게 좋겠다고 생각한다고 말했습니다.

◎ 기사 바로잡기

① '본격적으로 신당을 창당하겠다고 말했습니다.' 로 고친다.

② '국난 타개와 국가 재도약을 위해'는 정치인 입장에서 붙이는 명분용 수사이기 때문에 빼고 '가진 기자간담회에서' 라고 쓴다.

③ 뺀다.

④ 표현이 장황하므로 '뜻을 같이 하는 사람들이 헤쳐 모이는 방식이 될 것이고, 창당을 위해'로 간결하게 줄인다.

⑤ '때문에'가 2개나 겹치므로 '정부 여당의 잘못으로'로 고친다.

◎리포트 기사

〈앵커 멘트〉

2006. 11. 2. 木
KBS 9시 뉴스
고건 "12월 신당 창당"

고건 전총리가 다음달 12월 중에 독자적인 신당을 만들겠다고 밝혔습니다.
사실상의 대선 출정 선언으로 받아들여지고 있습니다.
OOO 기잡니다.

〈리포트〉

고건 전 총리가 신당을 창당하겠다고 선언했습니다.
①창당 추진 시점도 밝혔습니다.

〈녹취〉

고건 전 총리: "창당 작업을 정기국회가 끝나는 12월께 본격화해 추진하려고 합니다."

②고 전 총리가 밝힌 신당의 성격은 중도실용개혁 통합정당. 좌우 양극단만 제외하고 합리적 진보부터 개혁적 보수까지 아우르겠다고 밝혔습니다.

창당의 방식은 기존 정당의 바깥에서 연대하는 헤쳐모여식이 될 것이라고 밝혀 열린 우리당, 민주당과의 제휴에 선을 그었습니다.

또 노무현 대통령과 친 노 대통령 그룹에 대해서도 일정한 선을 그었습니다.

〈녹취〉

고건 전 총리: "정부 여당 잘못으로 나라가 어렵기 때문에 현재의 여당이 아닌 대안으로 국민통합신당을 구상하고 있는 것이다."

③ 최근 잇따른 지지율 하락의 돌파구로 택한 신당 창당의 성패는 역으로 얼마만큼 지지율을 회복할지에 달려있습니다.

열린 우리당은 당장 의원들의 탈당이 이어지지는 않을 것으로 보는 분위깁니다.

반면 민주당은 이미 헤쳐 모여식 신당 창당을 제안한 민주당의 방향과 일치한다며 긍정적 반응을 보였습니다.

④한편 오늘 저녁 김대중 도서관 후원행사에는 열린 우리당 김근태 의장과 민주당 한화갑 대표 등 열린 우리당과 민주당 지도부 10여 명이 자리를 함께 했습니다.

KBS 뉴스 OOO입니다.

◎ 기사 바로잡기

① 뺀다. 바로 다음의 녹취에서 12월이라고 구체적인 멘트가 나오므로 불필요한 말이다.

② 주어는 생략해도 된다.

'신당의 성격은 중도실용개혁 통합 정당으로 좌우 양 극단을 제외한 합리적 진보부터 개혁적 보수까지를 아우르는 것이라고 말했습니다.'

③ 알아듣기 쉽게 쓴다.

'신당 창당 선언은 최근 지지율이 떨어진 가운데 돌파구를 찾기 위한 것으로, 앞으로 지지율이 회복돼 신당 창당이 성공할지 관심거리입니다'

④ 이 뉴스와 아무런 관계가 없는 기사이므로 뺀다. 이런 식으로 전혀 다른 기사를 끼워 넣으면 시청자는 혼란스럽다.

(2) 경제 · 과학 뉴스

경제과학 기사의 핵심은 전문성이다. 경제기사는 크게 실물과 금융 부문으로 나눌 수 있다. 실물 부문 담당 기자는 산업통상자원부 국토교통부 미래창조과학부 농림축산부 해양수산부 경제단체 기업체 백화점 시장 등을 취재한다. 금융 부문은 금융위원회 금융감독원 한국은행 시중은행 증권사 보험사 등을 취재한다. 경제 정책을 총괄하는 기획재정부와 기업의 불공정거래 행위를 감시하는 공정거래위원회 그리고 중소기업청 국세청 관세청 특허청 조달청 통계청 산림청 소비자원 등도 경제부의 취재 영역이다.
과학부문은 별도 조직을 두어 운영하고 있는 언론사도 있다. 미래창조과학부의 과학기술 부문과 방송통신위원회, 관련 업계 등이 담당 영역인데 컴퓨터 산업 등 IT(Information Technology, 정보기술)산업의 성장과 함께 정보 통신 분야의 뉴스 비중이 커지고 있다.

◎ 기사 취재 및 기사 작성 시 유의사항

① 경제뉴스는 국민들이 자신의 생활과 밀접한 관계가 있으므로 가장 관심을 가지고 시청한다. 그런데 시청자들은 경제기사는 이해하기가 어렵다고 말한다.

경제기자는 전문성을 갖추어 먼저 자신이 경제 관련 뉴스를 완전히 이해할 수 있어야 한다. 이를 바탕으로 시청자들이 알기 쉽게 보도를 해야 한다. 전문 용어를 쉽게 풀어 쓰고 숫자를 가급적 덜 써서 시청자가 경제기사를 알아듣기 쉽게 전달하는 일이 경제기자가 할 일이다. 경제기사는 CG(computer graphic)를 잘 활용하면 메시지를 효율적으로 전달할 수 있다. CG 제작은 단순하게 하여 시청자가 한 눈에 알아볼 수 있도록 한다.

② 경제기사는 선과 악의 단순 논리로 접근해서는 안 된다. 경제정책은 '옳고 그름'의 문제가 아니다. 모든 정책에는 양면성이 있게 마련이다. 경제 정책으로 인해 얻을 수 있는 긍정적인 효과가 있으면 부정적인 면 즉, 부작용도 있을 수 있다.

예를 들면 한국은행이 콜 금리를 올리면 부동산 가격 등 물가 안정으로 인플레 억제 효과를 볼 수 있다. 그러나 경기 침체 위험성이 커지고 은행에서 대출을 받은 서민과 중소기업에 부담이 커지게 된다. 또 다른 예로 기업은 비용을 줄이고 내실을 튼튼히 하기 위해 종업원을 감축하는 구조조정을 할 수가 있는데 이렇게 되면 사회적으로는 실업자가 발생하는 부작용이 나온다. 경제정책은 어디까지나 선택의 문제이다. 그래서 경제문제가 단순하지 않고 경제기사를 쓰기가 어렵다는 것이다.

③ 경제 관련 보도자료는 경제 담당 기자도 이해하기가 쉽지 않은 내용이 많다. 실물 관련 기사에 비해 특히 금융 관련 기사는 전문적인 지식이 있어야만 이해가 가능한 내용들이 많다. 기자가 보도자료 내용을 충분히 숙지하지 않은 상태에서 기사 작성을 하면 해당 부처에서 제공하는 자료를 단순 홍보하는 결과를 초래할 수도 있다. 공무원들은 기자들의 몰이해(沒理解)를 악용하여 진실을 숨기고, 홍보가 필요한 부분만 부각시켜 발표하는 경우가 적지 않다.

기자들은 내용이 어렵더라도 다각도로 보충 취재하여 기사를 완벽하게 이해하고 보도자료 속에 숨어있는 뜻을 읽어낼 수 있어야 한다. 경제기자는 정부 부처에서 나오는 각종 통계자료, 기업의 재무제표, 연례보고서 등을 읽고 이해하며 분석할 수 있는 실력을 갖추어야 한다.

④ 경제기자는 국내 경제는 물론 세계 경제의 흐름을 폭넓게 파악하면서 경제정책의 대안을 제시할 수 있어야 한다. 경제가 글로벌화 되면서 WTO, FTA, 양자 간 협상 등 통상협상에 관련된 뉴스가 국민들의 생활에 직접적으로 영향을 미치게 되었다.

통상 문제는 대단히 복잡하여 깊이 있는 연구 및 취재가 필요한 분야인데 한국기자들은 대개 협상장에서 한국 측 대표의 브리핑만을 듣고 기사를 쓰는 경우가 많다. 한국 측 대표들은 불리한 내용은 감추고 유리한 내용만 알려주기 때문에 협상의 진실을 캐내기가 어렵다. 협상 대표로 나가는 공무원뿐만 아니라 업계 관계자들도 취재하고, 협상 상대 국가의 대표와도 접촉하여 취재해야 한다.

⑤ 경제기자는 전문가들과의 세미나, 스터디그룹에서의 토론회 등 대인커뮤니케이션을 활발히 하여 전문성을 길러야 한다. 또한 국내외 경제 관련 매체를 꾸준히 접하고 다각도로 경제 관련 공부를 하는 등 각종 재교육 프로그램에 적극적으로 참여함으로써 전문성을 높이기 위한 자기 노력을 부단히 기울여 나가야 한다.

⑥ 과학기사는 보도하는 내용이 시청자들의 실생활에 어느 정도 관련이 있는지 생각해 보고, 시청자들과 전혀 무관(無關)한 것이 아니라 시청자들이 피부로 느낄 수 있는 기사가 되도록 만들어야 한다. 신제품이나 획기적인 기술이 개발됐다고 보도할 경우 이 제품이나 기술의 개발이 어느 단계까지 왔는지, 즉 실험단계인지, 시제품인지, 양산 단계인지 등도 밝혀 시청자들의 이해를 도와야 한다. '국내 최초의 발견', '세계 최초 개발' 등의 발표에 현혹되지 말고 차분하게 전문가의 검증을 거치는 치밀함이 필요하다.

◎ 경제기사 작성의 예

다음은 수도권 지역의 아파트 가격이 급등함에 따라 정부가 부동산 가격 안정 대책의 일환으로 신도시 계획을 발표한 것을 기사화 한 것이다. 건설교통부의 발표 내용을 스트레이트 기사와 리포트 기사로 작성한 예를 소개한다.

◎ 스트레이트 기사

2006. 10. 27. 金
KBS 뉴스
인천 검단 신도시 확정 발표, 총340만평, 15만 수용

인천 검단지구가 3기 신도시로 최종 확정돼 오는 2009년말까지 <u>①5만6천 가구</u>가 공급됩니다.

<u>②또</u> 파주 신도시는 두 배 가까이 면적이 확대돼 2만8천여 가구가 추가 공급됩니다.

건설교통부는 오늘 <u>③경제정책 조정회의에서 이같이 신도시 추가 개발 계획이 확정됐다고 공식 발표했습니다.</u>

인천 검단신도시는 서울 도심과 인천공항으로부터 20km 지점에 위치해 있으며 당초 예상보다 규모가 적은 340만 평 규모로 조성해 주택 5만6천 가구, 인구 15만 명을 수용하게 됩니다.

<u>④검단신도시에 공급될 5만 6천 가구 가운데 아파트와 연립 등 공동주택이 5만 2천여 가구이며, 이중 임대주택이 2만 가구로 오는 2009년 12월 분양을 시작해 2012년 초 입주하게 됩니다.</u>

파주신도시는 종전 285만 평에서 212만 평이 추가로 확대돼 497만 평 규모의 대형 신도시로 개발됩니다.
이에 따라 공급되는 주택이 2만8천여 가구가 늘어나게 됩니다.
⑤한편 투기방지대책과 관련해 건설교통부는 현재 인천 검단과 파주 운정 지역에 대해 각종 투기 방지를 위한 지구 지정이 돼 있다고 밝혔습니다.
인천 검단지구의 경우 올해 7월부터 건축허가 제한을 적용 중이며 인천서구 대부분 지역이 토지거래 허가구역으로 지정돼 있으나 나머지 지역에 대해서도 확대 지정할 계획이라고 건교부는 설명했습니다.
파주 운정지구는 토지거래 허가구역과 투기 과열지구 등으로 지정돼 있으며 지난해 11월부터 파주시 보존과 생산관리지역에 대해 개발행위 허가 등 제한 조치가 시행 중이라고 밝혔습니다.
⑥이와 함께 추가적으로 파주 운정 3지구에 대해서는 이번 발표와 동시에 사업지구 전역에 대해 모든 개발 행위허가를 제한하기로 했습니다.
하지만 매물 호가가 급등하는 등 부작용이 지속될 경우에는 국세청과 지자체 등 관계기관과 ⑦협조하여 투기 단속반을 편성해 운영하기로 했습니다.
또 필요할 경우 주택거래 신고지역으로 지정하는 방안 등을 ⑧검토하여 투기 수요를 철저히 차단해 나가기로 했습니다.

◎ **기사 바로잡기**

① '아파트 등 주택 5만 6천 가구'로 고친다.

② 불필요한 접속사이므로 뺀다.

③ '경제정책 조정회의에서 확정한 신도시 추가 개발 계획을 발표했습니다.'로 고친다.

④ 문장을 둘로 나눈다. '검단 신도시에 공급될 5만 6천 가구 가운데 아파트와 연립 등 공동 주택이 5만 2천여 가구이고 이 가운데 2만 가구는 임대주택입니다. 분양은 2009년 12월 시작되며 2012년 초 입주 예정입니다.'

⑤ 필요 없음.

⑥ 필요 없음.

⑦ '협조해 투기단속반을 운영하기로 했습니다.'로 고친다.

⑧ '검토해 투기 수요를 철저히 차단하기로 했습니다.'로 고친다.

◎리포트 기사

2006. 10. 27. 金
KBS 9시 뉴스
검단신도시,
2009년부터
5만6천 가구 분양

〈앵커 〉
5만 6천여 가구가 들어설 인천 검단 신도시 건설 계획이 공식 발표됐습니다. 파주 신도시는 분당 규모로 확대 개발됩니다. OOO 기자가 보도합니다.

〈리포트〉
오늘 최종 확정된 검단 신도시의 면적은 총 340만 평, 당초 예상보다 200만 평 이상이 줄었습니다.
국방부와의 협의 과정에서 북쪽 지역이 제외됐기 때문입니다.
주택 공급량은 모두 5만 6천 가구, 이 가운데 만 6천 가구가 중대형 물량이며, 2만 가구는 ①임대로 건설됩니다.
오는 2009년 분양에 착수해 2012년이면 입주할 수 있게 됩니다.

〈인터뷰〉
강팔문(건교부 주거복지본부장): “광역교통계획을 저희들이 잘 수립한다면 서울 수요의 일부도 충분히 흡수할 수 있는 그런 여력이 있지 않을까 기대합니다.”
파주 신도시는 종전 운정지구와 교하지구에 212만 평이 추가로 확대돼 거의 560만 평에 이르는 분당급 대형 신도시로 탈바꿈합니다.
새로 늘어나는 2만8천여 가구는 2010년부터 분양에 들어갑니다.
투기방지대책도 본격화됩니다.
건교부는 우선 이들 지역에 대해 실수요자만 주택거래를 할 수 있는 토지거래 허가구역을 확대 지정할 계획입니다.

〈인터뷰〉
강팔문 (주거복지본부장): “투기단속반을 편성해 운영하고 필요 시 주택거래신고지역으로 지정하는 방안 등을 검토해서 투기수요를 철저히 차단할 계획...”
오늘 발표와 동시에 인천 서구와 파주시에서는 주민공람 절차가 시작됐습니다.
건교부는 ②앞으로 관계부처 협의와 중앙도시계획위원회의 심의 등을 거쳐 내년 상반기 중 두 지역에 대해 택지개발예정지구 지정을 마무리할 계획입니다.
KBS 뉴스 OOO입니다.

◎ **기사 바로잡기**

① 표현이 정확하지 못함. '임대 아파트'로 고친다.

② 뺄 것

(3) 사회 뉴스

사회기사의 생명은 생생한 현장성이다. 사회부 기사는 크게 사건 기사와 행정 기사로 나눈다. 사건 기사는 경찰서, 병원 등을 담당하고 있는 기자의 몫이다. 살인강도 등 강력 사건, 화재, 교통사고, 항공기추락, 풍수해 등 재난에 관련된 기사, 미담 기사 등 사회 전반에 관한 뉴스를 사건기자가 처리한다. 그래서 사건기자는 사회부의 꽃이라 불린다. 검찰청과 법원, 헌법재판소도 사회부의 중요한 출입처이다.

행정 기사는 교육부 안전행정부와 서울시 등 지방자치단체, 보건복지부 식품의약품안전처 법무부 환경부 고용노동부 여성가족부 국방부(언론사에 따라서는 정치부 소관) 등의 부처와 관련된다.

◎ **취재 및 기사 작성 시 유의사항**

① 사회부 기자, 그 가운데서도 사건기자는 가장 고달프다. 언제 어디서 터질지 모르는 사건사고에 항상 대비하고 있어야 한다. 사건기자는 민첩해야 한다. 항상 촉각을 곤두세우고 있다가 사건이 터지면 신속하게 현장으로 달려가야 한다. 사건기자는 부지런히 발로 뛰고 끈기 있게 현장을 지키는 근성이 필요하다. 경찰은 범인 검거 등 자신들의 실적은 적극적으로 홍보하려 하지만, 사건 발생 자체는 숨기려는 속성이 있다.

사건사고는 방송 매체에서 일보(一報)를 신속하게 전하는 것이 가장 중요하다. 사건 내용을 짧은 시간 내에 정확하게 파악하여 보도해야 한다는 점을 명심해야 한다. 사건 기사는 선정적이거나 자극적인 표현, 기자 개인의 주관이 개입된 표현이 들어가지 않도록 각별히 유의할 필요가 있다.

② 재판 관련 기사는 국민들의 생활에 직결되는 사건의 판결, 국책사업을 비롯하여 국가적으로 큰 정책이 좌우되는 사건에 대한 판결, 대법원 판례 등이 중요한 기사거리가 된다. 사회적으로 관심을 끄는 사건, 특이한 사건, 유명인이 관련된 사건도 기사 비중이 있다. 사건사고, 재판 관련 기사에서 유의할 점은 피해자나 미성년자는 물론 피의자에 대해서도 배려를 해야 한다. 신원이 드러나 불명예나 불이익을 받는 일이 없도록 기사는 물론 화면 처리에 신경을 써야 한다.

소송을 하게 되면 돈이 많이 들어간다. 법조 출입 기자는 권력이 있고 돈이 많은 사람과 그렇지 않은 사람이 재판에서 차별을 받지 않는지 관심을 가지고 지켜보아야 한다. 유전무죄(有錢無罪) 무전유죄(無錢有罪)가 되는 일이 없도록 감시하는 일은 법조 담당 기자의 몫이다.

③ 교육은 학부모와 학생들의 관심이 큰 분야이다. 학부모들은 누구보다도 교육에 대한 전문가라고 해도 지나치지 않다. 교육 담당 기자는 교육부의 발표에만 의존할 것이 아니라 교육의 수요자인 학부모, 학생들의 여론에 귀를 기울여야 한다. 대학 입시에 대한 교육부의 정책, 공교육, 사교육, 해외유학 등에 대하여 깊이 있는 지식을 축적해야 한다. 전교조의 동향에 대해서도 예의 주시할 필요가 있다.

④ 보건복지부는 이해 당사자들이 대립하고 있는 현안을 많이 안고 있는 부처이다. 의약 분업, 양 · 한방 간의 갈등, 의료 보험, 국민연금, 식품의약품 안전 등 국민 건강과 복지에 관한 문제는 기자가 평소부터 취재원을 다양하게 접촉하여 그 실태를 깊이있게 파악하고 있어야 한다. 이해 관계자들이 첨예하게 맞서있는 문제일수록 어느 일방의 편에 서지 않고 국민들 입장에서 바라보아야 한다.

⑤ 지구촌 환경오염 문제가 날이 갈수록 심각해지고 인류 건강에 대한 관심이 높아지면서 환경 문제는 뉴스의 중요도가 더욱 부각되어가고 있다. 국내에서는 환경 문제를 다루는 시민단체들의 활동이 활발해지면서 이들은 정부의 국책 사업에까지 영향을 미치게 되었다. 환경 담당 기자는 정부의 발표나 환경단체들의 주장을 단순히 중계 보도하지 말고 현장을 직접 찾아 흙을 밟아보고 먼지를

느껴 보아야 한다. 해당 지역 주민과 전문가의 의견을 듣는 등 다각도로 취재하여 '개발과 환경보존' 사이에서 균형점을 찾는 노력을 기울여야 한다.

환경문제에 대해 공개하지 않고 감추려 드는 정부나 야단법석을 치는 환경단체에 휘둘리지 말고 냉철하게 접근하는 자세가 필요하다. 정부나 환경단체에서 발표하는 실험 결과나 각종 수치가 타당성이 있는지 신뢰할 수 있는지 확인하고, 시청자에게 피부에 와 닿게 보도해야 한다.

⑥ 노동 문제는 민감한 뉴스이다. 노사분규 기사는 대기업 중심의 노동조합이 세력화되어 큰 힘을 발휘하면서 연례행사로 벌어지고 있는 파업이 주요 뉴스가 되고 있다. 노동자와 사용자 간의 다툼을 형평성을 잃지 않고 보도해야 한다. 보다 생산적인 방향에서 노사문제 관련 기사를 개발해야 한다.

⑦ 서울시는 취재 영역이 방대한 출입처이다. 외교와 국방을 뺀 정부의 기능 전체가 축소되어 있는 곳이라 할 수 있다. 도시계획 · 주택 · 세무 · 교통 · 환경 · 상하수도 등 시민 생활과 직접 관련된 문제들을 다룬다. 인 · 허가 업무도 많고 시민들의 민원이 끊이지 않는 곳이다. 이권 문제를 많이 다루는 곳인 만큼 부패 공무원에 대한 감시와 함께 선거용 선심 정책으로 인한 예산 낭비, 전시 행정 등을 파헤치고 시민들의 편의를 위한 서비스는 제대로 이뤄지고 있는지 등에 관심을 가지고 취재해야 한다.

◎ 사회기사 작성의 예

◎ 스트레이트 기사

2006. 10. 28. 土
KBS 9시 뉴스
아파트 불 일가족 투신 4명 사상

①오늘 새벽 5시쯤 경기도 양주시 백석읍의 한 아파트 7층 34살 조 모 씨 집에서 불이 나 일가족 4명이 아파트 아래로 몸을 던져 조 씨 부부와 조 씨의 생후 2달 된 딸 등 3명이 그 자리에서 숨졌습니다.
②불은 아파트 내부 33평을 모두 태운 뒤 1시간여 만에 진화됐고 함께 뛰어내린 조 씨 어머니 61살 한 모 씨는 병원으로 옮겨졌지만 중탭니다.
경찰은 불이 나자 유리창이 깨지며 창문으로 조씨 가족이 뛰어내렸다는 주민

들의 말에 따라 불길을 피하려다 화를 당한 것으로 보고 있습니다.

◎ 기사 바로잡기

① 사고 내용은 간단하지만 3명이나 숨진 큰 화재이므로 리드 기사를 쓴다. 문장은 간결하게 쓴다. '불이 난 아파트에서 뛰어내린 일가족 4명 중 3명이 숨지고 1명은 크게 다쳤습니다. 오늘 새벽 5시쯤 경기도 양주시 백석읍의 OO아파트 7층 34살 조모씨 집에서 불이 났습니다. 불이 나자 일가족 4명이 아파트 아래로 뛰어내려 조씨 부부와 조씨의 생후 2달 된 딸 등 3명이 그 자리에서 숨졌습니다.'

② 인명 피해부터 먼저 쓰고 화재 진화는 뒤에 쓴다. '조씨의 어머니 61살 한 모씨는 병원으로 옮겨졌지만 중탭니다. 불은 아파트 내부 33평을 모두 태운 뒤 1시간여 만에 꺼졌습니다.'로 고친다.

◎ 리포트 기사

2006. 10. 28. 토
KBS 뉴스
아파트 불 피해 뛰어내린 일가족 3명 숨져

〈앵커 멘트〉

아파트에서 불이 나 구조를 기다리던 일가족이 7층 아래로 뛰어내려 3명이 숨지고 1명이 크게 다쳤습니다.

소방차 3대가 ①긴급 출동했는데도 안전조치가 제대로 취해지지 않아 소중한 목숨을 잃었습니다.

OOO 기자입니다.

〈리포트〉

〈현장음〉 "저기 저쪽! 어쩌면 좋냐~~"

화염 속에 그림자들이 사투를 벌입니다.

〈현장음〉 "이쪽으로! 앞으로, 앞으로!! 여기 앞에 사람 있잖아~!!!"

〈현장음〉 "뛰어 내리겠다, 저거... 아기도 있어 아기도 있어~!!"

새벽 4시 20분쯤 갑자기 치솟은 불길 속에서 34살 조 모씨 가족 4명은 15분 넘게 구조를 기다렸습니다.

조 씨 일가족은 미처 대피하지 못하고 아파트 7층 베란다에서 밖으로 뛰어내렸습니다.

조 씨 부부와 생후 2개월 딸 등 3명이 그 자리에서 숨지고 ②53살 조 씨의 어머니는 병원으로 옮겨졌지만 의식이 없는 상태입니다.
주민들은 소방차 3대가 도착했지만 안전조치를 하지 않았다고 안타까워했습니다.

〈인터뷰〉
박필수 (목격자): "진짜 분노하는 건 조기에 사다리차만 왔어도...그 사람들 거기서 무려 15분간을 버텼단 말예요."
③이에 대해 소방서 측은 양주시에 소방서가 없어 관할 소방파출소가 신고 접수 5분 만에 도착했지만 에어매트나 고가사다리차를 갖추지 못해 구조가 불가능했다고 해명했습니다.
④경찰과 가스안전공사 등은 정확한 화재 원인을 조사하고 있습니다.
KBS 뉴스 OOO입니다.

◎ **기사 바로잡기**
① 불필요함
② 스트레이트 기사에서는 61살, 리포트 기사에서는 53살이라고 했는데 나이가 일치하지 않음.
③ 무슨 말인지 이해가 쉽지 않음. 양주시에는 소방서가 없고 소방파출소만 있는데, 소방파출소가 화재 신고를 받은 뒤 5분만에 도착했지만 에어매트나 고가사다리차를 갖추고 있지 않은 소방파출소여서 구조가 불가능했다고 해명한 것 같음.
④ 필요 없는 멘트임.

(4) 문화 뉴스

문화기사는 영역이 광범위하다. 크게는 순수문화와 대중문화로 구분할 수 있다. 순수문화는 오페라 · 클래식 · 음악 · 미술 · 연극무용 등이 있고 대중문화는 방송 · 영화 · 대중음악 · 게임 · 만화 등이 있다. 이 외에 종교, 문학 및 출판, 문화재 관련 뉴스와 문화체육관광부의 문화행정 뉴스가 있다.

◎ 취재 및 기사 작성 시 유의점

① 문화계는 국민소득이 높아지면서 문화생활에 대한 수요가 많아지는데다가 업계 관계자들이 프로로서의 영역을 구축하고 있어 기자로서는 높은 전문성이 요구되는 분야이다. 문화부 기자는 문화산업을 이끌고 있는 이 분야의 전문가들과 수용자 사이에서 매개 역할을 충실히 하기 위해 끊임없이 연구하는 자세로 임해야 한다. 각 분야에는 수준급에 올라 있는 매니아가 많기 때문에 웬만한 베테랑 기자가 아니면 문화부 기자로서 두각을 나타내기 어렵다.

② 순수문화의 보도는 너무 전문적이어서 일반 시청자들이 볼 때는 흥미를 느끼지 못할 수도 있다. 대중문화 보도는 자칫 흥미 위주로 흘러 저급의 보도가 될 수 있다. 양자를 적절하게 안배하여 보도할 수 있는 경륜이 요구된다. 문화부 기자는 음악회나 전시회 등을 보도해 달라는 청탁을 많이 받는다. 작품성을 고려하여 취재 대상을 선정하고 현장에 가서 직접 듣고, 보고 나서 기사를 작성해야 한다. 홍보용 카탈로그만 보고 책상에서 기사를 쓰는 것은 안일한 자세이다.

③ 문화부 기자는 겸허한 자세로, 항상 배우는 자세로 취재원을 대해야 한다. 문화 담당 기자들이 만나는 취재원은 그 분야에 경륜이 높은 사람들이기 때문에 그들 앞에서 섣불리 아는 체를 하는 것은 우스운 일이 될 수 있다.

고미술 분야에서 희귀 미술품에 대한 감정을 둘러싸고 사기사건 등 불미스러운 사건이 발생하는 일이 종종 있다. 기자가 잘못하다가는 오보를 내는 일이 있을 수 있으니 주의할 일이다.

④ 관람객 1000만 돌파, 100만부 돌파 베스트셀러 등의 기사는 허구가 있을 수 있다. 홍보 자료를 그대로 기사화하는 것은 무책임한 일이다. 영화를 직접 관람하고 시사회장에서 관객과 영화 평론가의 이야기를 듣고, 책을 읽어 보고 주변 관계자들을 취재하여 내용을 완벽하게 파악한 후 기사를 쓸 일이다.

⑤ 문화분야도 양극화 현상이 두드러지게 나타나는 곳이다. 고소득층과 저소득층의 양극화, 장르의 양극화가 심화되고 있다. 고소득층의 문화 소비는 증가하

고 있는 반면 저소득층은 줄어들고 있다. 영화산업은 전성기를 구가하고 있는 반면 다른 장르 특히, 순수예술분야는 사람들로부터 외면당하고 있다. 문화부 기자는 저소득층에 대한 문화적인 혜택, 순수문화의 저변 확대 등에 관심을 가지고 보도해야 한다.

◎ 문화기사 작성의 예

◎스트레이트 기사

2006. 10. 12. 木
연합뉴스
제11회
부산국제영화제
개막, 20일까지
63개국 초청작
245편 상영

제11회 부산국제영화제(PIFF)가 12일 오후 7시 부산시 해운대구 수영만 요트경기장 야외상영관에서 국민배우 안성기, 문근영 사회로 화려하게 개막됐다.

①개막식은 5천여명의 관객이 지켜보는 가운데 임권택, 유현목 감독과 문소리, 이준기, 김태희 등 국내 정상급 배우 150여명, 류더화 등 해외 스타 및 감독이 대거 입장한 뒤 허남식 PIFF 조직위원장의 개막선언, 관현악 및 오케스트라 연주, 부산시립합창단 등의 공연, 불꽃놀이 등의 순으로 1시간 30분가량 진행됐다.

또 알렉산더 버시바우 주한 미국 대사 부부와 디자이너 앙드레 김, 서양화가 김흥수 화백 등 국내외 각계 대표들의 발걸음이 이어져 눈길을 끌었다.

허남식 조직위원장은 인사말에서 "부산시민과 국내외 영화인 여러분의 뜨거운 사랑과 성원 덕분에 부산영화제가 세계적인 영화제로 발돋움했다" 면서 "부산이 영화 · 영상 중심도시로 발전하고, 부산영화제가 새로운 10년의 돛을 힘차게 올릴 수 있도록 더 큰 사랑과 성원을 부탁드린다" 고 말했다.

이번 영화제에는 개막작인 김대승 감독의 '가을로' 와 폐막작인 중국 닝 하오 감독의 '크레이지 스톤' 을 비롯해 63개국에서 초청된 영화 245편을 해운대와 남포동 일대 31개 상영관에서 선보인다.

특히 초청작 가운데 PIFF를 통해 세계에서 처음으로 선보이는 월드프리미어가 역대 최다인 64편이고, 인터내셔널 프리미어와 아시아 프리미어가 각각 20편과 71편이나 돼 부산영화제의 높은 위상을 과시했다.

이번 영화제에는 또 심야에 영화를 상영하는 '미드나잇 패션' 이 신설됐고, 일제시대 때 제작된 영화 7편과 고 신상옥 감독 추모전 등으로 구성된 '한국영화 회고전', 한불수교 120주년을 기념한 '동시대 프랑스 작가들', 아시아 주요 작가의 영화세계를 재조명하는 '아시아 작가 영화의 새지도 그리기'

등 풍성한 특별프로그램이 마련돼 다양한 볼거리를 제공한다.

게다가 지난 98년 출범 이후 아시아지역의 대표적 프로젝트 시장으로 자리 잡은 부산프로모션플랜(PPP)과 촬영기술 및 기자재 등을 거래하는 부산영상산업박람회(BIFCOM)가 올해 처음으로 개설돼 파이낸싱과 프로덕션 등을 담당할 '아시안필름마켓' 으로 통합 운영될 예정이어서 주목된다.

이와 함께 아시아 지역의 다큐멘터리 제작을 지원하는 '아시아 다큐멘터리 네트워크(AND)' 에 7개의 펀드가 추가되는 등 기능이 대폭 보강됐고, 관객들을 위해 야외상영관에서의 콘서트와 영화와 음악을 동시에 감상할 수 있는 '씨네마틱 러브' 등 다채로운 부대행사가 펼쳐진다.

◎ **기사 바로잡기**

이 기사는 연합뉴스 기사이다. KBS 홈페이지에 자사 기자가 작성한 스트레이트 기사가 올라와 있지 않고 연합 뉴스 기사만 있어 이를 소개한다. 이 기사는 전반적으로 문장이 간결하지 못하다. 방송용으로 쓰기 위해서는 문장을 짧게 고쳐야 하다. 밑줄 친 2개의 문장만 고쳐 본다.

① 개막식에는 임권택, 유현목 감독, 문소리, 이준기 등 국내 정상급 배우 150여 명, 류더화 등 해외 스타와 감독이 참석했습니다. 버시바우 주한 미국 대사 부부와 디자이너 앙드레김, 김흥수 화백 등 5천여 명의 관객도 자리를 함께 했습니다.

개막식은 허남식 부산국제영화제 조직위원장의 개막 선언에 이어 관현악과 오케스트라 연주, 부산시립합창단의 공연, 불꽃놀이 순으로 진행됐습니다.

◎ **리포트 기사**

2006. 10. 12. 木
KBS 9시 뉴스
'영화의 바다로~' 부산 국제영화제 개막

〈앵커 멘트〉

아시아 최고의 영화제로 자리잡은 부산국제영화제가 개막했습니다.

개막식 분위기와 올해의 특징 OOO 기자의 보도입니다.

〈리포트〉

부산을 영화의 바다로 이끌 부산국제영화제가 오늘 밤 화려한 막을 올렸습니다. 은막의 스타들이 붉은 카펫을 밟으며 등장하고, 영화팬들은 환호와 박수로 축제의 시작을 알립니다.
수영만 밤바다를 배경으로 설치된 초대형 스크린 앞에서 영화팬들은 설렘을 감추지 못합니다.

〈인터뷰〉
박수현 (부산 온천동): "오래 기다려왔던 만큼 너무너무 설레고 기대된다."
개막작은 김대승 감독의 '가을로'.
올해 부산국제영화제에서는 개막작 상영을 시작으로 오는 20일까지 63개국 245편의 영화가 해운대와 남포동 31개 상영관에서 선보입니다.
특히 올해는 세계에서 처음 개봉하는 ①월드프리미어 영화가 64편이나 돼 부산국제영화제의 높아진 위상을 보여줬습니다.
아시아를 대표하는 영화제로 우뚝 선 부산국제영화제는 올해를 새로운 10년을 위한 원년으로 선언했습니다.

〈인터뷰〉
김동호 (집행위원장): "새로운 출발을 위해 아시안 필름마켓을 출범시키고 영화산업 발전방안을 마련하고..."
한편 영화제 기간에는 홍콩의 류덕화 등 국내외 유명 영화인들이 부산을 찾아 영화팬들과 직접 만나면서 영화제의 색다른 즐거움을 선사하게 됩니다.
KBS 뉴스 OOO입니다.

◎ 기사 바로잡기

① 월드프리미어 영화에 대한 설명이 필요하다. 일반 시청자들이 알아듣기 어려움.

(5) 스포츠, 레저, 관광, 건강 뉴스

스포츠 담당 기자는 경기 규칙, 용어, 선수, 감독, 팀의 전적 등에 대하여 정통해야 한다. 경기 스코어를 정확하게 알고 기사를 써야 한다. 선수에 대한 평가는 공정해야 하고 사생활을 존중해야 한다. 스포츠기자는 해외구단에 관해서도 폭넓게 알고 있어야 한다.

레저, 관광기사는 업체에서 제공하는 홍보용 자료를 그대로 인용할 것이 아니라 현장을 답사하여 기자 자신이 느낀 것을 전해야 시청자에게 실질적인 도움이 된다. 관광객 입장에서 취재하고 문제점을 파악하여 보도하여야 한다. 관광지를 미화하거나 특정 업체를 부각시켜서는 안 된다.

건강기사는 신중을 기하여 작성해야 한다. 자칫 확실하지 않은 기사를 전하면 국민의 건강을 해칠 수도 있기 때문이다. 신약이나 새로운 치료법이 개발됐다는 뉴스는 여러 전문가의 검증을 거쳐 기사화하고 부작용은 없는지, 시판은 언제 가능한지 등을 취재하여 소비자 입장에서 세심하게 보도하여야 한다. 근거 없이 특정 식품이 건강에 좋다는 식의 보도는 소비자에게 혼란을 주고 관련 업계에 악영향을 줄 수 있다.

(6) 국제 뉴스

국제뉴스는 대부분 AP, UPI, 로이터, AFP 등 선진국 4대 통신이 공급하고 있다. 4대 통신을 통해 하루에 들어오는 외신 기사는 2천 건이 넘는다. 중국의 신화사(新華社), 일본의 교도(共同)통신사, ITAR-TASS(러시아 통신), DPA(독일통신)의 기사도 연합뉴스가 번역하여 국내 언론사에 공급한다. 외신기사의 소스는 이들 통신 외에도 방송 · 신문 · 잡지 · 특파원 · 인터넷 자료 등이 있다.

많은 외신 가운데 극히 일부를 선정해 방송뉴스로 내보내고 리포트를 하게 된다. 기사 판단은 국제부 기자와 데스크가 한다.

◎ 취재 및 기사작성 시 유의사항

① 국제뉴스는 주로 해외 통신사의 기사에 의존하기 때문에 원문에 충실해야 한다. 번역을 할 때 기사는 간결하게 작성하되, 원문에서 전하는 사실은 왜곡되지 않도록 해야 한다.

② 서방 통신사들이 전하는 뉴스에는 그들의 시각이 녹아있기 때문에 우리 시

각으로 사건을 보고 우리의 관심사에 맞춰 기사를 관찰하는 자세가 필요하다.

③ 국제부 기자는 자기가 맡은 국가와 분야에 관하여 깊은 관심을 가져야 한다. 현재의 정치 상황은 물론 그 국가의 문화, 역사에 관해서도 파악하고 있어야 한다. 해당 국가에 사건이 발생했을 시 배경 설명 등을 할 수 있어야 하기 때문이다.

④ 국제기사는 우리와 관계가 깊은 뉴스, 세계사에 큰 변화를 주는 사건, 국가의 운명에 관련되는 정치적인 사건 등을 기준으로 비중을 판단한다. 전쟁 · 쿠데타 · 지진 · 홍수 등 천재지변, 항공기 추락 등 많은 인명 피해가 발생한 대형 사고 그리고 국제유가, 미국 증시 동향 등 세계 경제에 큰 영향을 끼치는 뉴스는 비중이 큰 기사이다.

⑤ 국제뉴스는 시차 관계로 우리 시간으로 낮 시간보다 밤에 많이 들어온다. 미국, 유럽 등지에서 발생하는 뉴스는 우리 시간으로 한 밤중에 들어오는 것이 많다. 따라서 외신 기사를 체크하는 야근 기자의 기사에 대한 판단이 중차대하다.

◎ 국제 기사 작성의 예

⊙ 스트레이트 기사

> 태국 군부가 19일밤 전격적으로 쿠데타를 단행, 외유 중인 탁신 치나왓 총리 정부를 몰아내고 국정을 장악했다.
> 쿠데타 과정에서 저항과 충돌 사태는 발생하지 않았으며 쿠데타 세력은 새 정부 구성에 대한 푸미폰 아둔야뎃 국왕의 추인을 요청한 것으로 알려졌다.
> 육군 총사령관인 손티 분야랏글린 중장이 이끈 이번 쿠데타 주역들은 자신을 푸미폰 국왕에게 충성하는 '민주 개혁 평의회'라고 지칭했다.
> [로이터 = 연합뉴스]

◎ 기사 살펴보기

방송국에서 외신 스트레이트 기사는 대부분 연합뉴스의 번역 기사를 그대로 보도한다. 연합뉴스 기사를 방송용으로 바꾸어서 내보낸다. 중요한 뉴스의 경우 해외 통신 기사를 취합하여 번역, 보도하기도 한다.

해외 특파원이 파견되어 있는 지역은 특파원이 송고하는 기사를 받아 방송한다. 최근에는 AP UPI 등 기존 대형 통신사의 자료 못지 않게 유튜브 등 시민들이 올린 기사와 동영상 등을 활용하는 경우가 많다. 국내외 방송사들은 시민 저널리스트들이 취재한 영상 콘텐츠 등을 뉴스에 적극 반영하는 추세이다.

⊙ **리포트 기사**

2006. 9. 20. 水
KBS 9시 뉴스
태국 '쿠데타' 국정 장악

〈앵커 멘트〉

태국 군부가 쿠데타를 일으켜 사실상 국정을 장악했습니다.
아직까지 국왕이 침묵하고 있지만 성공할 것이란 전망이 많습니다.
첫 소식으로 OOO 기자가 보도합니다.

〈리포트〉

현지시간 어젯밤 8시쯤, 방콕 인근 기갑사단의 탱크 10여대가 정부청사로 돌진합니다.
군부는 순식간에 청사를 장악하고 도심 주요 거점에도 군인들을 배치합니다.
쿠데타는 유혈사태나 별다른 저항 없이 순조롭게 진행됐습니다.
쿠데타를 주도한 손티 육군 총사령관은 즉시 계엄령을 선포한 뒤 상하원과 내각, 헌법재판소를 해산했습니다.
'민주개혁평의회' 라고 밝힌 쿠데타 세력이 쿠데타 성공을 선언하는데 걸린 시간은 두시간 남짓.

〈녹취〉

손티(태국 육군 총사령관): "국정을 정상궤도로 되돌리고 갈등 해소와 국민 화합을 위해 쿠데타를 해야만 했습니다."

쿠데타 세력은 또 정권을 가능한 한 빨리 민간에 넘기겠다고 약속했습니다.
탁신 치와낫 총리는 유엔총회 참석차 뉴욕에 머문 상태에서 쿠데타 소식을 접했습니다.
녹음 방송을 통해 국가 비상사태를 선포하고 군 이동 중지를 명령했지만, 이미

측근인 부총리와 국방장관이 체포된 뒤였습니다.
이제 푸미폰 국왕에게 국민의 시선이 모아지고 있습니다.
쿠데타 세력은 국민의 추앙을 받고 있는 국왕에게 충성을 맹세하고, 새 정부 구성에 대한 추인을 요청했지만 국왕은 아직 쿠데타에 대한 공식적인 언급을 내놓지 않고 있습니다.
KBS 뉴스 OOO입니다.

◎ 기사 살펴보기

KBS는 밤 9시 종합뉴스에서 태국 쿠데타 기사를 톱으로 보도했다. 기사에 비중을 크게 두어서 4꼭지로 나누어 보도했다. 첫째, 쿠데타 사실을 보도하고 둘째, 쿠데타의 원인이 탁신 총리의 부정부패라는 분석 셋째, 심층취재로 이번이 19번째 쿠데타로서 쿠데타가 잦은 이유를 설명하고 마지막으로 방콕 특파원을 연결하여 태국이 평온 속에 계엄령이 유지되고 있다는 현지 분위기를 전하고 있다.

4) 생방송 중계의 요령

생방송은 기자가 정규 뉴스 또는 긴급뉴스 방송 때 현장 중계차에서 마이크를 잡고 하거나, 전화로 리포트 하는 것이다. 스튜디오에서 앵커와 나란히 앉아 생방송을 하는 경우도 있다. 비중이 큰 아이템, 예를 들면 국가적인 중대사 또는 대형 사건 사고, 홍수 및 태풍 등 재해가 있을 때 현장 중계차 등을 이용하여 기자가 리포트 하는 것이다.

생방송 중계를 하는 기자가 정규 뉴스 시간대에 방송을 할 때는 취재 및 기사작성을 할 수 있는 시간적인 여유가 있다. 그러나 현재 방송되고 있는 정규 프로그램을 중단하고 긴급뉴스를 내보낼 경우에는 취재를 하고 기사를 작성하여 방송에 임할 시간적인 여유가 없다. 기자가 긴급 사건에 대비하여 평소에 취재해 놓은 것을 중심으로 나름대로 상황에 대한 전망을 해가면서 간단한 메모를 가지고 방송에 임하게 된다. 기자의 순발력과 방송 경험이 필요하다.

생방송은 먼저 카메라가 현장에 있는 기자의 스탠드-업 컷을 10여 초 정도 잡는다. 이 때 기자는 현장 상황을 간단하게 설명한 뒤 리포트 한다. 스탠드 업을 할 때 기자는 원고를 들여다보지 않고 카메라를 정면으로 바라보면서 리포트 해야 한다. 본문 리포트를 할 경우 미리 촬영한 화면이 있으면 화면을 방영할 때 기자가 화면 설명을 곁들여주면 뉴스의 생동감이 살아날 수 있다. 인터뷰를 미리 해두었으면 리포트 중간에 삽입해서 방송하면 된다. 인터뷰 대상자를 기자 옆에 세워두고 생방송으로 인터뷰 할 수도 있다. 형식은 자유스럽게 하는데 인터뷰 대상자가 작업을 하고 있을 때는 기자가 자연스럽게 다가가서 인터뷰를 할 수 있다. 이때 미리 인터뷰 할 내용을 알려주고 예행연습을 하면 실수 없이 깔끔하게 방송할 수 있다.

생방송은 예기치 않은 돌발 상황이 발생하여 방송사고가 날 수도 있기 때문에 치밀한 계획을 세워 중계 PD 등 뉴스 진행팀과 사전 협의를 해야 한다. 기자 리포트와 인터뷰가 연결되는 부분, 인터뷰가 끝나는 부분, 리포트 시간, 촬영 화면, 자료화면 등에 대하여 세밀하게 의견 교환이 이루어져야 한다.

상황이 시시각각 변하는 대형 사건을 생방송으로 중계, 보도할 때는 마이크를 잡고 방송하는 기자는 사실상 취재를 할 수 없기 때문에 동료 기자들이 취재를 하여 생방송을 하는 기자에게 새로운 기사거리를 계속 제공하여 주어야 한다.

생방송에 임하는 기자는 오랜 경험과 경륜에서 오는 자신감이 있어야 한다. 초보자는 지나치게 긴장하여 미숙한 방송을 할 수 있다. 방송은 시작이 성패를 좌우한다. 처음에 잘 풀리면 좋은데, 암기해 두었던 기사 앞부분이 갑자기 생각이 나지 않아 더듬거리다 보면 당황하여 방송을 망칠 수가 있다. 계속적인 반복 연습과 실전 경험, 긴장하지 않고 여유를 갖는 배짱을 길러야 한다. 즉흥적인 언어 구사 능력, 즉 애드립(ad lib)능력도 갖추어 나가야 한다.

기자의 자신감 있는 말씨, 어조는 물론 복장, 태도도 시청자들에게 전하는 메시지가 있다. 복장은 정장으로 평범하게 하되 현장 분위기에 맞도록 적절하게 맞춘다. 시청자들에게 거부감이 가지 않도록 용모를 단정히 해야 한다. 여성은 다소 보수적인 머리 모양새를 하고 지나친 화장은 하지 않는 것이 좋다.

스탠드-업을 할 때의 자세는 카메라 앞에 바로 서서 몸의 균형을 잃지 않는 상태를 유지하여야 한다. 몸을 좌우 또는 앞뒤로 흔들어서는 안 된다. 자세가 바르지 않으면 신뢰성도 떨어지고 시청자에게 불안감을 줄 수도 있기 때문이다.

생방송은 중계차가 동원되어 10여 명의 기술 스텝들과 함께 작업을 하기 때문에 리포트 하는 기자는 중계 메커니즘도 어느 정도 이해하고 팀워크를 의식해서 상호 협조 체제를 잘 이루어야 한다.

가장 중요한 것은 기자의 스탠드 업을 잡아주는 메인 카메라를 비롯하여 현장을 비춰주는 카메라의 설치 문제이다. 중계PD, 카메라맨 등 기술진과 협의하여 현장감이 생생하게 드러날 수 있는 위치에 카메라를 배치한다.

KBS1
KBS 뉴스9

MBC
8

SBS
김성준
8
NEWS
최혜림

3. 방송뉴스 리포팅

*

*

*

*

*

취재와 기사작성을 한 다음 리포트는 보도기자가 행하는 최종 작업이다. 리포트는 보도기자의 경륜이 녹아나는 작업이다. 보도기자는 시청자들을 향하여 단순히 기사를 읽는 것이 아니라 내용을 전달하는 것이다.

뉴스 전달자는 시청자에게 명확한 메시지를 전함으로써 신뢰감을 주어야 한다. 취재 경험이 축적된 저널리스트의 노련한 감각과 정확한 음성 표현력을 기반으로 자신감을 가지고 리포트를 하면 시청자에게 신뢰감을 줄 수 있다. 시청자에게 신뢰감을 주는 뉴스 전달이 리포트의 요체(要諦)이다.

1) 이해하기 쉽게 한다

(1) 누구나 알아들을 수 있게 한다

a. 쉬운 말을 쓴다

시청자 층은 다양하다. 저학력 층에서 고학력층까지, 젊은 층에서 노년층까지, 직업군도 다양하다. 방송뉴스에서는 특정 층만 이해할 수 있는 전문적인 용어를 사용해서는 안 된다. 특정업계에서 통용되는 단어는 그들 세계에서는 이해가 쉬울지 몰라도 일반인들은 생소하다. 경제 기사를 쓰는 기자가 자신은 잘 알고 있어 쉽게 사용하는 용어라도 대부분의 시청자들은 잘 알아듣지 못하는 경우가 허다하다. 듣는 사람의 입장에서 쉬운 말을 써야 한다.

b. 표준어를 사용한다

누구나 이해할 수 있도록 표준어를 쓴다. 악센트, 억양(intonation)도 표준말을 써야 한다. 때로는 방언(사투리)이 특정 지방의 감정을 적절하게 표현할 수 있을지 모르지만, 불특정 다수가 시청하는 방송에서 사용하는 것은 적절치 않다. 의사소통을 원활하게 하고 여러 사람의 이해를 돕는다는 측면에서 표준어 사용은 필수적이다.

(2) 듣는 즉시 이해하도록 한다

a. 음성언어(音聲言語)임을 유의한다

신문이나 책은 문자언어를 사용한다. 방송에서 쓰는 언어는 음성언어이다. 음성언어의 특징은 '말하는 순간 사라진다' 는 점이다. 문자언어는 반복해서 읽을 수 있지만 음성언어는 시간과 함께 사라져 버린다.

한번 들으면 그것으로 끝이다. 두 번 다시 확인할 수가 없다. 듣는 도중에 이해가 안 되는 부분이 있어 무슨 의미일까 생각하다 보면 그것이 장애가 되어 다음 내용을 이해하기 어렵다. 한번 듣고 끝나는 뉴스인 만큼 시청자가 순간적으로 이해할 수 있도록 해야 한다.

b. 알아듣기 쉬운 속도로 읽는다

뉴스를 읽는 속도는 어느 정도로 해야 하는가? 얼굴을 맞대고 대화하는 속도 보다 약간 빠르게 읽는 게 좋다. TV는 화면과 함께 조화를 이루어야 하기 때문에 읽는 속도가 라디오에 비해서는 다소 느리다. TV 뉴스는 대략 1분에 350~370 음절을 읽는다. 라디오는 오디오가 유일한 전달 매개 수단이기 때문에 리포트가 힘 있고 TV에 비해서는 다소 빠른 편이 좋다.

듣는 사람이 젊은이라면 다소 빠른 편이, 노인이면 약간 느린 편이 알아듣기 쉬울지도 모른다. 그러나 빠르다거나 느리다거나 하는 물리적인 속도가 문제가 아니다. 중요한 것은 듣는 사람이 잘 이해하려면 어느 정도의 속도가 적당할지 신경을 쓰는 일이다.

c. 문장을 간결하게 만든다

① 문장의 구조를 간결하게

음성언어는 말하는 즉시 사라지는 특성이 있다. 바꾸어 말하면 음성언어는 내용을 말하는 순서대로 밖에 이해할 수 없다. 이 점을 의식해서 문장을 만들어야 한다.

예를 들면 '나는 여행을 좋아해서 전 세계를 돌아다니며 여행기도 쓰고 다양한 특산품에도 관심이 많은 우리 아들에게 여행 계획을 세워달라고 했습니다.'라고 말하면 마지막까지 듣고 난 후에야 여행을 좋아한 것은 내가 아니라 아들이었음을 알게 된다.

이런 경우 먼저 주어인 '내가', '무엇을 했는가'를 전한다.
'나는 여행 계획을 세워달라고 했습니다.'
다음에는 누구에게 해달라고 부탁했는가 하는 것이 관심사항이다.
'만들어 준 것은 아들입니다.'
그리고 왜 아들에게 부탁했는가 하는 것이 의문 사항이다.
'아들은 여행을 좋아해서 전 세계를 돌아다니며 여행기도 쓰고 다양한 특산품에도 관심이 많습니다.'가 된다.

이와 같이 문장을 간결하게 만들어야 이해가 쉽다. 바꾸어 말하면 주어와 술어를 가능한 한 근접시키는 편이 이해하기 쉽다.

② 문장을 짧게

문장이 길면 한 문장에 여러 개의 정보가 들어가 있어 이해하기가 어려워진다. 예를 들면 '태수가 말했습니다.'는 식의 간단한 구조가 좋다. 한 개의 문장으로 하나의 정보를 전달하는 게 좋다.

또한 '숨'의 문제가 있다. 문장이 길어서 도중에 여러 번 숨을 쉬면 문장의 구조를 알 수 없게 된다. '한 숨에 한 문장', 이것도 중요한 기준이다.
문장을 짧게 자르면 자신의 의견이나 생각을 정리하는 데도 도움이 된다. 생각이나 의견이 정리되지 못하면 애매하게 문장을 연결하여 말하게 된다.

d. 문장을 구성하여 말한다

우선 결론부터 말해야 한다. 듣는 사람은 어떤 정보일지 귀 기울이고 있으므로 먼저 정보의 핵심 부분부터 던진 다음 '왜'라는 설명을 붙인다. 그렇게 하면 시청자는 듣는 순서대로 이해할 수 있다. 문장의 구조를 생각해야 하는 것이다.

음성언어는 말하는 순간 사라지므로 듣는 순간 이해할 수 있는 문장 구조여야 한다. 처음 들은 이야기로 뒷이야기도 짐작할 수 있게 전해야 한다.
'전체상(全體像), 즉 가장 중요하게 전달할 일'부터 이야기하고 부분으로 들어간다. 다음의 예를 보자.

> 도심인 종로1가, 3가, 청계4가, 5가 그리고 을지로 3가, 4가 일부 지역은 내일 오후 2시에서 4시까지 2시간 동안 수도공사를 하기 때문에 단수되겠습니다.

이것을 이해하기 쉽게 고치면 다음과 같이 된다.

> 단수 소식입니다. 내일 오후 서울 도심에서 수도 공사를 하기 때문에 일부 지역에 수돗물이 나오지 않습니다. 단수되는 곳은 종로1가, 3가, 청계4가, 5가 그리고 을지로 3가, 4가 일부 지역입니다. 단수 시간은 내일 오후 2시부터 4시까지 2시간 동안입니다.

(3) 확실하게 이야기 한다

a. 알아들을 수 있는 목소리로 말한다

뉴스 내용이 아무리 좋아도 잘 들리지 않으면 시청자는 이해할 수 없다. 전달자가 혼자 중얼거리거나 목소리가 작아서는 안 된다. 시청자가 확실하게 알아들을 수 있는 목소리로 보도해야 한다. 확신에 찬 자신 있는 목소리를 내야 한다.

리포트 할 때는 시청자를 의식하고 전달한다. 4~5미터 떨어져 있는 사람에게 말하듯이 방송한다. 그 정도 거리 감각을 유지하면 시청자가 알아듣기 쉬운 목소리를 낼 수 있다.

b. 알아듣기 쉬운 발성 발음을 익힌다

방송을 잘하는 사람은 목소리가 좋은 사람이 아니다. 듣는 사람이 잘못 듣지 않도록, 알아듣기 쉽도록 노력하는 사람이다. 발성 · 발음 연습은 연습 자체가 목적이 아니다. 그것이 목적이 되면 장기간 연습하여 명료한 소리를 낼지는 몰라도 결코 '의미를 전달하는 듣기 쉬운 음성'을 내지는 못한다. 발성 · 발음 연습은 의미를 전달하는 이해하기 쉬운 소리를 내기 위한 수단이다.

2) 말하듯이 전달한다

리포트 기사는 단순히 읽는 것이 아니라 말하듯이 전달하는 것이다. 일반적으로 우리가 하는 말은 한 마디가 2~3초에 불과하다. 말 한 마디가 짧다. 그러나 기사는 길게 쓰기 때문에 말하듯이 읽기가 쉽지 않다. 길게 쓰는 것은 좋은 문장 작성법이 아니다. 읽기를 말하는 것과 똑같이 한다는 기본 전제 하에 연습을 한다.

(1) 읽기의 문제점

평소 가족이나 친구 등 주변 사람들과 대화할 때는 의미를 전달하는 데에 집중한다. 그러다 보면 호흡, 말의 속도, 강약, 고저, 장단 그리고 말의 간격 등이 그 때그때의 감정과 이야기의 내용에 맞게 자연스럽게 조절된다. 그런데 기사를 읽으려면 다음과 같은 여러 가지 어려움이 따른다.

◎ 목소리에 불필요한 힘이 들어간다.

아무래도 긴장이 되고 뭔가 구애(拘礙)를 받아 자연스럽지 못한 목소리가 나와 듣는 사람이 부자연스럽게 느낀다.

◎ **억양에 문제가 있다.**

의미나 내용과는 관계없이 자신이 편한 대로 읽어 내려가기 쉽다. 그렇게 되면 전달해야 할 내용과는 거리가 멀어질 수 있다.

◎ **말의 간격에 문제가 있다.**

평소 대화할 때는 상대방이 바로 앞에 있기 때문에 듣는 사람의 반응을 살펴가며 말의 간격을 적절히 떼면서 이해하기 쉽게 이야기한다. 그런데 방송은 듣는 사람이 보이지 않기 때문에 이해하는데 필요한 간격을 두지 않고 책 읽듯이 줄줄 읽어 내려가는 경향이 있다.

◎ **말에서 느껴지는 힘에 문제가 있다.**

읽을 때는 틀리지 않으려고 단지 글자를 소리로 바꾸는 일에만 신경을 쓰기 쉽다. 그러다 보면 말에 힘이 없어져 의미 전달이 잘 되지 않는다.

(2) 자연스러운 의미 전달

자연스럽게 의미를 전달하려면 말의 완급, 강약, 고저, 장단, 쉼이 자연스러워야 한다. 이 가운데 중요한 요소는 소리의 고저와 말에 간격을 두는 문제이다.

a. 소리의 고저

소리의 높낮이에 관한 것은 악센트, 억양(인터네이션), 프로미넌스(prominence, 문장 중의 어떤 부분을 두드러지게 발음하여 어조를 강조함, 글 뜻의 강조)가 있다. 그 중 가장 중요한 것은 억양이다.

① 인터네이션

소리의 올림과 내림을 뜻한다. 악센트는 각 단어 속에서의 소리의 강약에 관한 것이지만, 인터네이션은 몇 개의 단어가 연속된 경우나 문장 전체에서 글 뜻(文意)을 전하기 위해 소리의 높낮이에 변화를 주는 것이다. 흔히 문장의 끝을 올리느냐 내리느냐 하는 경우 인터네이션이라는 용어를 쓰지만 여기에서는 문장의 끝에 한정하지 않고 좀 더 넓은 의미로 사용한다.

의미와 인터네이션은 긴밀한 관계가 있다. 인터네이션이 의미대로 되지 않으면 강조할 필요가 없는 것이 무의미하게 강조되어 듣는 사람이 위화감을 느낄 수 있다. 때로는 의미가 잘못 전달되기까지 한다.

표준어는 보통 문장의 시작 부분을 높게 읽고 끝을 내린다. 단 한 문장에서 처음부터 끝까지 계속 소리가 내려간다고 단정할 수는 없다. 문장의 골격을 이루는 단어에 여러 가지 수식어가 붙어 문장 구조가 복잡하면 거기에 맞게 소리도 높아지고 낮아진다.

② 의미와 인터네이션

◎ 의미의 연결을 나타내는 인터네이션

앞 단어가 다음 단어에 걸릴 때 어느 쪽을 특별히 강조하는 경우가 아닌 한, 보통은 앞 단어가 높고 뒤의 단어가 낮다.

⊙ 커다란 집

커다란 집은 '커다란'이란 단어와 '집'이라는 단어가 연결되어 '커다란 집'이 덩어리를 이루고 있다. 이때는 보통 '커다란'이 '집'보다 높게 발음된다. 만약 '집'을 높게 발음하면 '집'이 불필요하게 강조되어 '커다란 집'이라는 덩어리의 균형이 깨져 듣는 사람이 위화감을 느낀다.

⊙ 긴급조치를 취할 필요가 있다고 합니다.

'긴급'에서부터 '합니다'까지 앞 단어가 차례로 다음 단어에 걸려 있다. 의미대로 말하려면 '긴급조치'는 '긴급'이 '조치'보다 높게 발음돼야 한다. 마찬가지로 '조치를 취할', '취할 필요', '필요가 있다', '있다고 합니다'도 앞의 말이 뒤의 말보다 높게 발음되어야 한다.

이 같은 예처럼 소리가 계속 내려가는 경우에는 먼저 문장을 하나의 덩어리로 파악해야 하고 또한 숨이 소리의 높이를 지탱할 수 있어야 한다. 그렇지 못하면 소리가 지나치게 내려가거나 도중에 소리를 올리게 되어 억양이 부자연스러워진다. 소리를 계속 내린다기보다는 처음 소리 높이를 가능한 한 유지한다는 느낌으로 읽는 것이 바람직하다.

◎ 의미가 끊어짐을 표현하는 인터네이션

「우리 마을의 이장이~」가 문장 앞에 붙은 경우를 보자.

⊙ 우리 마을의 이장이 긴급조치를 취할 필요가 있다고 합니다.

이 경우 시작에서 끝까지 목소리가 계속 내려가는 것은 아니다. '이장이'까지는 소리가 계속 내려가지만 그 뒤 '긴급'에서 소리가 또 한 번 높아진다. '이장이' 까지는 앞의 단어가 차례로 다음 단어에 걸려 있지만 '이장이'는 '긴급'에 걸려 있지 않다. 맨 끝의 '있다고 합니다'에 걸려 있다.

즉 '우리'에서 '이장이'까지가 의미의 한 덩어리이고 '긴급'에서부터 새로운 의미의 덩어리가 시작된다. 새로운 의미의 덩어리가 시작되는 곳에서는 보통 소리가 다시 올라간다. 문장 중간에 소리를 높여 읽으면 듣는 사람은 의미가 달라짐을 느낄 수 있다.

억양은 의미의 연결과 끊어짐을 나타내주는 역할을 한다. 실제 문장에서는 다양한 의미의 연결이나 끊어짐이 있으며 거기에 상응하는 높낮이로 읽을 필요가 있다.

◎ 어미의 처리

읽기에서 가장 어려운 것 중의 하나가 말끝을 처리하는 것이다. 말끝은 끌지 않고 간결하게 처리하는 게 자연스럽다. 말의 끝 부분으로 가면서 속도가 조금 빨라지고 말꼬리를 내리면서 가볍게 끝낸다는 기분으로 짧게 발음하도록 한다.

예를 들면 '정부 당국자는 사실을 확인 중이라고 말했습니다.'에서 끝 부분인 '말했습니다.'에서 말꼬리가 내려가면서 '다'를 짧게 읽어 말을 마무리한다.

③ 프로미넌스(글 뜻의 강조)

글 뜻(文意)을 강조하는데도 소리의 높낮이가 큰 역할을 한다. 프로미넌스란 어떤 부분의 의미를 강조하는 것이다. 문장 중에서 강조하고자 하는 부분의 소리를 높임으로써 뜻을 강조할 수 있다.

⊙ 이것은 빨간 꽃입니다.
'이것'을 강조하고 싶은 경우, '빨간', '꽃'을 강조하고 싶은 경우 각각 그 부분을 높게 말함으로써 강조할 수 있다. 방법은 소리를 높게 하거나 강하게 발음하거나 천천히 말하거나 앞뒤에 간격을 두는 등 다양한 방법이 있다. 소리를 극단적으로 낮춤으로써 강조할 수도 있다. 어느 경우든 그 곳은 다른 부분과는 다르다는 신호를 보내게 된다.

b. 필요한 간격을 둔다

기사를 읽을 때에는 소리의 높낮이와 함께 듣는 사람이 잘 이해할 수 있도록 적당한 간격을 두며 읽을 필요가 있다.

① 간격과 호흡
예를 들면 1개 단락 중에 5개의 문장이 있으면 문장과 문장 사이에는 4개의 간격이 있다. 듣는 사람은 문장을 머릿속에 모은다. 그리고 간격을 두는 곳에서 모아둔 내용을 정리하고 이해한다. 그렇기 때문에 읽는 사람이 문장과 문장 사이에 적당히 간격을 두고 읽지 않으면 듣는 사람은 내용을 이해하기 어렵다.

간격은 호흡과 관계가 있다. 읽는 사람이 간격을 두지 못하는 원인은 호흡이 얕기 때문이다. 그것은 한 문장이 끝나고 다음 문장을 읽기 시작할 때 숨을 충분히 들이마시지 않은 결과이다. 숨을 충분히 들이마시려면 토해내야 한다. 그렇지 않으면 들이마시고 싶어도 들이마실 수 없다.

읽을 때는 문장이 끝날 때까지 숨을 다 토하면서 읽어야 한다. 그렇게 하면 자연스럽게 숨을 충분히 들이마실 수 있다. 동시에 그 때 다음 문장의 내용을 확실하게 파악한다. 그럼으로써 듣는 사람은 이해할 수 있는 시간적인 여유가 생기고, 읽는 사람은 자신감 있게 다음 문장을 읽을 수 있다.
기사를 읽을 때 호흡을 조정할 자리는 슬러시(/표시)를 하고 강조할 단어는 밑줄을 쳐 읽어본다. 호흡을 조정할 때는 문장과 문장 사이에서는 한 호흡, 문장 내에서는 반 호흡 또는 반의 반 호흡을 쉬는 등 상황에 따라 적절히 처리한다.

② 문장과 문장의 관계를 생각한다.

문장은 전부 동격으로 늘어서 있는 것이 아니고, 연결성이 강한 것이 있는가 하면 그렇지 않은 것도 있다. 따라서 문장 사이의 간격이 항상 같을 수는 없다.

⊙ 그들은 신혼생활을 시작했다. 그리고 나서 5년이 지났다.

이 2개의 문장 사이에는 5년이라는 시간 경과가 있다. 두 문장 사이에 5년이라는 세월에 적합한 느낌의 간격을 둘 필요가 있다.

⊙ 갑자기 커다란 짐승이 나에게 달려들었다. 그 순간 정신을 잃었다.

이 경우는 앞 문장에 이어서 짧은 간격을 두고 즉시 다음 문장을 읽어야 한다. 그렇지 않으면 내용 전달이 잘 되지 않는다.

⊙ 마을 사람들은 무슨 일이든 협력했다. 어떤 일이든 서로 도왔다.

이 2개의 문장은 같은 의미로서 강조 어법을 사용하고 있다. 짧은 간격으로 읽는 편이 뜻이 잘 전달된다.

이처럼 문장과 문장의 관계를 생각하여 적절한 간격을 두도록 한다.

③ 문장 내에서도 간격을 둔다.

문장과 문장 사이에서 호흡을 가다듬고 간격을 유지하듯이 1개 문장 내에서도 호흡을 조정하면서 끊어 읽어야 한다. 문맥을 이해하면서 적당한 위치에서 끊어 읽어야 한다. 잘못 끊어 읽으면 의미가 달라질 수 있다.

한 예로 "서울에서 수원으로 가던 시외버스가 중앙선을 넘어 마주 오던 택시와 정면으로 부딪쳤습니다."라는 기사를 보자.

⊙ "서울에서 수원으로 가던 시외버스가 / 중앙선을 넘어 마주 오던 택시와 정면으로 부딪쳤습니다." '시외버스가' 다음에 끊어 읽으면 가해차량은 택시가 된다.

⊙ "서울에서 수원으로 가던 시외버스가 중앙선을 넘어 / 마주 오던 택시와 정면으로 부딪쳤습니다." '중앙선을 넘어' 다음에 끊어 읽으면 가해차량은 시외버

스가 된다.

끊어 읽기는 중요하다. 끊어 읽어야 할 때 끊지 않으면 호흡도 힘들고 뉴스의 흐름도 매끄럽지 못하다.

또 다른 예를 보자.
'승부를 걸어야 할 시점은 바로 지금부터 입니다.'에서 '지금'을 강조하려면 '지금' 앞에서 약간 쉬는 게 좋다. 듣는 사람은 말하는 사람이 잠시 숨을 멈출 때 긴장하면서 주의를 집중하게 된다.

3) 발성 연습 및 마이크 사용법

(1) 발성의 구조와 발성 연습

말은 과장된 호흡이라고 한다. 호흡을 잘 컨트롤해야 말을 자연스럽게 할 수 있다. 방송을 잘 하려면 평소 호흡과 발성 · 발음 연습을 꾸준히 해야 한다. 발성의 구조를 이해하고 호흡을 잘 컨트롤해야 듣기 좋은 소리를 낼 수 있다.

목소리는 3단계를 거쳐 만들어진다. 폐, 성대(聲帶), 성도(聲道)의 3가지이다. 발성의 구조를 이 3가지로 나누어 설명한다.

① 제 1단계, 폐에서 성대로
목소리의 에너지는 내쉬는 숨, 즉 호기(呼氣)이다. 폐에서 토해내는 숨이 없으면 목소리를 낼 수 없다. 폐는 자체적으로 호흡하는 것이 아니고 주변의 흉곽을 넓히고 좁힘으로써 숨을 들이마시고 내쉰다. 따라서 목소리는 가슴 · 배 · 등 · 목 등의 각 근육이나 횡격막을 움직이는 전신 운동을 통해 나온다 할 수 있다.

호기가 적거나, 약하거나, 끊어졌다 이어졌다 하면 듣기 좋은 목소리를 낼 수 없다. 폐에 들이마신 공기를 필요에 따라 토해내면서 알아듣기 쉽도록 방송을 하려면 확실하게 숨을 들이마셔 두어야 한다. 단 들이마신다 해서 심호흡을 하라는 것은 아니다. 심호흡을 하여 숨을 마음껏 들이마시면 자연스러운 목소리를 낼 수 없다. 필요한 공기를 폐에 담아두려면 들이마시는 것 보다 내쉬는 훈련부터 하는 게 좋다.

◎ **복식호흡**

방송에 적합한 호흡법은 횡격막을 상하로 움직이는 복식 호흡이다. 횡격막은 위나 장 등의 기관과 폐나 심장 등의 기관을 나누는 막이다. 이 막을 상하로 움직임으로써 목을 불필요하게 긴장시키지 않고 많은 양의 숨을 들이마시고 내쉴 수 있다. 게다가 횡격막을 움직일 때 사용하는 복부 근육이 흉식호흡 시 사용하는 가슴 근육 보다 자기 마음대로 움직이기 쉽다. 그런 만큼 복식호흡을 하면 필요에 따라 숨을 천천히 내쉴 수도 있는 등 호흡을 조절하기가 쉽다. 방송을 하는 사람은 복식호흡법을 몸에 익혀두는 것이 좋다.

◎ **짧게 들이마시고 길게 내쉬는 호흡 컨트롤**

방송에서는 전하는 정보의 의미에 맞게 호흡을 컨트롤해야 한다. 평소 무의식적으로 하는 호흡과는 달리 방송을 할 때는 짧게 들이마시고 길게 토해내야 한다. 보통 대화를 할 때는 말하려는 단어의 의미와 호흡의 생리를 무의식적으로 조화시키면서 자연스럽게 숨을 쉰다. 그러나 뉴스는 일상의 대화와는 다르다.
평소보다 긴 숨이 필요한 경우가 있다. 구체적인 말로 호흡을 컨트롤하는 감각을 확인하면서 연습해 보자.

'긴급뉴습니다.'는 1초 걸린다. 이것을 도중에 숨을 쉬지 않고 계속하여 몇 번이나 말할 수 있는가. 폐에 담아둔 공기를 완전히 토해낼 때까지 말해 보자. 적어도 10회, 가능하면 15회를 목표로 연습을 하자.

우리가 평소 말을 할 때는 호흡에 대해 신경을 쓰지 않지만 구체적인 문장을 예로 들어 의미를 전달하려고 노력하면서 소리를 내어 읽어보면, 짧게 들이 마시고 길게 내쉬는 호흡의 컨트롤이 중요하다는 사실을 실감할 수 있다.

② 제 2단계, 성대 진동

폐에서 보내어진 숨이 성대를 진동시킴으로써 목소리의 원천을 만든다. 목소리의 크고 작음이나 높낮이는 토하는 숨의 강약과 성대의 긴장도에 따라 달라진다. 숨이 성대에 강하게 부딪치면 성대 진동의 횟수가 많아져 높고 강한 목소리가 되고, 숨이 약하면 진동 횟수가 적어져 낮고 작은 목소리가 된다.

성대는 몇 개의 근육에 의해 지탱되고 개폐되는데 성대를 지탱하는 각 근육을 단독 혹은 의식적으로 움직이기는 어렵다. 그러므로 목소리를 연마하기 위하여 성대 주변의 근육을 단련하는 훈련을 해야 한다.

평소에 4~5m 앞에 있는 사람과 대화를 한다고 생각하고 연습을 하면 복근이나 흉근이 단련되고 동시에 성대 주변의 근육도 단련된다. 그 결과 방송을 할 때 시청자가 알아듣기 쉽고 자연스러운 목소리가 나오는 것이다.

③ 제 3단계, 성도에서의 공명

성대 진동에 의해 생긴 호기류(呼氣流)에 의한 음파는 성도를 지날 때에 공명하여 사람의 목소리가 된다. 듣기 좋은 목소리를 만들려면 호흡과 마찬가지로 중요한 것이 공명이다. 성대에서 입까지는 통(筒)과 같으며 사람에 따라 크기나 두께가 다양하다. 성도를 구성하는 후두 · 인두 · 구강 · 비강의 모양이나 크기의 차이가 각각 고유의 공명을 만들어내 개개인 특유의 목소리를 만든다.

천장을 바라보고 '아-' 소리를 내면서 천천히 고개를 숙여 얼굴 전체가 정면, 그리고 발끝을 볼 때까지 움직여본다. 이것을 반복해 목소리가 가장 듣기 좋게 나오는 각도에서 얼굴을 멈춘다. 그 시점이 목이나 입, 코 속의 공명이 가장 좋은 각도이다. 그 때의 얼굴과 턱의 각도를 기억해 두자.

그 상태로 자신의 미간(眉間)에 목소리를 부딪치는 기분으로 소리를 낸다. 울림이 좋은 목소리가 나올 것이다. 녹음을 확인해 보자. 약간 높은 목소리가 밝고 알아듣기 쉬운 경우가 많다.

(2) 마이크 사용법

마이크를 다룰 때 주의해야 할 점은 마이크를 입에 가까이 대지 않는 것이다. 가까이 대고 사용하면 입김으로 인해 '퍽퍽' 소리가 난다. 마이크와 입과의 거리는 마이크의 성능에 따라 15~30㎝ 정도 유지하는 것이 좋다. 전화 리포트를 할 경우에도 송화기에 입을 가까이 대지 않도록 한다.

기사를 읽으면서 마이크 앞에서 종이를 넘길 때 주의하지 않으면 종이 스치는 소리가 크게 난다. 종이 스치는 소리가 나지 않도록 조심스럽게 들어서 읽은 다음, 옆에 살짝 옮겨 놓도록 한다.

마이크를 손으로 들 때는 단단하게 잡되, 너무 꽉 쥐어서는 안 된다. 이 때 손가락을 움직이면 잡음이 들어가므로 주의한다. 반지를 낀 손으로 마이크를 잡으면 반지 스치는 소리가 날 수 있다. 마이크는 사람보다 소란스러운 잡음을 잘 감지하기 때문에 주의를 요한다. 실외에서 녹음할 때는 지나치게 소음이 많은 곳은 피한다. 바람이 세게 불 때는 마이크에 캡을 씌워 사용한다.

인터뷰할 때는 기자가 마이크를 들고 있다가 인터뷰 대상자에게 마이크를 넘겨주어서는 안 된다. 마이크는 항상 기자가 쥐고 있어야 하며 인터뷰 대상자에게는 마이크를 입 가까이 가져다 대 주면 된다. 두 사람 사이의 거리는 일상적인 대화를 할 때의 간격인 2~3m보다 한 발 정도 더 가깝게 유지한다.

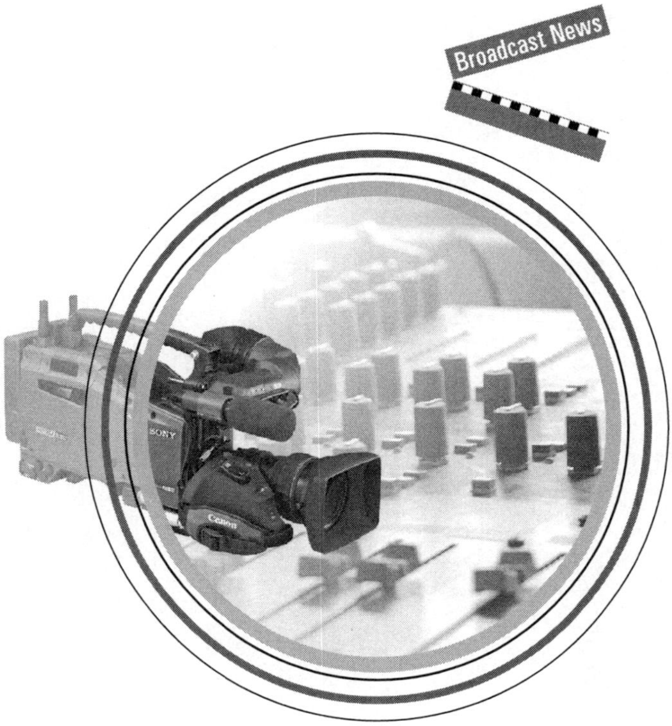

Ⅲ 방송뉴스 촬영과 편집

1. 방송뉴스 촬영
2. 방송뉴스 편집

Ⅲ 방송뉴스 촬영과 편집

비선형 편집 기술의 발달과 디지털 캠코더의 성능이 향상됨에 따라 1인 방송국이라는 신조어가 등장할 만큼 현대 방송 기술은 하루가 다르게 발전하고 있다. 방송뉴스 제작 과정도 예외는 아니다. 점차 취재기자와 카메라 기자 그리고 편집기자간의 경계가 무너지고 있다.

하지만 기존 방송국의 메커니즘과 1인 미디어의 메커니즘이 크게 다른 것은 아니다. 취재, 보도, 촬영, 편집의 기본 원리와 제작 요령의 근본은 많이 변화하지 않는다. 방송뉴스의 촬영은 일반 영상 촬영의 기본 원칙을 따르되 사실적인 영상을 담기 위해 노력해야 한다. 영상은 영상 자체로 시청자에게 이야기할 수 있도록 영상스토리가 있어야 한다. 방송뉴스 편집 또한 일반 영상편집과 요령은 유사하지만 되도록 효과를 사용하지 않고 사건이나 현상을 있는 그대로 자연스럽게 전달될 수 있도록 영상과 음성, 음향을 구성하도록 한다. 편집방식은 기존의 선형 편집에서 비선형 편집 쪽으로 대세가 이동하고 있는 중인데, 선형 편집은 시간의 순서대로 편집해야 하지만 비선형 편집은 순서에 구애받지 않고 편집할 수 있는 편리함이 있기 때문이다.

이 장에서는 1인 미디어 능력을 배양할 수 있도록 촬영과 편집 이론, 카메라 장비 사용법, 비선형 편집기 사용법을 쉽게 따라할 수 있는 매뉴얼 수준으로 구성했다.

목 차

1. 방송뉴스 촬영

1) 촬영장비의 종류

2) 촬영장비의 메커니즘

3) 카메라 구도

4) 촬영법

2. 방송뉴스 편집

1) 방송뉴스 편집하기

2) 비선형 편집기로 편집하기(프리미어 1.5)

Key Words:

ENG(electronic news gathering), 렌즈(lens), HD–Camera(high definition–camera), 줌(zoom), CCD(charge coupled device), 카메라 헤드(camera head), 화이트 밸런스(white balance), 초점 거리(focal length), 초점(focus), 조리개 숫자(f–stop), 조리개(iris), 리드룸(leadroom), 아이룸(eyeroom), 샷건 마이크(shotgun microphone), 붐(boom), 라벨리에 마이크(lavaliere microphone), 편향 지향성(unidirectional), 무선 마이크(wireless microphone), 비선형 편집 (non–linear editing)

1. 방송뉴스 촬영

*

*

*

1) 촬영장비의 종류

촬영장비는 그 장치의 형식과 사용형태에 따라 구분 짓는다. 뉴스촬영의 구분에서는 사용형태에 따라 일반적으로 ENG카메라와 스튜디오 카메라 그리고 캠코더 카메라가 있다. 또한 장치의 형식에 따라 모두 아날로그와 디지털로 구분될 수 있는데 현재는 HD 형식의 카메라와 메모리 저장 방식으로 표준화되고 있는 추세이다.

(1) ENG용 카메라

SONY의 ENG카메라(PMW 500). 요즘은 HD화면과 메모리 파일 저장방식으로 통일되는 추세이다.

ENG(Electronic News Gathering) 카메라는 텔레비전 뉴스 취재용으로 개발된 것이다. 그러나 지금은 일반 프로그램 제작에도 폭넓게 사용되고 있다. 휴대가 용이해 야외 촬영 시 주로 사용하지만 일부 고급 ENG 카메라는 화질이 좋아 스튜디오 카메라로 이용되기도 한다.

> ■ **ENG기술의 변천 과정(발표 시기 순)**
>
> 16mm → 1972년 U-MATIC → 80년 BETACAM → 86년 BETACAM SP → 94년 DIGI BETA → 95년 DVCPRO → 96년 BETACAM SX → 97년 HDCAM → 2003년 XDCAM HD (tapeless) → 2007년 MXF (memory, editing)

(2) 스튜디오 카메라

〈스튜디오 뉴스 촬영 현장〉

스튜디오 카메라는 스튜디오에서 제작되는 뉴스를 비롯해서 드라마, 쇼 등 각종 프로그램에서 활용된다. 야외에서 진행되는 행사 및 스포츠중계, 음악회 그리고 드라마 등의 제작시에도 사용된다. 스튜디오 카메라는 상하 · 좌우 회전은 물론 카메라의 높이 조절과 이동을 자유롭게 구사할 수 있으며 ENG카메라보다 화질이 뛰어나다는 장점이 있다.

(3) 소형 캠코더

현재 널리 사용되고 있는 Cannon XF300 카메라. HD화질에 메모리파일을 사용한다.

1990년대 초반까지 생산된 소형 캠코더는 주로 가정용이었다. 기존엔 아날로그 방식이어서 화질 면에서 방송용 카메라에 비해 크게 떨어졌다. 1996년 디지털 방식의 캠코더가 개발되면서 화질이 현격히 개선되었다. 캠코더의 성능이 좋아지고 가격이 저렴해지면서 많은 VJ(Video Journalist)들이 6㎜디지털 캠코더로 방송 프로그램을 제작하고 있다.

(4) 트라이 포드

일반적인 6mm카메라용 트라이포드의 모습. ENG 카메라용도 메커니즘은 같다

우리말로 삼각대라는 명칭으로 영문을 적절하게 우리말화 시켜놓았다. 카메라를 지지하여 안정적 상태를 유지시켜주는 전통적인 삼각대의 기능에서부터 현대의 카메라의 삼각대는 그 기능이 다양해졌다. 이 기능들은 카메라워크를 안정적으로 구현하는 것을 가능하게 하였다.

2) 촬영 장비의 메커니즘

촬영에 앞서 촬영장비의 전반적인 운용 메커니즘을 아는 것이 먼저 이루어져야 한다. 단순한 기술의 습득 뿐만 아니라 장비의 메커니즘을 앎으로 해서 다양한 응용을 할 수 있고 현장에서의 문제 발생 시에 대처할 수 있는 능력을 기를 수 있다.

(1) 카메라의 렌즈

a. 렌즈의 기능

렌즈는 카메라의 눈이라 할 수 있다. 촬영하는 사람이 피사체를 찍은 후 반사되는 영상은 렌즈를 통해 전달된다. 그러므로 성공적인 촬영을 위해서는 렌즈에 대한 이해가 필요하다. 카메라 렌즈에는 크게 '노출', '초점', '줌' 이라는 세 가지 조정기능이 있다.

가. 노출

노출은 렌즈를 통해 들어오는 빛의 양을 말한다. 카메라에 들어오는 빛의 양은 조리개를 통해서 통제된다. 조리개는 사람의 눈 중 수정체에 해당되는 부분으로 빛의 양을 제어하고 영상의 밝기를 조절한다. 조리개에는 노출 정도를 나타내는 F스톱 숫자가 있는데 일반적인 범위는 1.4, 2.0, 2.8, 4.0, 5.6, 8.0, 11, 16, 22이다.

여기서 조리개의 노출을 나타내는 숫자가 낮으면 조리개 구멍이 커지게 되어(조리개를 열었다고 함) 카메라로 들어오는 빛의 양이 많아지기 때문에 영상은 밝아진다. 반대로 숫자가 높으면 조리개 구멍이 작아져(조리개를 조였다고 함) 영상이 어두워진다. 그러나 조리개를 조였을 경우에는 심도는 깊어져 영상의 선명도는 높아진다. 일반적인 카메라에는 조리개의 자동과 수동을 조정할 수 있는 스위치가 있다. 이중 자동의 위치에 놓으면 자동적으로 일정한 영상의 밝기를 얻을 수 있도록 조정되게 된다. 그리고 조리개를 수동의 위치에 놓으면 조리개를 조정하여 촬영하는 사람이 원하는 밝기를 얻을 수 있다. 대개의 경우 촬영하는 사람은 조리개를 조정함으로서 각각의 촬영상황에 맞는 영상을 얻을 수 있다.

예를 들어 리포트 영상의 경우 피사체를 자신이 원하는 위치에 놓고 촬영할 수 없는 경우가 있다. 이런 경우에는 자동으로 하여 촬영했을 경우 원하는 만큼의 빛의 양을 얻을 수 없다. 햇빛이나 혹은 가장 밝은 조명이 피사체의 등 뒤에 있을 경우 피사체가 어둡게 나올 수가 있는데, 이럴 경우 수동의 위치에 놓고 조리개를 더 열어주어야만 적정한 수준의 영상을 얻을 수 있는 것이다. 또한 노출의 조정은 셔터스피드를 통해서 맞출 수도 있는데, 셔터스피드는 빛이 들어오는 시간을 조절하는 것이다. 셔터스피드가 빨라지면 들어오는 빛의 양은 줄어들게 된다.

즉, 셔터스피드가 빨라지면 빨라질수록 피사체가 움직이는 순간 동작을 담을 수 있는 가능성이 높아진다. 하지만, 그만큼 빛을 담을 수 있는 시간은 줄어들기 때문에 셔터스피드를 느리게 할수록 더 밝은 영상을 얻을 수 있는 원리인 것이다.

일반적으로 사용되는 6mm카메라에서의 노출조정은 다음에서 다룰 카메라의 각 부분 설명에서 언급하기로 한다.

나. 줌

카메라에 있어서 멀리 있는 피사체를 렌즈를 통해 가까이 보이도록 하는 것이 줌이다. 이는 기본적으로 사람의 눈에 있어서 인위적으로 돋보기를 통해 사물을 가까이 보이도록 하는 것과 같은 원리이다. 현재 방송에서 사용되는 카메라는 광학분야의 발달에 의해 고성능의 줌 렌즈가 일반적으로 사용되고 있다. 이러한 줌 렌즈를 통해서 피사체를 원하는 크기, 원하는 속도로 자유롭게 바꿀 수 있게 된다.

다. 초점

초점은 피사체를 더 선명하게 보이도록 하는 기능이다. 초점을 잡는 방법은 피사체를 놓고 원하는 크기만큼 줌 인 혹은 줌 아웃 시킨 뒤, 초점장치를 통하여 맞추는 방법이 있다. 이는 일반적인 카메라에서 동일하게 사용하는 방법인데, ENG카메라에서는 조금 다르게 초점을 맞출 수 있다.

ENG카메라에서는 우선 촬영하고자하는 피사체에 줌 인을 한 상태에서 초점을 맞춘 후, 다시 줌 아웃하여 원하는 사이즈로 촬영하면 줌 아웃된 모든 구간의 초점은 맞춘 상태가 된다. 하지만, 일반적으로 실습에 이용되는 6mm카메라에서는 피사체에 따라 그때그때 초점을 맞춰 주어야 한다. 초점을 맞출 때는 일반적으로 근경(가까이 있는 피사체)과 원경(멀리 있는 피사체)에 초점을 맞추는 방법이 있다.

b. 렌즈의 종류

가. 표준렌즈

표준렌즈에 대한 구분이 명확하게 나뉘는 것은 아니다. 하지만, 일반적으로 표준렌즈는 사람의 눈으로 사물을 볼 때와 피사체의 원근감, 심도, 움직임이 거의 같다. 그래서 뷰파인더를 보면서 다른 눈으로 피사체를 보면 두 피사체가 거의 같은 형태로 보인다. 따라서 원근감이 거의 같은 자연스러운 영상을 얻을 수 있다.

나. 망원렌즈

망원렌즈는 멀리 있는 피사체를 가까이 보이도록 하는 렌즈이다. 이를 통해 접근이 불가능한 피사체를 촬영할 수 있게 한다. 망원렌즈는 표준렌즈보다 초점거리가 길어지게 되면서 화면의 원근감이 사라져서 왜곡이 심하게 된다. 보통 멀리 떨어져있는 인물과 군중들을 촬영할 때 사용된다.

다. 광각렌즈

표준렌즈보다 화각이 넓은[1] 렌즈를 광각렌즈라 한다. 광각렌즈는 원근감이 강조되어 보이는 특성을 갖고 있다. 특히 렌즈에 피사체가 가까울수록 과장되게 크게 보여 피사체를 강조시킨다. 광각 정도가 클수록(피사체와의 거리가 짧을수록) 초점이 범위가 넓어지므로 보통 입체감있는 표현에 주로 사용된다. 또는 좁은 공간에서 촬영할 수 있는 화각이 확보되지 않을 때 실내의 전경을 찍기 위해 주로 사용되는 렌즈이다. 좁은 공간에서 전경을 촬영해야 할 때 사용하는 것이 좋다.

또한 움직임이 있는 피사체를 촬영하면 박진감이 있는 화면을 얻을 수도 있다. 하지만 잘못 사용하면 불필요한 부분을 강조하게 되거나, 렌즈의 내부반사로 인해 빛의 반점이 생길 수도 있다. 광각렌즈는 화면에 흔들리는 것을 잘 인식되지 않게 할 수 있어 손으로 들고 찍을 때 유용하다.

(2) CCD

렌즈를 통해 광선이 카메라 안으로 들어오면 우선 RGB(red, green, blue) 3원색으로 분리됨과 함께 각각 전자신호로 바뀐다. 이런 과정을 가능하게 하는 부품을 촬상장치라 한다. 이 장치는 전문적인 용어로 CCD(charge-coupled device)라고 하는 작은 고체상태의 장치로 되어 있다. CCD는 화상을 감지하는 가로 세로로 배열된 수십만 개의 픽셀로 이루어져 있다.

픽셀은 모자이크의 하나의 조각과 같다. 작은 조각들이 모여서 전체적인 모자이크를 완성하는 것처럼 픽셀들은 하나하나의 조각들로 전체 영상을 구성하는 것이다. 모자이크의 알갱이처럼 이러한 픽셀들도 같은 면적을 놓고 보았을 때, 그 조각들이 많으면 많을수록 영상은 더 선명하게 보일 수 있다. 그렇기 때문에 더 많은 CCD가 있는 카메라 일수록 더 많은 픽셀을 구현할 수 있게 하고 더 나은 영상을 얻을 수 있는 것이다.

1) 화각 : 보여지는 각도. 화각이 넓은 광각렌즈는 표준렌즈보다 30도 이상 넓은 공간을 촬영할 수 있다.

(3) 뷰 파인더

렌즈와 CCD를 통해 들어온 영상을 볼 수 있는 장치이다. 대부분의 카메라와 캠코더는 영상 이외에 현재 들어오고 있는 영상에 대한 정보도 함께 알 수 있게 되어 있다. 예를 들면, 현재 카메라에 보여지는 영상의 포커스, 전력량계, 장치들이 수동인지 자동인지의 여부 등이다.

거의 모든 캠코더는 접이식으로 4~7인치의 뷰파인더를 컬러로 지원하고 있다. 컬러 뷰파인더로 영상을 모니터링 할 때, 주의할 점은 뷰파인더 자체에도 명도와 채도를 변환할 수 있게 되어 있기 때문에 뷰파인더로 보이는 영상이미지가 그대로 카메라로 인식되지는 않는다는 것이다. 뷰파인더로 보이는 영상과 다른 채도와 명도를 가지고 있는 영상이 송출되거나 혹은 기록장치(테이프)에 저장될 수도 있으니 유의하자.

(4) 화이트 밸런스

적색광과 청색광 하에서도 흰 피사체가 하얗게 보이게 하기 위해서는 백색광 하에서 작업하는 것처럼 보이도록 균형을 맞출 수 있어야 한다. 이 때 카메라로 이런 균형을 맞추는 것을 화이트 밸런스 조절이라 한다.

쉽게 말하자면, 사람의 눈은 야외에서건 실내에서건 각각의 색온도의 차이에 따라 흰색을 자동적으로 인식하지만 카메라는 그렇지 못하기 때문에 조명에 따라서 흰색을 인식하도록 명령을 내려주어야 한다는 것이다. 이렇듯 조명의 색의 온도에 영향을 받지 않으면서 흰 피사체가 하얗게 보이게 하기 위해 RGB 채널을 조절함으로써 카메라는 화이트 밸런스를 조절한다.

모든 카메라는 수동으로 뿐만이 아니라 자동으로도 화이트 밸런스를 맞추는 기능을 가지고 있다. 하얀 색의 피사체에 카메라의 앵글을 꽉 차게 맞추고 화이트 밸런스 버튼을 누르면 화이트 밸런스가 맞춰 진다. 카메라가 자동으로 인식하는 것이다. 물론, 화이트 밸런스도 카메라가 스스로 인식할 수 있는데 이는 흰

색이 아니라 다른 색의 온도를 통해서 카메라가 인식하고 있는 흰색을 유추해 내는 것이다. 하지만, 이것은 언제나 정확한 것은 아니기 때문에 조명 환경에 따라서 그때그때 맞추어 주는 것이 좋다.

(5) 오디오 장비

음향을 저장할 수 있도록 하는 장비이다. 마이크는 음파를 전기 신호로 변환시켜주며 이 신호가 증폭과정을 거쳐 다시 음파로 바뀐다. 마이크는 운용 방법에 따라 가동성 마이크와 고정형 마이크가 있는데, 방송뉴스 취재에 있어서는 가동성 마이크를 주로 사용한다. 그리고 가동성 마이크 중에서도 특히 무선 마이크와 붐 마이크를 주로 사용하게 된다.

a. 무선마이크

6mm 카메라에 장착한 무선 마이크

일반적인 뉴스영상의 취재에 있어서 가장 많이 사용되는 마이크의 형태이며, 흔히 WIRELESS MIC 라고 불린다. 송수신기가 분리되어 야외에서 리포터가 자유롭게 움직여야 할 때 사용할 수 있다. 카메라의 본체에 수신기가 장착되어 음성케이블을 카메라의 연결포트에 결합한 형태를 띤다. 송신기에 마이크를 연결하여 인터뷰를 할 경우 인터뷰어가 들거나 인터뷰이의 몸에 착용하고 사용하게 된다.

> **■ 라벨리에(Lavaliere) 마이크**
> 손톱크기 만한 작은 마이크로 집게를 이용하여 옷에 고정시킬 수 있다. 크기가 아주 작기 때문에 옷속에 잘 감추어 두면 자연스럽게 음원(音源)을 녹취할 수 있다. 일종의 핀마이크이다. 라벨리에 마이크는 턱 밑으로 약 15 ~ 20센티미터 정도 아래 부착하면 고성능의 음원을 녹취할 수 있으며, 마이크의 위치에 변화가 없기 때문에 고른 음원을 얻을 수 있다. 무선 마이크로 사용할 경우 전력소비가 크기 때문에 비사용시 꼭 전원을 끄도록 한다. 그리고 두 개 이상의 무선마이크를 사용할 때에는 두 무선마이크 수신기의 주파수를 겹치지 않게 할 필요가 있다.

b. 붐 마이크

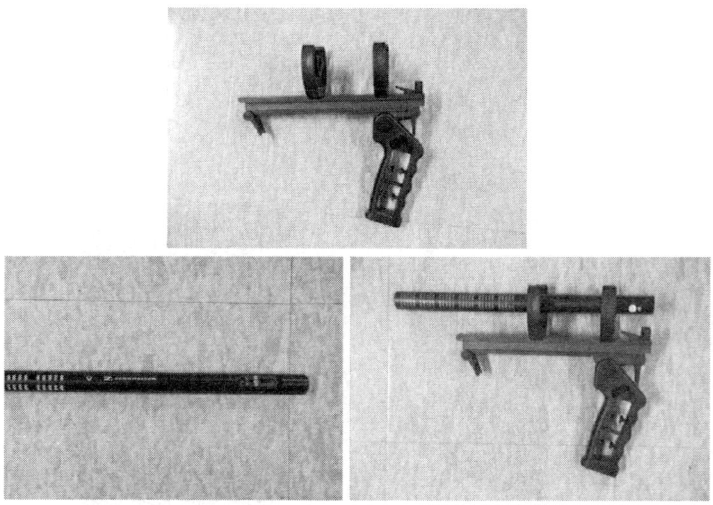

진동을 감소시켜주는 쇼크마운트와 막대형 마이크, 둘을 결합했을 경우

음향을 녹음함에 있어서 무선마이크를 사용할 수 없는 경우이거나 마이크가 연결된 모습을 보일 수 없을 때 사용하게 된다. 이 마이크는 높은 방향지향성을 가지고 있고 실제 위치와 관계없이 먼 거리의 음향도 잡아낼 수 있다. 일반적으로 붐에 연결하기 때문에 붐 마이크라 한다. 막대형 마이크를 총과 같은 모습으로 사용하기 때문에 샷건(shot gun)이라고 부른다. 막대형 마이크를 손잡이형 지지대에 연결한 후 바람소리 등 잡음을 최소화하기 위해 충격방지장치(shock mount)와 방풍장치(windscreen)를 연결하여 사용한다. 이러한 유형의 마이크는 주변으로부터 들어오는 잡음을 받아들이지 않고 음원으로부터 적당한 거리에서 소리를 포착하는데 사용된다. 붐에 부착된 샷건 마이크는 모든 장르의 영상촬영에 광범위하게 사용되는 마이크이다.

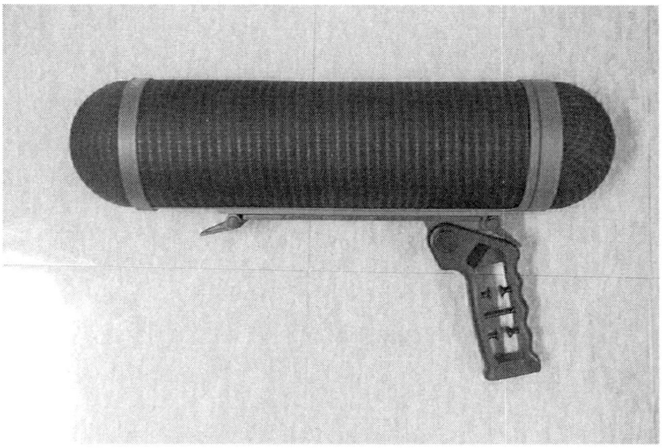

마이크에 장착된 윈드스크린

윈드스크린에 씌운 윈드재머(windjammer)

■ 붐 마이크의 사용 방법
일반적인 붐마이크는 붐에 연결하여 사용하지만, 인터뷰 촬영등에 이용할 때 샷건 마이크만을 사용하기도 한다. 이 때 샷건 마이크를 손에 들고 사용하게 된다. 샷건 마이크를 손에 들고 기록하고자 하는 음원쪽으로 지향한다. 이때 쇼크 마운트와 윈드스크린을 반드시 사용하도록 한다. 이와 더불어 윈드 재머까지 사용하면 바람의 소음을 최소화 할 수 있다.

3) 카메라 구도

(1) 카메라 샷

a. 풍경

롱 샷 (LS / Long Shot): 원근감을 나타내고 객관적인 상황을 전달하는 데 목적이 있다.

미디엄 샷 (MS / Medium Shot): 롱샷과 업샷의 중간 형태. 흔히 인물 그룹샷과 함께 사용된다.

업 샷 (US / Up Shot): 풍경이 구체적으로 드러난다.

풀 샷 (FS / Full Shot): 건물의 전체, 집단의 전체적인 모습이 드러난다. 정해진 크기가 있는 것이 아니라 상황에 따라 다르게 적용된다.

b. 인물

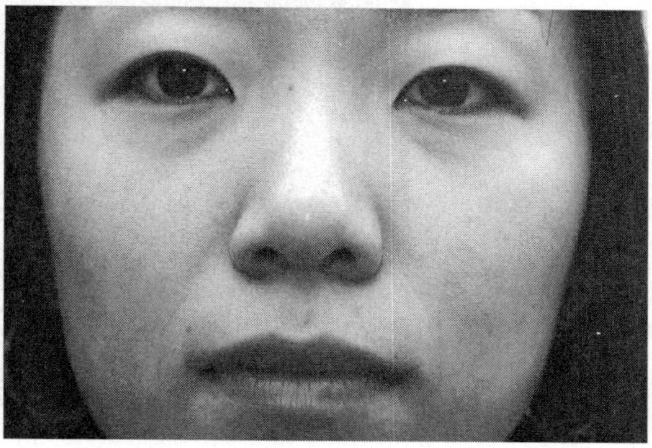

빅 클로즈업(Big Close Up): 클로즈업보다 피사체에 더 접근하여 찍은 카메라 샷. 눈, 코, 입, 귀 등의 특정 부분을 나타내고자 할 때 사용한다.

클로즈업(Close Up): 얼굴 전체가 다 보이도록 촬영한 샷이다. 인물의 표정을 담고자 할 때 쓰이며 감정표현에 효과적인 영상 구도이다.

바스트 샷(Bust Shot): 인물의 가슴 윗부분을 촬영하는 것. 인물을 촬영할 때 기본이 되는 샷으로 뉴스에 많이 사용되는 샷이다.

웨이스트 샷(Waist Shot): 인물의 허리 위 상반신을 촬영한 샷으로 2~3인을 촬영할 때 많이 사용되는 구도이다.

니 샷(Knee Shot): 인물의 무릎 이상의 상반신을 찍은 화면이다. 무용 등 상반신의 움직임을 보여주고자 할 때와 샷과 샷을 연결할 때 많이 사용된다.

풀 피겨 샷(Full Figure Shot): 인물이 서 있는 몸 전체를 촬영한 샷이다. 무용, 발레 등 전신의 움직임을 보여줄 때 사용된다.

c. 인물의 수

화면에 나타나는 인물의 수에 따라서 한명이면 원샷(one shot) 두 명이면 투샷(two shot), 세 명이면 쓰리샷(three shot)으로 구분하며, 네 명 이상이면 그룹샷(group shot)이라 한다.

원샷(one shot)

투샷(two shot)

쓰리샷(three shot)

그룹샷(group shot)

d. 카메라 앵글

카메라가 피사체를 바라보는 각도, 즉 카메라가 피사체를 촬영할 때의 높낮이 각도를 앵글이라고 한다. 앵글에는 수평각(Eye Angle), 부감(High Angle), 앙각(Low Angle)이 있다.

아이 앵글(Eye Angle)
아이 앵글은 눈높이에서 촬영하는 것으로 TV 뉴스에서 가장 많이 사용한다. 시청자에게 인물이나 사물을 있는 그대로 보여주기 때문에 화면이 안정적인 느낌을 준다.

하이 앵글(High Angle)
카메라가 높은 위치에서 피사체를 내려다보는 샷으로, 상황판단을 하고 객관적인 설명을 할 때에 사용한다. 인물이나 피사체가 실제보다 약하고 왜소하게 보이게 하며 비굴함, 패배감을 표현하고자 할 때 사용 한다.(아래 사진)

로우 앵글(Low Angle)
카메라가 낮은 위치에서 피사체를 올려다보는 샷을 말한다. 인물이나 피사체는 실제보다 크고 위용스럽게 보이며 상대에 대한 위압감이나 우월적 지위를 표현한다.(우측 페이지 상단 사진)

e. 오버 샷

인물이나 피사체를 상대방의 어깨나 머리 혹은 다른 피사체에 걸쳐서 표현하는 것을 오버 샷이라 한다. 어깨에 걸면 오버 숄더 샷(over shoulder shot), 머리에 걸면 오버 헤드 샷(over head shot)이라 한다.

오버 숄더 샷과 오버 헤드 샷

f. 프레임 인, 아웃

피사체가 카메라의 앵글 안으로 등장했다가 사라지는 것으로, 프레임 안으로 들어오면 프레임 인, 나가면 프레임 아웃이다. 피사체의 역동성이나 운동성을 표현하는데 사용되어 동일 피사체의 연속적인 연결을 보여줄 수 있다.

g. 리액션 샷

주요 상황에 대한 여러 가지 반응들을 보여주는 샷이다. 콘서트에 열광하는 관중들의 모습, 강연장에서 진지하게 고개를 끄덕이는 모습 등이다.

(2) 카메라 워크

a. 고정 샷(Fix Shot)

카메라를 전혀 움직이지 않고 피사체를 촬영하는 고정 샷은 카메라 워크에서 가장 기본이 되는 샷이다. 인간의 시청 심리는 카메라가 정지하여 피사체의 자연스런 움직임이 화면에 고정될 때 가장 안정감을 느낀다.

고정 샷은 안전성을 고려하여 트라이포드를 사용하는 것이 기본이지만, 트라이포드 없이 촬영하는 경우에는 눈, 팔꿈치, 어깨의 3점으로 카메라를 고정시키고 하반신을 안정시킴으로써 안정된 화면을 만들어내야 한다.

b. 팬(Pan)

팬 라이트 카메라가 수평을 유지한 상태에서 헤드가 오른쪽으로 움직인다.

카메라 위치를 고정한 상태에서 카메라 헤드를 좌우 수평 방향으로 회전하면서 찍는 방법이다. 왼쪽 방향으로 팬을 하면 팬 레프트(Pan-left), 오른쪽 방향으로 팬을 하면 팬 라이트(Pan-right)라고 한다.

c. 틸트(Tilt)

카메라 위치를 고정한 상태에서 카메라 헤드를 위와 아래로 움직이며 찍는 방법이다. 위로 이동하면 틸트 업(Tilt up), 아래로 이동하면 틸트 다운(Tilt down)이라고 한다.

틸트 업의 과정 카메라 헤드가 위로 움직인다.

■ **주의할 점**

⊙ 팬이나 틸트를 사용할 때는 분명한 이유와 목적이 있어야 한다. 그렇지 않으면 불안한 느낌을 준다.

⊙ 팬과 틸트의 시작되는 점과 끝나는 점에서 반드시 5초 정도의 멈춤이 있어야 하며 패닝 중에 피사체가 사라져 버리거나 하면 안 된다. 패닝은 어디에서 어디로 움직이든지 직진성을 가지며 1회에 그쳐야 한다.

■ **팬과 틸트의 목적**

⊙ 지금 보여주는 화면과 다른 새로운 피사체를 보이기 위한 목적

⊙ 위치 관계를 보여주기 위해

⊙ 피사체의 동작을 따라 가기 위해

⊙ 전체의 피사체가 옆으로 길거나 위아래로 길어서 화면에 전체를 잡을 수 없을 때

⊙ 한 장면에서 다른 장면으로 옮기며 둘 사이의 강력한 연관 관계를 보여주기 위해

d. 팔로우(Follow Pan)

피사체를 중심에 놓고 움직이는 속도에 맞추어 앵글을 이동한다.

팬을 사용하여 피사체의 움직임과 같은 속도로 카메라를 이동시키는 기법. 팔로우 팬의 경우 카메라를 빨리 이동시켜 피사체를 촬영하면 화면상에서는 피사체가 후진하는 것 같이 보이게 된다.

> ■ **주의할 점**
> 달리는 사람, 자전거, 비행기 등 짧은 시간에 화면을 건너질러 사라져 버리는 움직임이 빠른 피사체를 그 움직임에 카메라가 쫓아가며 촬영한다. 이 때 카메라의 움직임은 일정한 속도를 유지하는 것이 좋다. 팔로우가 아주 길어져 버릴 경우는 카메라로 따라가는 것을 중단하고 피사체가 화면에서 사라져 간 다음, 테이프를 정지시키도록 한다.

e. 줌(Zoom)

카메라의 피사체 위치를 변동하지 않고 줌 렌즈를 조작하여 촬영범위를 좁게 혹은 넓게 잡는 것을 말한다. 광각에서 협각으로의 동작을 '줌 인(Zoom In)', 그 반대를 '줌 아웃(Zoom Out)'이라고 한다. 그리고 극적인 부분을 강조하거나 프로그램의 중요한 순간을 강조하기 위해 매우 빠르게 줌 인하거나 줌 아웃하는 것을 스냅 줌(Snap Zoom), 퀵 줌(Quick Zoom)이라고 한다.

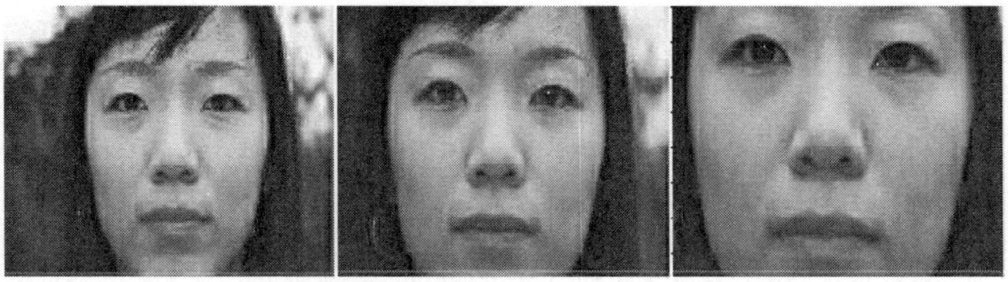

줌 인(Zoom In)의 과정

> ■ **목 적**
> 시청자의 시선을 특정 피사체에 집중시키거나 카메라 기자의 의사를 명확히 전달하기 위해서 줌 인을 사용한다. 예를 들면 축구장에서 주인공이 슛 하는 극적인 장면을 보여주고자 할 때 줌 인한다. 반대로 줌 아웃은 피사체가 위치하고 있는 곳을 설명하기 위해서 사용한다. 예를 들면 극장에서 표를 사는 사람을 보여주고 줌 아웃해서 길게 줄지어 있는 사람들을 보여주게 되면 영화가 흥행이 잘 되고 있다는 것을 설명해 줄 수 있다.

■ **주의할 점**

처음과 마지막 화면에는 5초 정도의 충분한 시간을 주어 안정된 화면을 만들어야 하며 반드시 목적을 가지고 주밍을 해야 한다. 같은 피사체에 대해서 몇 번이고 반복하는 것은 삼가야 한다. 초보자들이 흔히 주밍을 자주 사용하는데 화면이 어지럽고 의미가 퇴색하게 된다.

줌을 사용할 때

⊙ 어느 특정 피사체를 강조하기 위해

⊙ 극적 무드를 만들기 위해

⊙ 목적물을 보다 명확하게 보여주기 위해

f. 달리(Dolly)

카메라 자체가 피사체에 접근하거나 멀어지는 기법이다. 카메라가 피사체에 접근하는 것은 달리 인(Dolly-In), 반대로 멀어지는 것은 달리 아웃(Dolly-Out) 또는 달리 백(Dolly-Back)이라고 부른다.

달리를 사용할 때

⊙ 시야의 변화를 갖기 위해

⊙ 동작을 따르기 위해

⊙ 극적 효과를 얻기 위해

⊙ 샷에 다양성을 주기 위해

■ **달리와 주밍의 차이점**

주밍은 피사체가 보는 사람 앞으로 끌어당겨지거나 멀리 떼어 놓는 느낌을 주지만, Dolly는 피사체가 보는 사람에게 접근해오거나 멀어져가는 것처럼 보인다.

g. 부밍(booming)

카메라가 수평을 유지한 채로
상하로 수직 이동한다.

카메라가 상하로 이동하는 카메라 워크를 부밍이라 한다. 틸트와는 달리 카메라의 각도를 변화시키는 것이 아니라 수평을 유지한 상태에서 카메라가 상하로 움직이는 워크이다. 올리면 붐업(boom up) 내리면 붐다운(boom down)이다. 수직이동이기 때문에 앵글에 대한 변화가 뚜렷하여 역동적인 느낌을 주고자 할 때 사용한다. 다른 기법처럼 시작점과 끝점에 약 3~5초간의 정지화면을 주도록 한다.

(3) 구도의 일반-화면의 여백

상황에 따라 영상에 적절한 여백이 없으면 시청자는 어색하고 작위적이라는 느낌을 받게 된다. 이러한 여백은 인물을 중심으로 헤드룸, 리드룸, 룩킹룸의 세 가지로 구분할 수 있다.

헤드룸(Headroom)

영상에서 인물의 머리 위의 여백을 헤드룸이라고 한다. 헤드룸은 인물의 사이즈에 따라 적절하게 설정되어야 한다. 헤드룸은 클로즈업 샷보다는 풀 샷에서 더 커진다. 헤드룸이 없으면 화면 속의 인물은 천정에 붙어있는 것처럼 보이고 답답한 느낌을 준다. 헤드룸이 지나치게 많으면 인물이 아래로 처져 있는 것처럼 보인다.(위 사진)

룩킹룸(Lookingroom)

화면의 인물이 정면을 바라보지 않고 좌우를 바라볼 때, 화면에는 방향성이 생기게 된다. 이 경우 인물이 바라보는 쪽의 공간을 더 확보하게 프레이밍을 하여야 화면의 구성이 안정감을 갖게 된다. 172쪽 하단의 화면과 같이 사람이 바라보는 방향의 공간에 여백이 있어야 시청자가 편안한 느낌을 갖는다.

리드룸(Leadroom)

룩킹룸과 비슷한 이유이나 인물이 움직이는 방향으로 많은 공간을 두어 화면구성의 안정을 유도한다. 리드룸이 충분하지 않으면 움직이고 있는 사람이 벽에 부딪히는 듯한 느낌을 준다. 화면의 2/3 정도의 리드룸을 두면 자연스럽다.

(4) 카메라 프레이밍

보도영상은 기자가 마주친 사건에서 어떠한 영상을 선택하느냐에 따라 사건을 효과적으로 시청자에게 전달할 수 있는지 여부가 결정된다. 시청자에게 보여주기 위한 영상을 선택한 다음 구도를 잡는 과정을 프레이밍이라 할 수 있겠다.
프레이밍은 한정된 영상의 틀 안에 피사체와 피사체가 존재하는 공간을 잘라내는 작업으로 구도와 밀접한 관계가 있다. 구도의 원칙에 따라 짜여진 프레이밍은 현장을 효율적으로 표현한다.

이러한 보도영상의 프레이밍은 취재현장에서 계획적으로 진행하기에는 무리가 있기 때문에 평소에 많은 연습으로 숙달해 둘 필요가 있다. 숙달된 프레이밍 기법이 취재현장에서 무의식적으로 발현되어야 하는 것이다. 예를 들어, 군중이 밀집되어 있는 교통사고 현장을 촬영함에 있어서 그 현장 안에 어떠한 영상을 촬영할 것인가는 전적으로 현장에 있는 기자의 역량에 달려있는 것이다.
여기에서 가장 중요한 것은 현장에서 어떠한 영상이 가치있는 것인가를 판단하는 것인데, 사고 현장이라면 아래와 같은 영상들이 가치가 있다고 할 수 있을 것이다.

1. 사고 현장의 전경
2. 전복되어 있는 차량
3. 고통스러워하는 피해자

4. 구조하는 구조원들
5. 흩어져 있는 차량 파편들
6. 사고의 원인이 되었던 폭우 모습

위에 열거한 영상들 이외에도 다양한 영상들이 있을 수 있다. 이러한 의미를 가지고 있는 영상들을 가지고 총체적인 의미를 만들어 낼 수 있어야 한다. 또한 객관적 관점을 유지하며, 균형적 사실성을 구현할 수 있어야 한다. 그리고 기본적인 구도의 원칙이 지켜져야 함은 물론이다.

(5) 뉴스영상

텔레비전 뉴스 장르는 스트레이트, 리포트, 영상구성, 영상리포트, 영상히스토리, 인터뷰 구성, 대담 구성 등 다양한 형식이 있다. 이중 스트레이트와 리포트가 일반적인 형태의 뉴스형식이다.

a. 스트레이트 영상

스트레이트 뉴스는 보통 20~40초 최대 1분정도의 분량이다. 영상은 최소한의 씬과 컷으로 구성된다. 짧은 만큼 스트레이트 뉴스의 영상은 핵심적이고 압축적인 영상으로 이루어져야 한다. 짧은 분량의 뉴스이기 때문에 방송사고 예방을 위해 최소분량보다는 길게 편집한다. 이러한 스트레이트 뉴스는 카메라기자의 취재물과 취재기자의 기사를 앵커가 전달하는 보도양식이다.

b. 리포트 영상

사건사고를 간략하게 압축하는 전통적인 텔레비전 보도 양식이다. 일반적인 리포트는 앵커 멘트를 제외하고 1분 20초로 구성되는데 기자 멘트 50초, 기자 스탠드 업 15초, 인터뷰 약 15초 한 두개 정도로 구성되는 것이 보통이다.

(6) 스탠드 업

기자가 현장 상황을 배경으로 설명하거나 현장성을 살리기 위해 이용하는 영상 표현 방법이다. 때로 리포트기사를 대체할 영상이 없는 경우에도 이용한다. 스탠드업은 뉴스의 공신력을 높여주고 마이크의 태그를 통한 홍보효과와 기자를 부각시켜주는 효과도 있다. 스탠드업은 목적을 가지고 최소한으로 사용하는 것이 좋으며 통상적으로 기사의 첫머리 또는 중간에 장소나 특정상황을 현장성있게 소개할 필요가 있을 때, 기사 말미에 전체 내용을 정리할 때 이용한다.

스탠드 업의 자세

선 상태에서의 스탠드 업(상)과 쪼그리고 앉은 상태에서의 스탠드 업(하)

일반적인 스탠드 업의 화면 구성은 3분의 2 정도는 배경을 잡고, 기자는 3분의 1 정도 화면을 차지한 상태에서 좌우 측면에 약간 몸을 틀고 위치한다. 마이크는 일반적으로 턱밑 15cm정도 위치하는 것이 알맞으며 시선의 분산을 막기 위해 마이크를 잡지 않은 손은 프레임 바깥으로 위치하게 한다. 손은 사물을 지시할 때에 사용하기도 한다.

스탠드업 영상은 꼭 기자가 프레임 안에 존재하거나 정지하고 있을 필요는 없다. 필요에 따라 프레임 인 또는 아웃하거나 팬, 줌 등의 카메라 워크를 사용할 수 있다. 이와 같은 스탠드업의 자세는 꼭 정해진 것은 아니고 기자의 특성에 따라서 시청자에게 위화감이 들지 않는 범위에서 달라질 수 있다.

(7) 이미지너리 라인과 30도 법칙

a. 이미지너리 라인(Imaginary Line)

어떤 한 위치에서 한 샷을 촬영하고 위치를 바꾸어 다음 샷을 촬영하여 연결할 때, 카메라의 위치가 어떤 특정 선을 넘어가서 촬영하게 되면 시청자는 화면에 나타난 피사체에 대한 방향 감각에 혼란을 느끼게 된다. 방향 감각에 혼란을 주지 않기 위해서는 첫 번째 촬영 위치에서 180° 이내에서 촬영해야 한다. 이 축을 이미지너리 라인이라고 한다.

예: 두 사람이 서로 마주보고 대화를 하고 있는 경우, 두 사람의 시선을 잇는 선이 이미지너리 라인이 된다. 촬영자는 항상 이미지너리 라인을 기준으로 한쪽 영역(180도 이내의 범위)만을 선택하고 모든 샷을 촬영해야 한다. 만일 이 선의 한쪽에서 촬영하다가 선을 넘어선 위치에서 촬영했을 경우, 두 화면을 연결해 보면 화면 속 인물의 방향이 역전되어 인물의 좌우 위치가 뒤바뀌게 된다.

사진: 이미지너리 라인을 잘 지킨 예-서로 대화하듯 자연스럽다.

사진: 이미지너리 라인을 넘어선 예-이미지너리 라인을 넘어서자(3번째 사진) 구도가 어색해졌다.

인물 뿐 아니라 방향성이 있는 피사체라면 이 원리는 동일하게 적용된다. 다만, 달리고 있는 기차나 자동차를 촬영할 때는 진행방향이 기준선이 된다. 이 경우에도 반드시 진행방향의 선을 기준으로 한쪽(180도 이내의 범위)에서만 촬영해야 한다. 만일 한쪽에서 찍다가 이미지너리 라인 반대쪽에서 촬영을 하면 달리는 자동차의 방향이 반대가 되어 혼란이 생길 수 있다. 부득이 반대쪽에서 찍은 샷을 편집에서 이어 붙이려면, 앞의 샷 다음에 방향성이 없는 정면 샷 등을 삽입하고 그 후에 반대 방향의 샷으로 이어 붙여야 한다. 그리고 등장인물이 화면상의 왼쪽으로 프레임 아웃 했으면, 다음 샷의 화면 오른쪽에서 인물이 프레임 인 되어야 한 방향으로 가는 것이 된다. 그렇지 않고 왼쪽으로 들어오면 반대방향으로 가는 것이 되어 시청자가 이해하기 어렵게 된다.

b. 30도 법칙

동일한 피사체를 대상으로 첫 번째 샷을 찍은 후 두 번째 샷을 찍을 때는 카메라 위치를 최소한 30도 이상의 각도로 옮겨서 다음 컷을 찍어야 한다. 이렇게 하면 배경화면도 적당하게 바뀌어져서 컷이 끊어진다는 느낌 없이 자연스럽게 보인다. 이것을 '30도 법칙'이라고 한다. 만일 30도 법칙을 지키지 않으면 점프 컷(Jump Cut)이 발생될 수 있다.

사진설명: 제 자리에서 카메라 샷 사이즈만 다르게 찍을 경우 점프 컷이 발생해 영상이 튀는 느낌을 주게 된다.

* 점프 컷이란 전 화면과 뒤에 이어지는 화면이 자연스럽게 연결되지 않고 끊어진다는 느낌을 주는 것을 말한다.

사진설명: 30도 법칙을 지키면 피사체의 다양한 모습을 담을 수 있고 화면전환도 자연스러워진다.

(8) 인터뷰 영상

인칭별 인터뷰

◎ 1인칭

거의 사용되지 않는 영상의 형태로서 피사체의 주관적 관점에서 영상이 보여진다.

◎ 2인칭

피사체가 카메라 렌즈를 직접 바라보면서 시청자와 시선을 마주한다. 카메라기자가 인터뷰이와 직접 인터뷰를 할 경우 이러한 인칭이 만들어지면 VJ가 일반화된 요즘에는 크게 어색함이 없는 인터뷰 형태이다. 하지만 객관성의 부분에서는 인터뷰이가 카메라 렌즈를 보며 시청자와 직접 눈을 마주침으로서 지나치게 메시지가 강조될 수 있어 시청자로 하여금 객관성을 느끼는데 어려움을 준다. 뉴스에서의 앵커나, 아나운서 그리고 대국민 담화를 발표하는 대통령과 같은 영상들이 전형적인 2인칭 영상이라고 할 수 있다.

◎ **3인칭**

〈3인칭 인터뷰의 영상〉

인터뷰이가 카메라를 보지 않고 취재기자를 바라보며 인터뷰를 진행하는 경우이다. 카메라기자는 객관적인 시각에서 촬영하며, 시청자는 이를 통해 객관적인 시각을 가질 수 있게 된다. 일반적인 뉴스에서의 인터뷰 형태이다.

일반적인 인터뷰 영상 촬영요령은 다음과 같다. 취재기자를 카메라 옆에 서있게 하고, 인터뷰이가 취재기자를 쳐다보면서 자연스럽게 이야기하는 장면을 촬영한다. 취재기자 없이 카메라기자가 혼자 촬영할 때는, 인터뷰이로 하여금 취재기자가 카메라 옆에 서있다고 가정하고 카메라렌즈의 좌측 또는 우측 끝의 약간 상단부를 바라보면서 말하도록 한다. 이 때 인터뷰이는 카메라를 향해 정면으로 서있는 자세에서 몸을 약간 비스듬히 돌린 상태를 취한다.

(9) 카메라 포지션(수평각도)

카메라 포지션은 카메라로 각각의 샷을 잡는 위치, 즉 피사체에 대한 카메라의 위치를 말한다. 인물을 촬영하는 경우 가장 기본적인 카메라 포지션은 렌즈의 광축을 수평으로 인물의 눈높이에 맞추어 피사체의 정면이 되는 것이다.

***정면 샷**–화면 속의 인물이 카메라를 똑바로 쳐다보고 있어서 시청자에게 직접 말하는 것과 같은 느낌을 주는 샷이다. 카메라를 정면으로 향하는 구도는 표정을 알기 쉽게 보여주지만 평범하고 입체감을 살리기 어려운 단점이 있다.*

***측면 샷**–정면 샷에 비해 인물의 표정을 1/2밖에 볼 수 없어 미묘한 감정 변화를 표출하는 표정 변화를 읽을 수 없다. 그러나 시선에 의한 방향성이 생겨 화면 밖에 있는 것에 대한 기대감을 준다. 움직임을 나타내는 데 효과적이다.*

3/4 혹은 1/4 샷–*정면과 측면 혹은 후면과 측면의 중간 정도의 샷이다. 표정을 보여주면서 방향성, 입체감을 줄 수 있다.*

후면 샷–*등장인물의 뒷모습이다. 표정을 전혀 알 수 없다. 배경과의 관계에 따라 시선을 집중시킬 수도 있다.*

4) 촬영법

(1) 촬영준비과정

a. 장비의 확인

촬영현장으로 향하기 전에 가장 중요한 점은 현장에서 필요한 장비를 '확실히 준비하였는가?' 이다. 어떤 좋은 기획을 가진 아이템도 현장에서 촬영할 수 없다면 무용지물이다. 특히 뉴스 현장은 그 특성상 일회성을 가진 영상들이기 때문에 부실한 준비로 현장에서 촬영을 그르치는 일이 없어야 할 것이다. 기본적으로 카메라, 트라이포드, 마이크, 테이프 등의 최소장비와 더불어 그 날의 기상상태에 따라서 카메라나 기타장비의 레인 커버(rain cover)등 현장 상황에 맞는 장비들을 준비해야 한다. 만약 촬영장소가 실내라면 조명에 대한 부분도 준비해야 할 것이다.

더불어 기초적으로 카메라의 배터리는 충전이 되어 있는지, 마이크의 부수기재는 모두 있는지부터 예민한 방송장비를 담는 케이스들에 문제는 없는지 등 항상 꼼꼼하고 철저한 준비를 하는 것이 좋다. 이러한 준비를 철저히 해야만 급박한 상황에서 촬영할 때 실수하지 않는다.

■ 카메라 헤드는 카메라 내에서 테이프에 영상과 음성을 기록하는 기능을 한다. 헤드가 더럽거나 막혀 있으면 영상이나 음성이 제대로 기록되지 않는다. 촬영 전에 클리닝 테이프로 카메라 헤드의 더러운 것을 닦고 평소에도 헤드 관리에 신경을 쓰도록 한다.

■ 렌즈가 더러우면 화면이 지저분하게 나온다. 특히 역광으로 찍은 영상은 눈에 띄게 나타난다. 클리닝 페이퍼나 액으로 렌즈를 깨끗이 청소한다. 렌즈의 줌 기능도 시험해 보고 카메라를 어두운 곳, 밝은 곳, 가까운 곳, 먼 곳을 향하여 기능이 제대로 작동하는지도 점검해 본다.

b. 설정 값의 확인

카메라가 기본적으로 가지고 있는 야외 혹은 실내에서의 세팅 값을 미리 확인하고 준비함으로써 현장에서의 불필요한 시간을 줄일 수 있다. 그리고 설정 값에 대한 준비는 급박한 촬영 시 발생할 수 있는 촬영 방식에 대한 혼란(DV CAM 혹은 DV SP방식의 혼동)등 어이없는 실수를 줄일 수 있다.

c. 촬영 포인트의 확보

촬영 현장에 가면 최적의 촬영 포인트가 존재하기 마련이다. 편집과정에서 꼭 필요한 영상들 예를 들면, 전경이나 외경 그리고 주변 상황을 보여줄 수 있는 중요한 지형지물들이 있을 것이다. 그리고 급박한 현장이라면 현장을 함축적으로 보여줄 수 있는 상황들이나 인물들이 존재한다.

촬영할 때에는 이러한 상황을 빨리 인식하고 최적의 영상을 촬영할 수 있는 포인트를 파악하는 것이 중요하다. 촬영하는 기자가 얼마나 빨리 그리고 정확하게 포인트를 파악하는지에 따라 전체 촬영의 흐름도 결정된다.

특히 일회성 사안으로 여러 매체가 운집하여 경쟁을 하는 경우가 있는데 이때에는 좋은 자리를 먼저 차지하는 것이 좋은 뉴스 영상을 확보하는 지름길이다. 예를 들어, 공직자가 비리 혐의로 검찰 청사에 소환되는 모습을 촬영하는 경우 혹은 축제나 공연물의 거리공연의 경우 일회성이면서 좋은 포인트를 선점하지 못하면 그 특성상 좋은 그림을 얻어 낼 수 없다. 이처럼 현장에서의 빠른 판단으로 포인트를 확보하는 것은 아주 중요하다 할 수 있다.

(2) 촬영자세

a. 촬영 자세

촬영 자세는 크게 핸드헬드(handheld)촬영과 트라이포드(tripod)를 이용한 촬영으로 나눌 수 있다.

◎ **핸드헬드(handheld)**

카메라를 들고 찍는 것으로서 사건 현장과 같이 신속한 이동이 요구되거나 현장분위기를 살리기 위한 과감한 카메라 워킹이 필요할 때 사용된다. 그러나 조형물, 회의장과 같이 정적인 분위기가 요구되거나, 클로즈업 샷이 필요한 경우에 사용하면 카메라의 흔들림으로 산만해질 수 있다. 줌 기능을 사용하면 흔들림 현상이 심하기 때문에 광각으로 촬영하는 것이 좋다.

◎ **트라이포드(tripod)를 이용한 촬영**

안정된 샷을 찍기 위해 삼각대라 불리는 트라이포드를 이용한다. 트라이포드를 사용하면 흔들림 없는 안정된 샷을 구사할 수 있다. 특히 망원렌즈를 사용한 타이트한 화면구성은 트라이포드의 효과를 100% 발휘할 수 있다. 트라이포드를 사용하지 않고 줌인 한 상태로 흔들림 없는 화면을 만들어내는 것은 거의 불가능하다.

◎ **캠코더 촬영자세**

1. 오른손을 디지털 캠코더의 오른쪽에 위치한 그립 벨트 사이에 넣어 감싸 쥐듯 안정적으로 잡는다(자신의 손에 맞게 그립벨트를 조정하여 고정).

2. 오른손 집게손가락은 줌 버튼에 위치시키고, 엄지손가락은 REC버튼을 누르기 쉽게 한다. 왼손은 LCD창의 왼쪽 상단에 위치시켜 촬영 시 최대한 흔들리지 않도록 한다.

3. LCD 모니터 창을 이용하지 않고 뷰파인더를 이용할 경우 왼손은 캠코더의 아래쪽을 감싸 쥐듯이 잡아 흔들리지 않도록 한다.

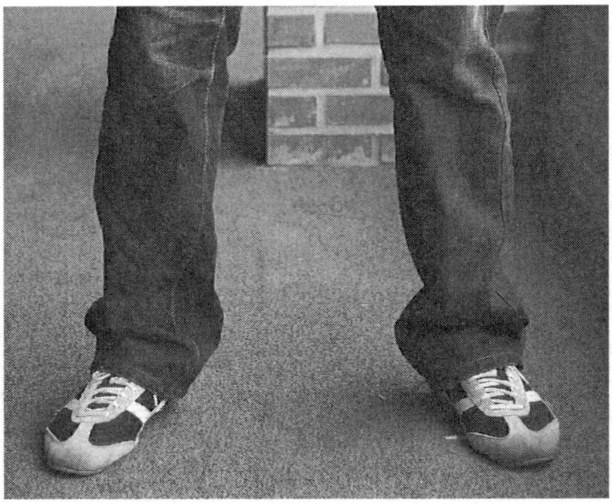

4. 다리는 어깨 폭 만큼 벌이고 양팔은 옆구리에 딱 붙이는 것이 좋다.

b. 촬영의 기본수칙

가. 1컷의 길이는 최소 3초 이상이어야 할 것.
(녹화버튼을 누르고 속으로 천천히 하나, 둘 셋… 하며 초를 세며 녹화)

나. 보통 하나의 뉴스(1분 30초)에 20~25컷이 필요하기 때문에 다양한 영상을 촬영해야 한다.

다. 망원으로 촬영하면 안정된 그림을 확보할 수가 없다.
(멀리 있는 것을 억지로 줌으로 당기면 화면이 심하게 흔들려 무엇인지 알아볼 수도 없고 어지러운 화면이 될 수 있다.)

라. 촬영에 들어가기 전에 심호흡을 충분히 할 것.
(다리를 어깨 넓이만큼 벌리고 팔꿈치를 몸에 붙여 최대한 안정적인 그림을 잡도록 한다.)

마. 같은 화면을 연속으로 촬영하지 말 것.
(방금 찍은 화면이 맘에 안 든다고 생각되더라도 바로 연이어 찍지 말고 크기를 달리하거나 다른 위치에서 찍는 것이 좋다.)

바. 제대로 촬영이 되고 있는지 확인 할 것.

사. 카메라를 이리저리 휘두르지 말 것.
(너무 휘두르면 어지러운 화면이 된다.)

아. 지나친 카메라워크는 자제할 것.
(불필요한 촬영기교가 오히려 메시지의 내용과 의미를 왜곡시킬 수 있다. 현장의 상황이나 사건사고에 따라 적절하게 사용해야 한다.)

c. 카메라 조작 시 유의사항

가. 카메라를 휘두르지 말라.

카메라 촬영의 기본 수칙은 카메라를 절대로 휘두르지 말라는 것이다. 카메라는 기관총이 아니라 저격수의 소총처럼 사용해야 한다. 촬영자는 자기 눈에 비치는 것을 모두 화면에 담고 싶은 나머지 눈앞에 펼쳐진 광경을 빙 둘러 촬영을 하려 한다. 대개 초보자의 경우 85%가 카메라를 휘두른다.

우리 눈앞에 펼쳐지는 풍경이나 피사체는 다채롭다. 카메라의 뷰 파인더로 보면 이것의 극히 일부 밖에 보이지 않는다. 눈앞에 보이는 전부를 촬영하고자 하는 욕심에서 카메라를 휘두르는 것이다.

이렇게 촬영한 것을 재생하여 보면 영상이 빙글빙글 돌고 이리저리 흔들리면서 머리가 아프다. 무엇을 보여주는 것인지, 표현하고자 하는 것이 어떤 것인지 알 수가 없다. 화면의 안정이 가장 중요하다. VJ(Video Journalist) 프로그램에 나오는 흔들리는 화면은 정상적인 것이 아니다.

안정적인 화면을 보장하기 위해서는 삼각대를 사용하는 것이 바람직하다. 촬영하고자 하는 대상을 분명하게 정한 다음 카메라를 삼각대에 단단하게 고정시킨 후 촬영에 임하도록 한다.

삼각대를 사용하지 않고 카메라를 어깨에 메거나 손으로 들고 촬영할 수도 있다. 이때는 자세를 안정시키는 것이 필수이다. 다리는 어깨 넓이 정도로 벌리고 팔꿈치와 겨드랑이를 조이고 왼손도 카메라에 갖다 댄다. 벽 같은 데에 기대어 몸을 고정시키는 것도 괜찮다.

그러나 화면을 언제나 안정시켜야 하는 것은 아니다. 피사체나 뉴스의 내용에 따라서 달라진다. 흔들리는 화면이 실감이 날 때도 있다. 운동회에서 어린이들이 달리는 장면이나 총격전이 벌어진 사건 현장 등은 화면이 흔들리는 편이 박진감을 줄 수도 있다. 갑작스런 화면의 움직임이나 흔들림은 지진 같은 재해 현장이나 폭동 같은 긴박한 상황을 전달할 경우 효과가 있다.

나. 보여주고 싶은 것은 크게 찍는다.

촬영자가 보여주고 싶은 것은 화면 가득히 크게 찍어 보여 준다. 화면을 보는 시청자는 희귀한 것에는 눈길을 주지만 눈에 바로 띄지 않는 것에는 눈길을 주지 않는다.

아마추어 촬영자가 찍은 화면이 대개 뭔가 모자라다는 생각이 드는 이유가 여기에 있다. 강조하고자 하는 피사체를 크게 비추지 못하기 때문에 부족한 느낌이 든다. 화면은 촬영자가 전하고자 하는 감정이 분명한 메시지로 전달되어야 한다.

예를 들면, 어린이를 찍는 경우 항상 머리끝에서 발끝까지 찍은 모습만 나온다면 별 의미가 없다. "작은 손이 앙증맞다."라든가, "아장아장 걷는 발이 귀엽다."는 등 전하고자 하는 메시지가 있을 것이다. 이 부분을 크게 찍어 영상을 구성해야 의미 전달이 될 수 있을 것이다.

피사체를 크게 찍으면 시청자의 주의를 집중시키며 피사체 자체의 모습뿐만 아니라 피사체의 이면이나 배경에 있는 속 깊은 상황도 엿볼 수 있다.

전통 공예의 달인이 소개되는 경우 그의 눈을 클로즈 업 시키는 장면이 많이 나온다. 이것은 단순히 눈을 보여주기 위한 것이 아니라 예리한 눈빛을 보여 줌으로써 전통 공예에 심혈을 기울이고 있는 삶의 모습을 표현하고자 함이다. 눈 주위의 깊은 주름살은 그의 경륜을 말해준다. 다음 세대로 전승해야 할 전통 공예의 깊이도 시사한다. 피사체를 크게 잡으면 여러 가지 의미를 전해 줄 수 있다.

다. 트러블이 없는 영상

영상을 만드는데 중요한 요소는 전달하는 영상의 내용임은 말할 것도 없지만 그에 못지않게 중요한 요소는 트러블이 없는 아름다운 영상이다. 이를 충족시키는 조건은 두 가지이다. 하나는 핀트가 정확히 맞는 것이고 또 하나는 정확한 노출에 의해 정확한 색을 재현하는 일이다.

최근의 비디오카메라는 자동 핀트 맞춤(auto focus) 기능이 충실하여 초점이 흐려질 염려가 없어졌다. 그러나 피사체의 종류나 구도, 촬영 조건에 따라서는 자동 핀트 맞춤 기능이 안 돼 수동으로 핀트를 맞추어야 하는 수도 있다.

빠른 스피드로 줌 인 촬영을 할 때, 어슴푸레한 장소에서 촬영을 할 때, 무대 촬영이나 야경을 촬영할 때에는 핀트가 맞지 않는 수도 있다. 자동으로 할 수 없을 때는 수동으로 핀트를 맞추어야 한다. 예를 들면 빛의 양이 적은 장소에서 주밍 촬영을 할 경우에는 줌 렌즈를 핀트가 맞기 어려운 망원상태에서 측정 가능한 상태로 핀트를 맞춘 다음, 목적한 화각으로 가져가는 것이 수동에 의한 핀트 맞춤의 기본이다.

자동 기능은 어두운 장소에서의 촬영에는 약하고, 움직이며 도는 피사체에는 정상적으로 작동하지 않는 일이 있다. 이런 때는 수동으로 일정한 장소에 핀트를 맞추어두고 그곳에 피사체가 들어왔을 때만 망원으로 촬영하고 그 밖의 다른 곳에서는 핀트가 잘 맞는 광각으로 촬영한다.

비디오 촬영의 성공과 실패를 좌우하는 커다란 요소의 하나가 밝기이다.

비디오카메라는 명암차가 큰 피사체에 대해서는 몹시 약한 성질을 가지고 있다. 인간의 눈은 어두운 곳과 밝은 곳 모두를 볼 수 있지만 카메라는 그러한 능력이 없다.

예를 들어 방안에서 창밖으로 보이는 아름다운 경치를 배경으로 서 있는 인물을 촬영하는 경우 인물이 까맣게 나온다. 무대 촬영에서 스포트라이트를 받고 있는 사람을 촬영하면 이목구비를 알아볼 수 없을 정도로 새하얗게 나오는 수가 있다. 이것은 빛의 양을 조절하는 자동 조리개가 대응하지 못하기 때문이다.

카메라는 밝은 것과 어두운 것을 한꺼번에 예쁘게 찍을 수 없다. 인물보다 배경이 밝고 넓은 면적을 차지할 때, 카메라는 배경의 밝기에 맞추려 한다. 그 결과 인물이 까맣게 나온다.

무대 촬영에서 스포트라이트를 받고 있는 사람의 경우 무대 전체를 찍으면 카메라의 자동기능은 주변의 어두운 부분에 조리개를 맞춘다. 그 결과 사람이 하얗게 나온다. 이런 경우에는 무대 전체는 잠시 몇 초만 짧게 촬영하고 즉시 인물을 클로즈업하여 촬영한다.

기본적으로 촬영은 순광으로 한다. 태양이나 빛을 등지고 한다. 역광 촬영은 하지 않는다. 그러나 부득이 역광으로 촬영하지 않을 수 없거나 배경이 하늘이나 바다와 같이 밝은 경우에는 밝기를 조절하여 촬영해 본다. 화면에서 하늘이나 바다의 비율을 줄여서 촬영하는 방법이 있다. 카메라 종류에 따라 역광을 보정하는 기능이 있는데 이 기능을 활용해 본다.

라. 촬영 시 스타트와 스톱을 확실하게

촬영된 줄 알았던 것이 전혀 찍히지 않고 쓸데없는 것들만 찍혀 있을 때가 있다. 촬영한 비디오를 틀어 보았더니 있어야 할 풍경이나 장면은 없고 그 대신 땅이나 탁자 위의 컵만 찍혔다든지 비디오를 넣은 가방 속만 보이는 경우가 있다.

촬영할 때 스타트와 스톱 버튼을 반대로 누르는 경우 빚어지는 실수이다. 촬영할 때는 '녹화' 마크를 확인하는 습관을 들여야 한다. 촬영이 끝나면 전원을 끄는 습관을 들이는 것도 실수를 줄이고 배터리를 낭비하지 않는 방법이다.

촬영은 여유 있게 하는 것이 좋다. 예를 들면 5초 정도 사용하고 싶은 컷은 7~8초 정도 찍는 것이 좋다. 카메라의 스타트 버튼을 누르고 나서 실제로 녹화가 시작되는 데는 1.5초 정도 걸린다. 촬영한 화면을 편집할 때 기술상 앞뒤 화면을 1.5초 정도는 쓸 수 없게 된다. 2초 내지 3초를 여유 있게 촬영해 두어야 원하는 화면을 쓸 수 있다.

촬영 현장에서 패닝의 방향(좌에서 우인가 우에서 좌인가)이나 줌의 방법(줌 인인가 줌 아웃인가)을 결정하기 어려울 때는 양쪽을 모두 찍어두는 방법도 있다. 편집할 때 결정할 수 있다.

(3) 카메라 각 부분의 조정

a. 6mm 카메라의 포커스와 줌 조절

렌즈 쪽 그립을 아래위로 움직여 줌 인(zoom-in) 줌 아웃(zoom-out)을 하며 그 반대쪽 그립을 움직여 포커스를 맞춘다. 이것은 ENG 카메라에 있어서도 동일하게 조작한다.

혹은, 카메라 그립 쪽에 부착돼 있는 버튼을 통해서도 렌즈의 줌 인, 줌 아웃이 가능하다.

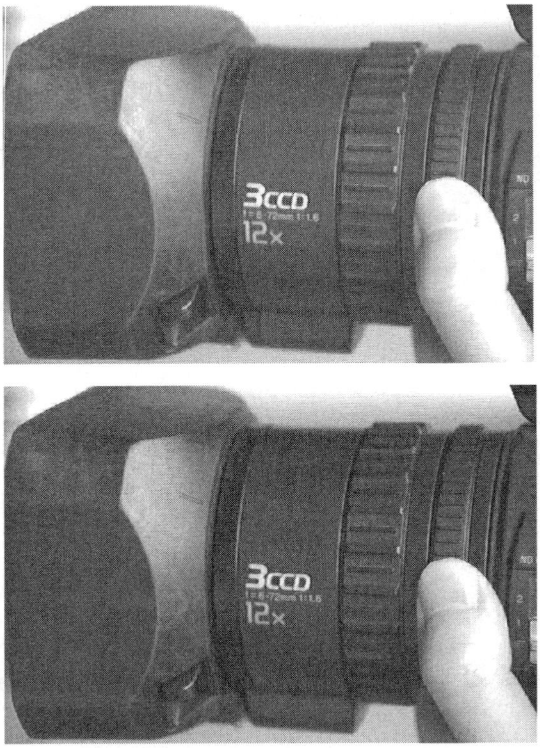

렌즈 쪽 그립을 이용한 포커즈 줌 조절

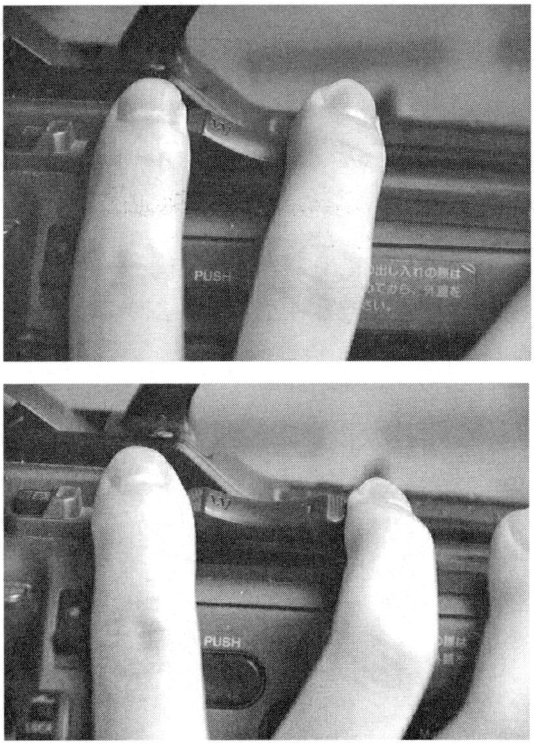

카메라 그립 쪽 버튼을 이용한 줌 조절

b. 6mm 카메라의 노출의 조정

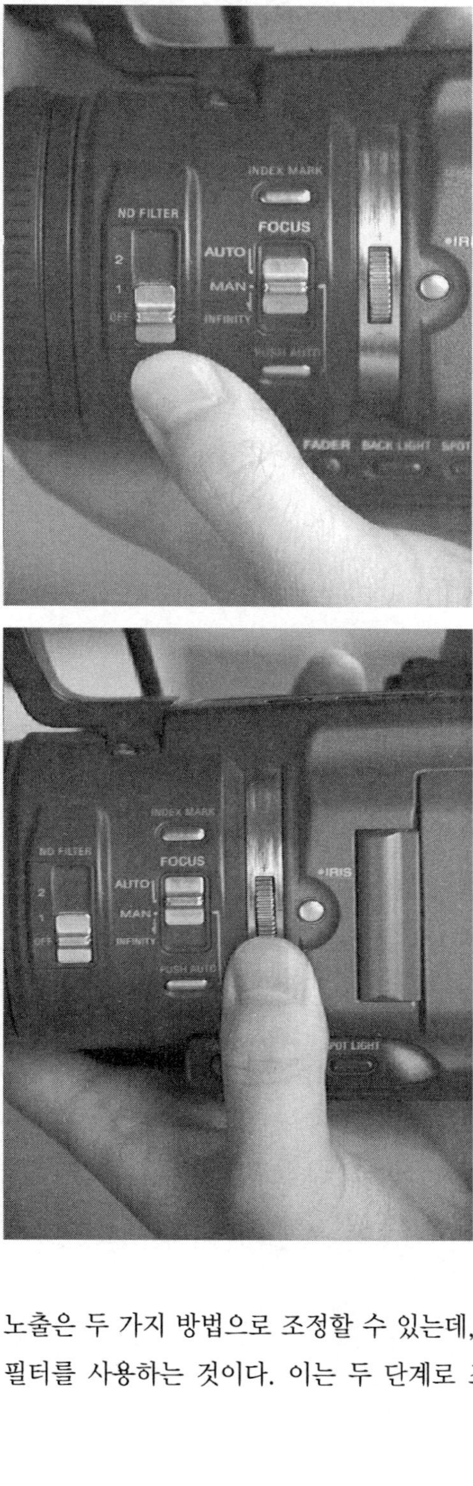

노출 보정의 두가지 방법
ND필터와 IRIS

노출은 두 가지 방법으로 조정할 수 있는데, ND FILTER는 직접적으로 렌즈에 필터를 사용하는 것이다. 이는 두 단계로 조정되며 렌즈에 빛의 양이 지나칠 때, 그 빛의 양을 줄여주는 것으로 선글라스와 같다고 생각하면 된다. 카메라 전면의 포커스 조절부분 바로 뒤의 버튼을 통해 조작한다. 다음으로 IRIS(조리개)는 p.150~151에서 설명했듯이 조리개를 열고 닫고 하는 기능이다. IRIS(조리개)라고 쓰여진 부분의 작은 단추를 누른 후, 레버를 위 아래로 조절하여 조리개를 열고 닫을 수 있다

c. 화이트밸런스 맞추기

화이트밸런스는 p.154에서 설명한 바와 같이 카메라에 하얀색을 인식시켜주는 과정이다. 카메라 뒷부분의 화이트밸런스 단추를 누른 후, 카메라 앵글 가득히 하얀색을 채운다. 그런 다음, 화이트밸런스 버튼을 길게 누르고 화이트밸런스를 나타내는 아이콘이 깜빡거림을 멈출 때까지 기다린다. 깜빡거림을 멈추면 화이트밸런스가 맞추어진 상태이다.

(4) 오디오 장비

a. 무선마이크의 사용

뉴스 영상에서 무선 마이크의 일반적인 사용법은 다음과 같다.

대부분, 뉴스에서 무선마이크는 인터뷰 촬영 시 사용하게 되는데, 우측 페이지의 사진에서 보는 바와 같이, 인터뷰어가 인터뷰를 진행할 때 손에 들고 사용하게 된다.
이 때 마이크는 인터뷰이로부터 약 10~15cm 간격을 두는 것이 좋다.

◎ 무선마이크를 사용할 때 점검할 사항

송수신기 주파수 채널의 일치 여부
배터리의 잔량 여부
제대로 송수신되는지 여부
적당한 오디오 레벨

무선마이크 사용의 예

무선마이크
카메라 장착 부위

수신기는 카메라 윗부분에 장착하고 오디오 연결라인을 카메라 오디오 연결포트 채널 1,2번 중 한 곳에 연결한다.(195 쪽 하단 화면)

b. 샷건 마이크의 사용

샷건 마이크를 붐에 연결하여 사용하는 경우(위)
쇼크 마운트와 윈드스크린을 결합한 형태로 사용하는 경우(아래)

샷건 마이크는 위의 사진처럼 붐에 연결하여 사용하거나 아래처럼 쇼크 마운트와 윈드스크린을 결합한 형태로 사용할 수 있다. 붐은 길이 변환이 가능하기 때문에 길게 늘인 상태에서 끊기지 않는 긴 장면을 촬영할 때 유용하게 사용할 수 있다. 핸드헬드 샷건 마이크로 이용할 때에는 높은 지향성을 가지고 있기 때문에 손에 들고 있는 상태에서도 자유롭게 움직이며 음향을 기록할 수 있다.

■ **붐마이크 사용시 주의할 점**

샷건 마이크는 매우 예민해서 작은 소리까지 잡아낸다. 그렇기 때문에 샷건 마이크를 운용하는 사람이 조금만 움직여도 자신도 인식하지 못하는 사이에 잡음이 들어갈 수 있다. 핸드 헬드 운용시에 쇼크 마운트를 이용하지 않는다면 큰 잡음이 들어갈 수 있고, 붐을 이용할 때에도 붐이 가지고 있는 마찰음이 같이 기록될 수 있다. 샷건 마이크는 고도의 방향성으로 음향을 기록할 수 있는 대신, 운용할 때 주의하지 않으면 오히려 많은 잡음밖에 남지 않을 것이다. 그렇기 때문에 항상 헤드폰으로 오디오부분에 대한 확인을 해야 한다.

2. 방송뉴스 편집

*

*

*

*

*

공통적으로 편집이란 아무런 수정이 가해지지 않은 원래의 소스를 편집자가 원하는 부분만을 취한 다음, 원하는대로 배열하여 새로운 형태의 결과물을 재가공하는 과정을 말한다. 여기에서 방송영상 편집은 시청자들에게 뚜렷한 메시지를 전달할 수 있도록 말(audio)과 화면(video)을 매끄럽게 조화시키는 작업이다. 훌륭한 편집은 접합점이 보이지 않도록 해야 한다. 오디오, 비디오가 완벽할 정도로 자연스럽게 들리고 보이게 하는 것이다.

1) 방송뉴스 편집하기

방송뉴스의 편집은 취재기자가 리포트한 오디오와 카메라기자가 촬영한 비디오를 결합시켜 완제품을 만드는 과정이다. 편집은 뉴스 제작의 마지막 작업으로 취재기자와 카메라기자 그리고 편집자가 공조 체제를 잘 이루어나가야 좋은 제작물을 생산해 낼 수 있다. 따라서 중요한 점은 취재기자와 카메라기자가 합심해서 편집의 과정을 염두에 두고, 최초 취재 과정에서부터 촬영작업까지 원활한 의사소통과 협조관계를 통해 제작을 해나가야 한다는 것이다.

(1) 방송뉴스 편집의 공식

a. 오디오 편집

뉴스의 편집은 오디오 편집이 우선적으로 이루어진 다음 오디오에 맞추어 비디오 편집이 이루어진다. 다큐멘터리 프로그램은 비디오를 먼저 편집한 다음 화면에 맞추어 내레이션 해설, 현장음, 효과음, 음악 등을 삽입한다.

오디오 편집에서 가장 신경을 써야 할 일은 오디오 톤(tone)을 맞추는 것이다. 기자의 현장 스탠드업 부분과 인터뷰 내용, 기자 리포트 본문의 오디오가 서로 톤이 달라 시청자의 귀에 거슬리는 일이 없도록 해야 한다. 편집 과정에서 어느 정도 조정이 가능하지만 톤이 심하게 차이가 나는 것은 고치기 어렵다. 처음 오디오를 삽입할 때 동일한 장소, 동일한 조건에서 리포트를 녹음하고 스탠드 업 컷을 녹화함으로써 오디오 상태가 일관되고 자연스럽게 만든다.

방송은 시간 제약으로 상세한 보도를 하기는 쉽지 않다. 리포트 시간이 1분 20초인 아이템은 인터뷰 컷을 10~15초 정도 선에서 편집한다. 인터뷰는 말이 중간에서 끊기지 않도록 하여 메시지가 정확하게 전달되도록 한다. 그러나 짧은 시간의 보도라 할지라도 전체 맥락이 흐트러져서는 안 된다. 기자가 필요로 하는 부분을 발췌하여 기사화하는 과정에서 전체적인 의미가 훼손되지 않도록 주의를 기울여야 한다. 지엽적인 것을 강조하여 침소봉대 한다거나 자극적인 발언을 지나치게 부각시키는 일은 피해야 한다. 기자가 필요한 부분만을 편집하여 의도적으로 기사를 만들어서도 안 된다.

예를 들면 경제 부처 장관이 기자들에게 "아직까지 정부 정책으로 확정된 바 없다"라고 말했을 때, '아직까지'라는 말을 빼고 보도하면 상당한 오해가 생긴다. '올해 공공요금 인상계획이 없다'에서 '올해'라는 전제(前提)를 빼고 전달하면 발언자의 의도가 엉뚱하게 알려진다. 발언 내용 중 앞뒤 문장을 들어내고 보도하는 경우에도 전혀 다른 이야기가 될 수 있다. 일례로 2004년 3월 26일자 MBC 미디어비평 프로그램 '신강균의 뉴스서비스 사실은'에서 집회 참가자의 발언을 왜곡 편집하여 방송한 사건이 발생해 문제가 됐었다.

미디어 오늘, MBC '사실은' 명예훼손 인정 판결, 2006.2.17.

서울 남부지법 민사12부(부장판사 신명중)는 지난 9일 MBC'신강균의 뉴스서비스 사실은'의 '보수단체 집회에서의 권양숙 여사 비하 발언' 보도로 명예를 훼손당했다며 해당단체 집회 사회자 송모씨 등이 MBC 쪽을 상대로 낸 손해배상 청구소송에서 "피고들은 송씨에게 1천만 원을 지급하라"며 원고 일부 승소 판결했다.
재판부는 판결문에서 "취재 상대방의 발언을 전체적인 취지와 함께 방송될 수 있도록 하는 것이 방송사의 주 의무이지만 피고는 전제가 되는 발언을 거두절미한 채 의도적으로 편집해 원고의 사회적 평가를 저해시켰다"고 밝혔다.
MBC는 지난 2004년 3월26일 '신강균의 뉴스서비스 사실은' 방송 때 서울 광화문 앞에서 열린 노무현 대통령 탄핵찬성 집회에서 권양숙 여사 학력 등을 거론한 집회 참석자들의 발언을 편집, 보도해 '왜곡편집' 논란을 일으킨 바 있다.

b. 비디오 편집

가. 컷의 길이

일반적인 방송뉴스에 있어서 하나의 컷의 길이는 3~5초를 넘지 않는다. 그 이유는 방송뉴스라는 제한된 시간 내에 최대한의 정보를 시청자에게 전달하는데 있어 가장 효과적인 시간분배이기 때문이다. 또한 이러한 길이가 시청하는데 지루함을 느끼지 않는 적정한 시간이기 때문이다. 이는 흔히 방송뉴스를 보면 쉽게 알 수 있는데, 뉴스를 볼 때 하나의 컷이 시작되면 마음속으로 다섯까지 센다고 할 때 보통 넷에서 다섯으로 넘어가는 거의 동시에 다음 컷으로 전환됨을 알 수 있다.

나. 화면전환

화면 전환은 컷, 디졸브(dissolve), 와이프(wipe), 페이드(fade) 등이 있는데 이 가운데 컷은 화면을 가장 쉽고 빠르게 전환하는 형태이다. 보통 뉴스 영상에 있어서 화면전환의 기법은 단순 컷 전환을 쓰는 경우가 많은데 이는 인위적이지 않은 형태의 화면전환 기법을 씀으로써 시청자의 신뢰를 얻고자 함에 있다.

다. 영상의 연속성

시청자가 기사의 시각적인 진행 과정을 이해할 수 있도록 영상 편집은 연속성을 가져야 한다. 사람의 시선이 진행되는 방향을 따른다고 하면 이해가 빠를 것이다. 예를 들어 잔디밭에 둘러 앉아 이야기를 나누는 사람들의 모습을 묘사하게 될 경우, 먼저 둘러앉아 있는 사람들의 전체 모습을 롱샷으로 잡은 것을 편집한다. 그런 다음 이야기하는 이를 바라보는 사람들을 미디엄 샷으로 잡은 영상을 편집한다. 그 다음 잔디밭 주변 사물들이나 잔디밭의 꽃등을 통해 오버 샷으로 잡은 영상을 편집한다. 그리고 이야기하는 사람을 바라보는 듣는 이의 모습을 클로즈업이나 바스트 샷으로 잡은 영상을 편집한다. 이런 식으로 보는 이가 자연스러움을 느낄 수 있도록 연속성을 갖고 편집해야 한다.

라. 기타 유의 사항

◎ 기사와 화면을 일치(match)시키도록 하되 한 샷 한 샷에 집착하기보다 시퀀스를 생각하며 편집한다.

◎ 시청자의 관점에서 한 화면의 내용을 막 이해하는 순간에 편집한다. 샷이 화면에서 메시지를 전달하고 시청자의 흥미가 사라지는 순간 화면 내용을 바꾸어 준다는 의미이다.

◎ 화면상에서 피사체의 움직임이 나오기 직전이나 직후에 편집한다.

◎ 정적인 샷에서 움직이는 장면, 또는 움직이는 샷에서 정적인 장면으로의 화면 연결은 피한다.

◎ 초상권을 침해하는 일이 없도록 얼굴에 모자이크 등으로 적절한 화면 처리를 한다.

◎ 인터뷰를 편집할 때는 오디오가 화면보다 0.5초 내지 1초 정도 먼저 나오도록 한다.

◎ 인터뷰 대상자의 말을 편집하는 과정에서 얼굴이 점프 컷이 되는 데, 이 부분은 취재기자의 듣는 모습이나 취재기자와 인터뷰 대상자를 투 샷으로 촬영한 것으로 메운다. 즉 인서트(insert)를 집어넣어 화면 처리를 한다. 그러나 윤리적인 이유로 편집했다는 사실을 그대로 보여주기 위해 점프 컷을 있는 그대로 두기도 한다.

◎ 자료화면 사용을 가급적 최소화 한다. 자료화면을 쓰게 될 경우 반드시 자료화면이라고 밝혀준다.

◎ 컴퓨터 그래픽은 디자인을 단순하게 하여 시청자가 한 눈에 알아 볼 수 있도록 한다. 디자인 담당자와 구체적으로 협의한다.

◎ 간접 광고가 될 수 있는 화면은 편집과정에서 걸러낸다.

■ 방송뉴스 편집의 예

[앵커멘트]
최근 사회적으로 큰 파장을 낳고 있는 '가짜 학력' 의혹에 대해 검찰이 본격적인 수사에 들어갔습니다.

언론을 통해 의혹이 드러난 김옥랑씨와 이창하씨가 우선 검찰 조사를 받을 것으로 보입니다.

정유신 기자의 보도입니다.

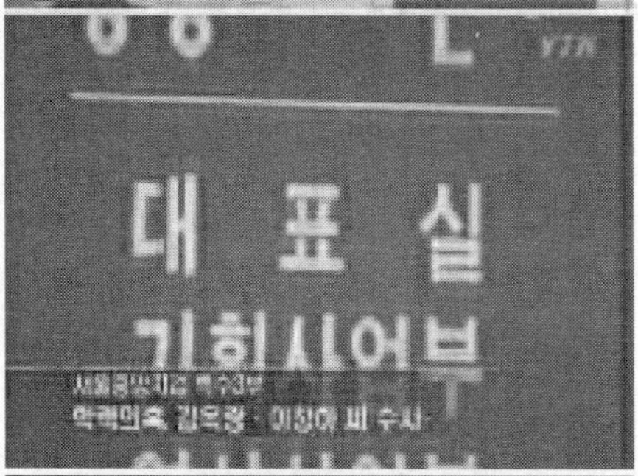

[리포트]
검찰이 수사에 착수한 사람은 김옥랑 동숭아트센터 대표 겸 단국대 교수와 인테리어 디자이너로 유명한 이창하 김천과학대 교수입니다. 두 사람 모두 학력 위조 문제와 관련해 최근 언론에서 잇단 의혹이 제기됐습니다.

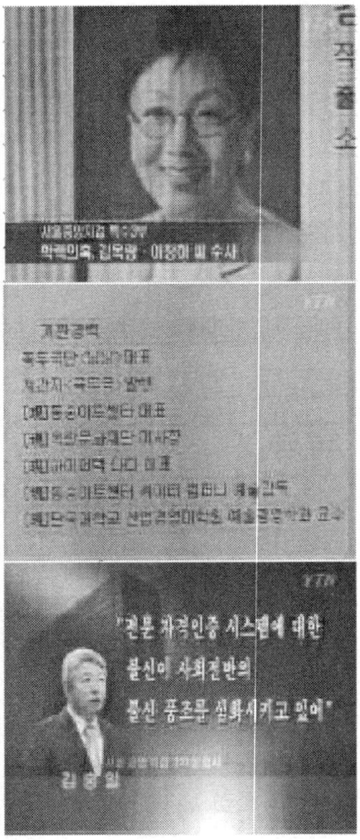

수사는 서울중앙지검 특수3부가 맡습니다.

김홍일 서울중앙지검 3차장검사는 '전문 자격인증 시스템에 대한 불신이 사회 전반의 불신 풍조를 심화시키고 있다는 것이 검찰의 판단'이라고 말했습니다.

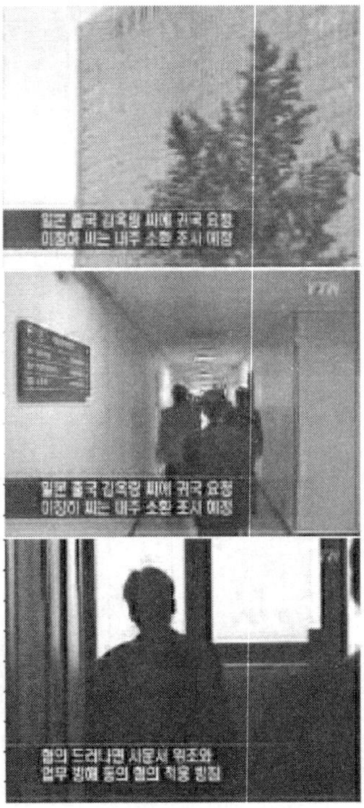

검찰은 현재 일본에 머물고 있는 김옥랑 교수에게는 조속한 귀국을 요청하고 최근 귀국한 이창하 교수는 다음 주에 불러 조사할 방침입니다.

검찰은 수사에 착수하자마자 김옥랑 교수 의혹과 관련해 학술진흥재단과 단국대 관계자를 불러 학위 등록 과정과 교수 임용 절차 등을 조사했습니다.

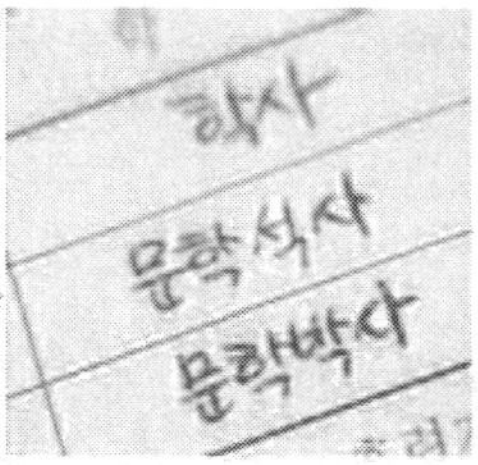

김옥랑 교수는 그동안 저서 등에서 경기여중과 고등학교를 졸업하고 이화여대 영문과에 다녔다고 밝혔지만 경기여중 · 고 졸업자 명부에 관련 기록이 없고 이대에도 입학한 기록이 없는 것으로 드러나 파문이 일었습니다.

단국대는 최근 인사위원회를 열어 김옥랑 교수에 대한 징계 절차에 들어갔으며, 김 교수는 지난 8일 일본으로 출국했습니다.

검찰은 고소나 고발이 없더라도 먼저 내사에 나서겠다고 밝혀 '가짜 학위' 문제 전반에 대해 대대적인 수사에 나설 뜻을 내비쳤습니다.

YTN 정유신입니다.

2) 비선형 편집기로 편집하기 (프리미어 1.5)

편집은 크게 선형편집과 비선형편집으로 나뉜다. 선형편집은 Linear편집이라고 하고 비선형편집은 Non-Linear편집이라고 한다. Linear는 "직선의"라는 뜻으로 시간의 흐름에 따라 재생된다는 의미를 내포하고 있다. 반면 Non-Linear는 시간의 흐름에 구애받지 않는다는 뜻을 갖는다. 테이프 재생방식과 MP3 재생방식을 비교하면 이해가 쉽다. 테이프는 직선형의 길게 늘어진 테이프 위의 특정부분에 음성이 녹화되고 그 지점에 이르러야 재생시킬 수 있기 때문에 되감기나 빨리감기가 필요하다. 그러나 MP3는 특정지점과 관계없기 때문에 즉각적으로 불러들여 재생시킬 수 있다. MP3는 재생순서를 마음껏 조절할 수 있지만 테이프는 정해진 순서에 따라 재생된다. 테이프 재생방식과 같은 선형편집은 여러 가지 제약이 많아 점차 비선형편집으로 전환되고 있다.

◎ 프리미어 프로 1.5

* 프리미어 프로의 개요

Adobe사의 Premiere Pro 소프트웨어는 MS윈도우 운영체제를 바탕으로 한 넌리니어(비선형 편집, Non-Linear) 비디오 편집 프로그램이다. 프로그램에서 제공하는 여러 도구들은 방송국 제작에 준하는 수준의 영상 제작을 가능하게 한다. 프리미어는 프레임 단위로 정밀하게 작업할 수 있고 타이틀, 트랜지션(장면 전환), 효과, 모션 경로, 색상 보정 등을 별도의 하드웨어 없이 적용할 수 있다. 또한 실시간 편집 기능으로 작업의 최종 결과물을 미리 확인할 수 있어 편집 작업의 효율성을 높일 수 있다.
다양한 비디오 형식에 대한 Importing(불러오기)과 Exporting(내보내기) 기능을 제공해 자유롭게 작업할 수 있는 전문 영상 편집 프로그램이다.

다양한 비디오 형식에 대한 Importing(불러오기)과 Exporting(내보내기) 기능을 제공해 자유롭게 작업할 수 있는 전문 영상 편집 프로그램이다.

■ **선형(Linear)편집**

선형편집은 Tape라는 매체에 녹화된 순서에 의해 순차적으로 편집하는 것을 말한다. 그렇기 때문에 특정부분을 편집하기 위해서는 테이프를 원하는 위치까지 빠르게 감아야만 하는 과정을 거치게 된다. 편집할 때 녹화기의 조그셔틀 기능을 통해 원하는 위치를 찾아 자르고 붙이는 과정을 반복한다. 오래 전부터 방송국이나 프로덕션에서 사용해 왔지만 작업속도가 느리고 동시에 여러 개의 영상을 편집하기 어렵다는 단점이 있다.

■ **비선형(Non-Linear)편집**

비선형편집은 선형편집과 달리 매체가 테이프가 아닌 디지털화된 영상파일이다. 컴퓨터 하드디스크에 저장된 영상물의 특정 위치를 자유롭고 빠르게 오가며 편집한다. 여러 개의 영상을 동시에 불러들여 작업할 수 있고 특수효과를 넣고 영상보정도 할 수 있다. 그러나 테이프로 촬영한 영상을 디지털화된 영상파일로 전환하는 과정을 거쳐야 하고 편집 후 다시 테이프로 옮겨야 하기 때문에 짧은 영상이나 속보성 영상에는 적합하지 않을 수 있다.

〈프로그램 열기〉

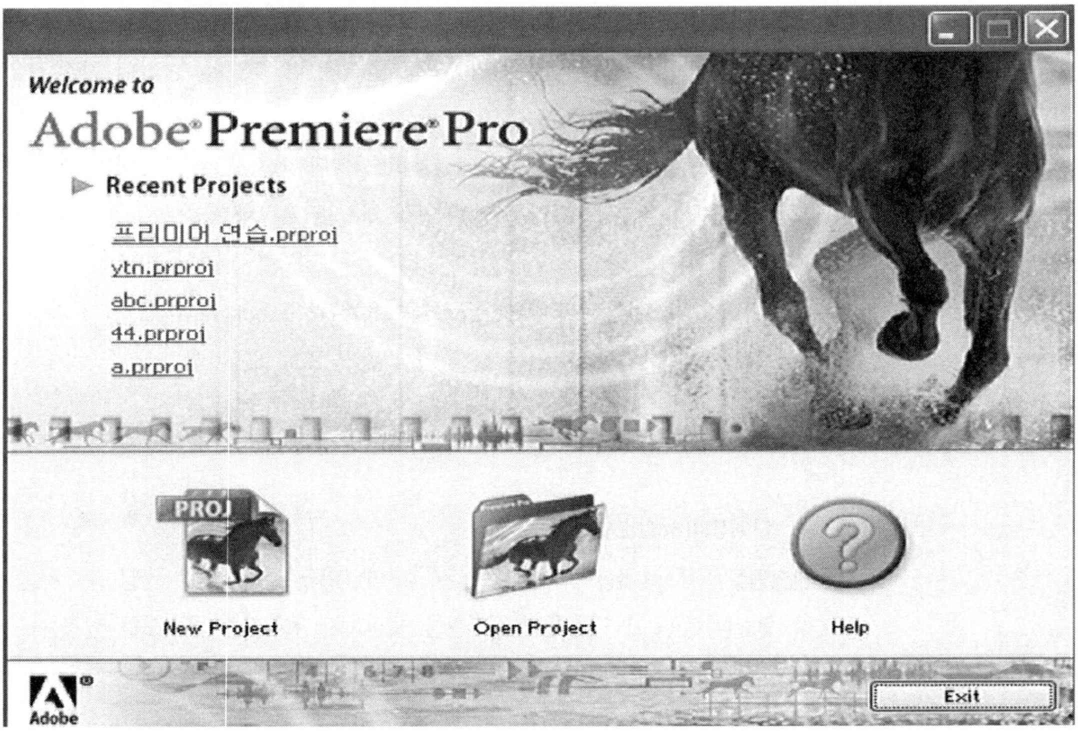

1. 윈도우의 [시작] 버튼을 클릭하고 [모든 프로그램]에서 [Adobe Premiere Pro]를 클릭하여 프로그램 실행한다.

2. 프로그램의 로딩이 끝나면 다음과 같은 상자가 나타난다. 하단에 보면 "New Project"와 "Open Project", "Help" 메뉴를 볼 수 있다. 기존에 저장했던 프로젝트를 불러들일 경우에는 "Open Project"를 클릭하면 된다. 처음 작업을 시작할 경우에는 New Project를 클릭하면 된다. **여기서는 "New Project"를 클릭한다.**

(1) 세팅

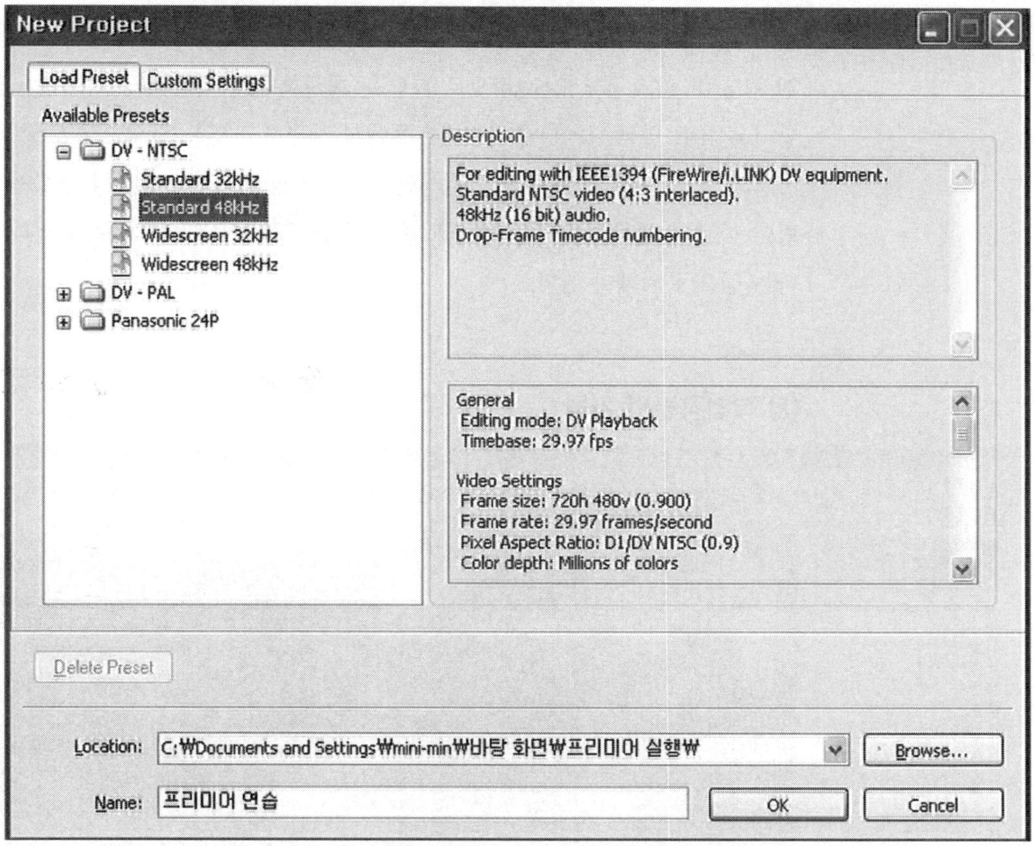

3. "New Project"를 클릭하면 다음과 같은 창이 열린다. 이곳에서 편집할 프로그램의 재생방식을 설정하게 된다. 좌측을 보면 DV-NTSC, DV-PAL, Panasonic24P라는 노란색 폴더 3개를 볼 수 있다. **여기서 우리는 DV-NTSC 폴더의 Standard 48㎑를 선택한다.(DV-NTSC는 영상재생방식, Standard 48㎑는 음성 재생방식을 뜻한다.)**

4. 그 다음 하단에 보면 Location과 Name이라는 메뉴를 볼 수 있다. Location은 파일을 저장할 위치를 나타내고 Name은 프로젝트의 이름을 지정하는 메뉴다. 우측의 Browse를 클릭해 저장하고자 하는 폴더를 만들고 Name에 프로젝트의 이름을 설정한다. **여기서는 Browse를 클릭해 바탕화면에 "프리미어 실행"이라는 폴더를 만들어 "Location"을 지정했고 Name은 "프리미어 연습"으로 했다. 다음 OK를 클릭한다.**

■ tip NTSC방식과 PAL방식

NTSC(National Television System Committee)방식은 우리나라와 미국, 일본 등에서 사용하는 TV 주사 방식으로 525개의 주사선(Lines per Frame)과 초당 29.97fps(Frames per Second)으로 화면을 재생한다. PAL(Phase Alternate Line) 방식은 유럽 일부, 북한, 중국, 호주 등에서 사용하고 있는 방식으로 625개의 주사선과 초당 25fps으로 화면을 재생한다. NTSC방식과 PAL방식의 영상재생 방법이 다르기 때문에 영상 촬영 및 편집 시 반드시 NTSC방식으로 설정해야 한다는 점을 유의해야 한다.

(2) 작업공간의 기능

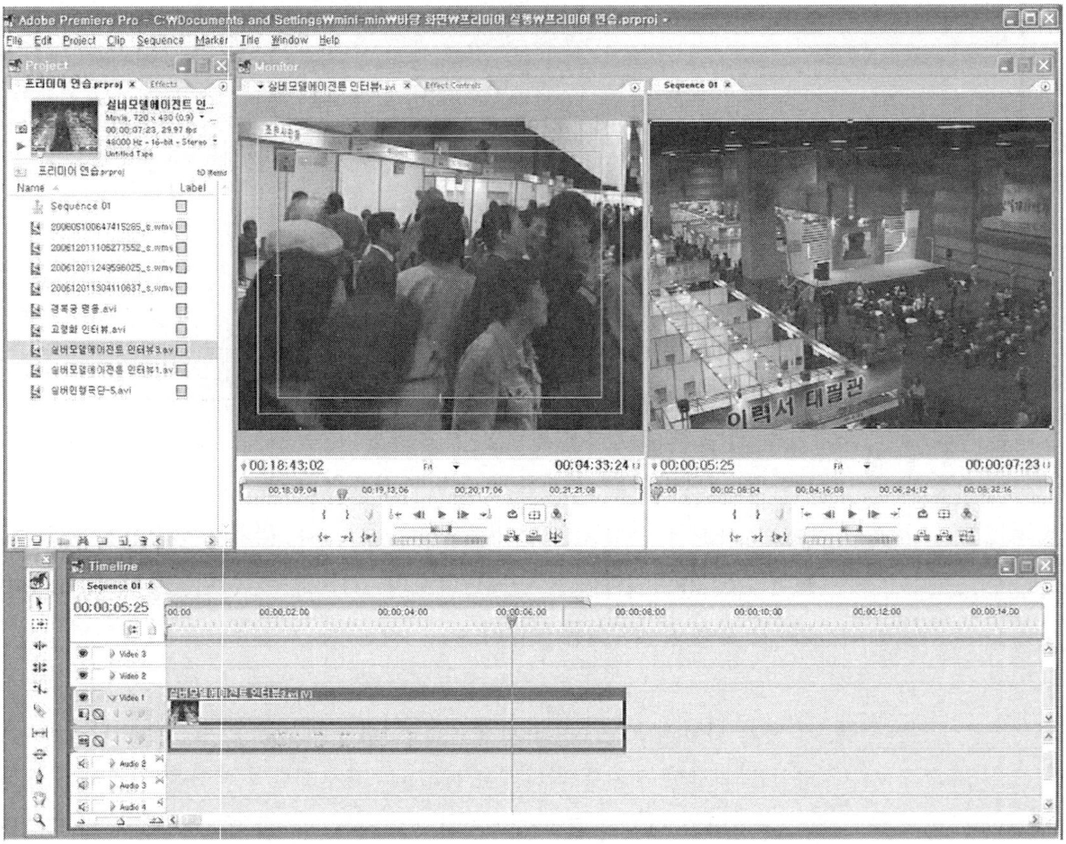

사진설명: *프리미어 프로의 작업공간은 크게 Project, Monitor, Timeline으로 나뉜다. 파란색 제목표시줄을 보면 상단에 좀 전에 설정했던 작업제목과 저장경로를 볼 수 있다. 그 다음 좌측 아래의 파란색 제목표시줄에는 Project창, 우측에는 Monitor*

창, 하단에 Timeline창을 볼 수 있다. 210쪽 화면은 편집 진행 중인 화면이기 때문에 Monitor창에 영상이 보이지만 실제로 처음 열면 영상이 보이지 않는다.

◎ Project 창

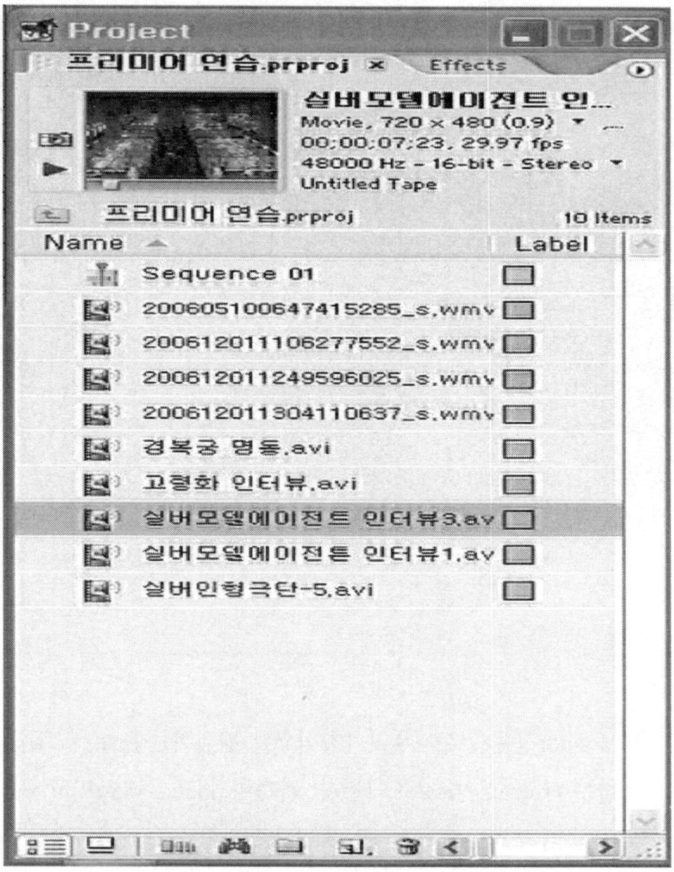

편집에 사용할 클립(비디오, 오디오, 그래픽 이미지)과 BIN(폴더), 시퀀스를 저장하고 관리하는 창이다. 편집을 위해 녹화된 파일의 원본을 불러들이면 다음과 같이 원본 파일 리스트가 생기게 된다.(처음 작업을 시작할 때는 파일을 불러들이지 않았기 때문에 당연히 리스트가 텅 비어 있을 것이다.)

상단의 "프리미어 연습"이라는 작업 이름이 표시된 탭 옆의 Effects는 각종 효과를 주기 위한 메뉴다. 탭을 열면 프리미어 프로에서 적용할 수 있는 각종 이

펙트(필터)와 트랜지션의 목록이 나타난다. 포토샵과 같이 영상 보정을 할 수 있고 화면전환 효과, 오디오 효과 등을 줄 수 있다.

◎ Monitor창

Monitor창은 원본파일을 1차적으로 편집하는 Source View와 편집한 파일을 확인하는 Program View로 나뉜다. 좌측이 Source View이고 우측이 Program View다.

◎ **Source View:** 클립(불러들인 영상)의 내용을 확인하고 다듬는 창(1차적인 편집)이다. Source View 상단 "실버모델에이전트 인터뷰" 옆의 Effect Controls 탭을 열면 해당 클립의 모션, 불투명도, 사운드 볼륨 등의 속성과 클립에 적용된 비디오 이펙트를 조절할 수 있다. Effect Controls 탭이 없을 시 프리미어 Window 메뉴에서 Effect Controls를 불러 올 수 있다.

◎ **Program View:** 타임라인 창(p.213 사진)에서 편집 작업이 이루어진 화면을 재생하는 창이다. 최종편집 후 영상을 확인할 때 Program View를 본다.

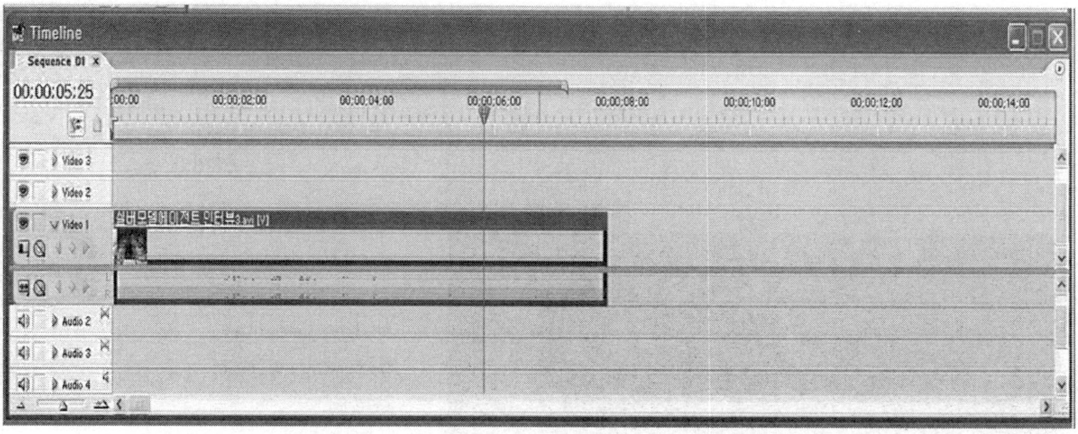

Timeline 창: 클립을 시간적으로 배열하고 자르고 붙이는 등 실제 편집 작업이 이루어지는 창이다.

(3) 영상의 캡쳐

◎ 캡처하기

캡처란 외부 장치(캠코더 테이프)에 저장된 소스를 프리미어 프로에서 편집하기 위해 디지털 파일로 저장하는 과정을 뜻한다. 일반적으로 DV/IEEE1394 카드를 이용해, 촬영한 캠코더 테이프의 소스를 컴퓨터의 하드디스크로 전송한다. 캡처된 파일은 AVI파일로 하드디스크에 저장되며 이러한 과정을 거쳐야 프리미어와 같은 편집 프로그램을 통해 편집 작업을 할 수 있다.

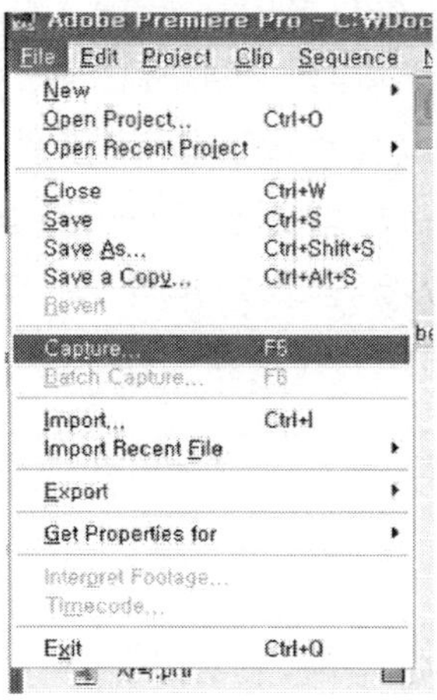

◎ 캡처(Capture)

캡처를 위해서는 먼저 캠코더와 컴퓨터의 연결이 필요하다. 캠코더의 1394포트와 컴퓨터의 1394포트를 연결한 후 캠코더에 캡처할 테이프를 넣고 캠코더의 전원을 켠다.

***사진설명:** 좌측 상단 File을 클릭하면 "Capture"라는 메뉴가 보일 것이다. 이 메뉴를 통해 캡처 창을 불러올 수 있다. 단축키로 F5를 누르면 바로 캡처 창이 열린다.*

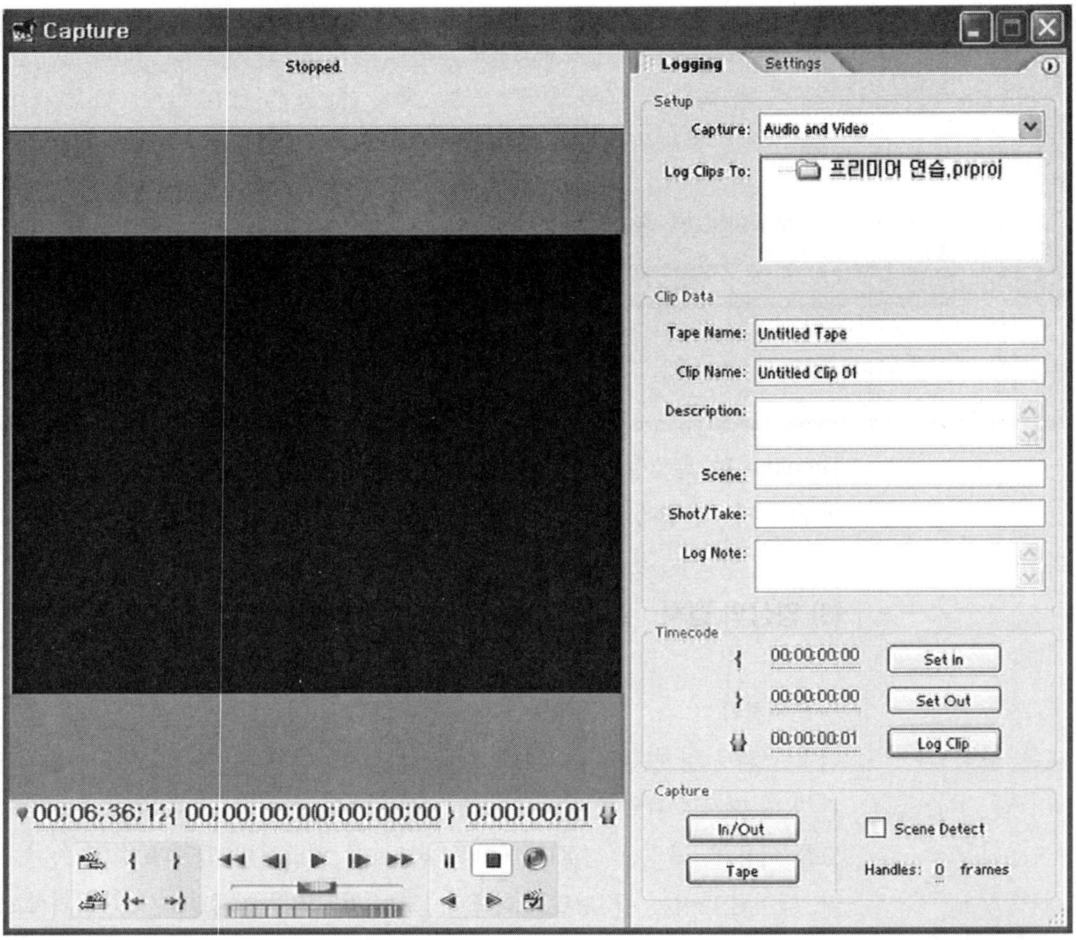

***사진설명:** 다음과 같이 캡처 창이 열리면 우측상단의 "Logging" 탭이 있다. "Logging" 탭은 캡처된 파일의 이름을 지정해주는 메뉴다. 아래에 **Clip Data**에 Tape Name과 Clip Name을 넣어 줄 수 있다. 입력하면 좋지만 중요하지 않기 때문에 넘어가겠다. 우측상단 "Logging" 탭 옆에 "Settings" 탭이 보인다. "Settings" 탭은 캡처된 파일의 저장경로를 나타내므로 지정해줄 필요가 있다.*

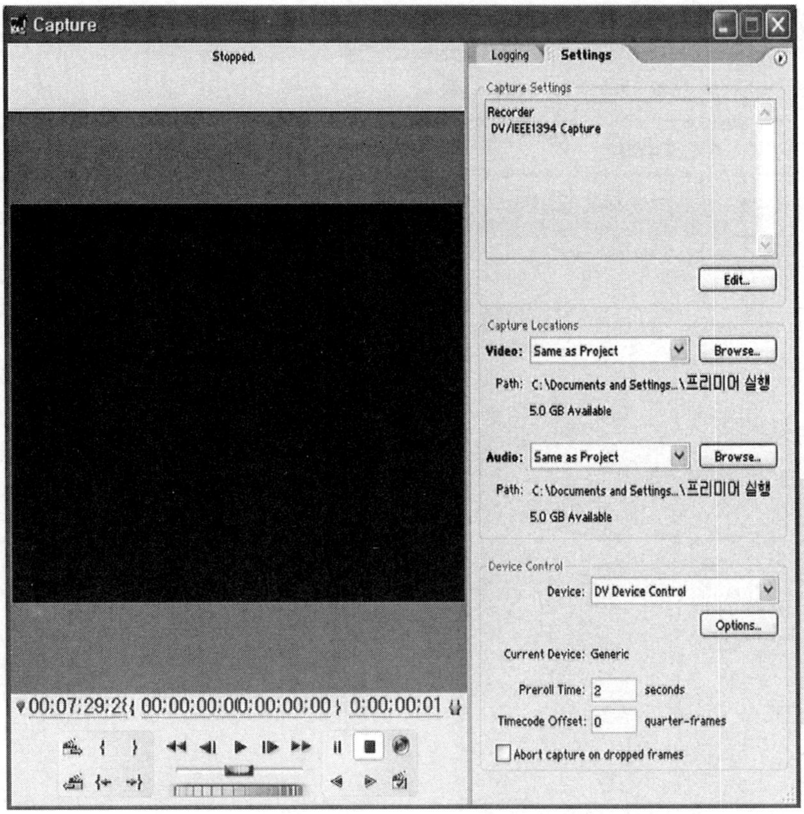

사진설명: *우측 상단 Settings탭을 클릭하면 아래에* ***Capture Locations****라는 메뉴가 보인다. 기본적으로 테이프에서 캡처하는 영상은 용량이 크기 때문에(10분 영상에 약 2기가) 저장 공간이 넉넉해야 한다. 컴퓨터 하드디스크의 여유 공간을 확인하고 부족할 경우 불필요한 파일을 삭제해 저장 공간을 늘려준다. 캡처영상의 Video와 Audio의 저장위치는 동일하게 하는 것이 좋다.*

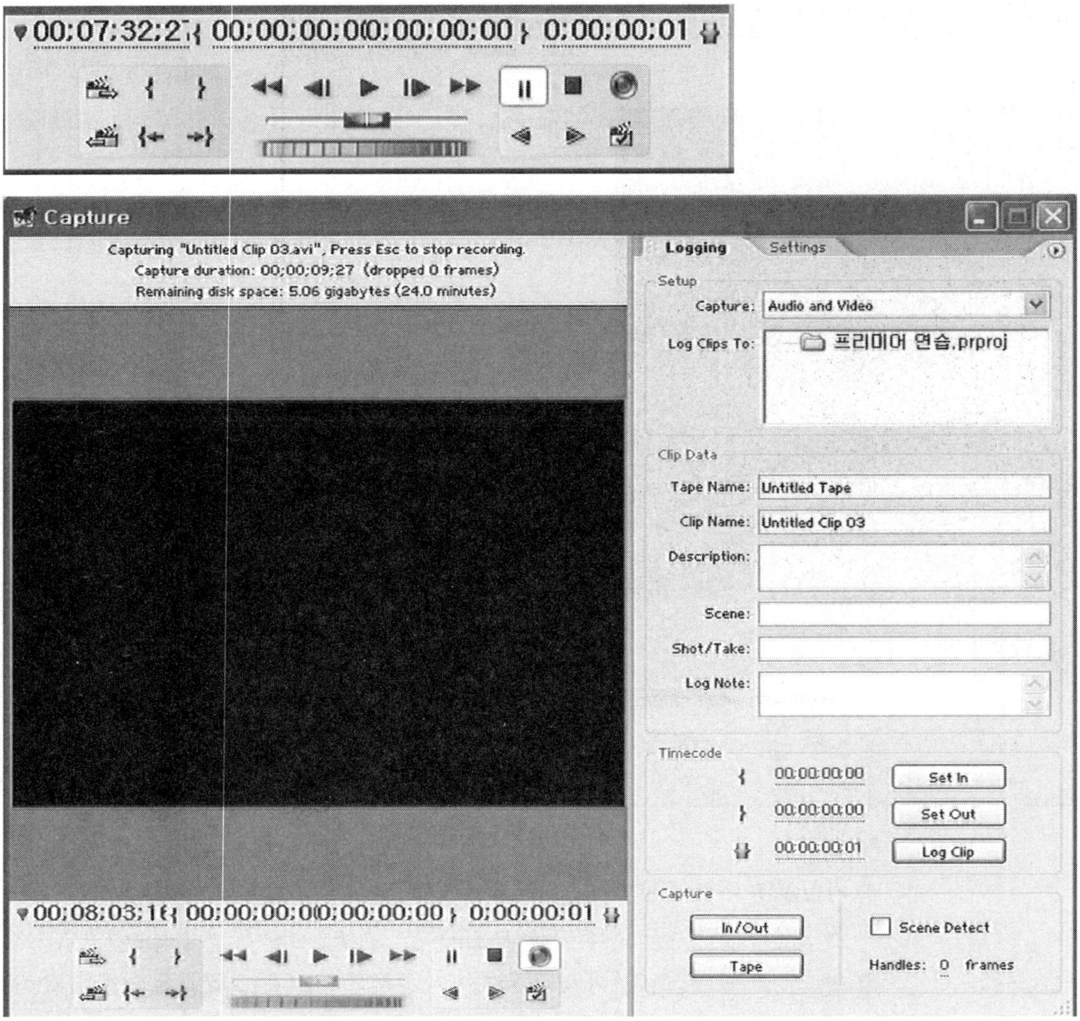

사진설명: *캡처를 위한 기본적인 설정이 끝났다. 이제 캡처를 위해 좌측 하단의 재생버튼을 클릭한다. 영상 재생이 시작되는 것을 확인하고 캡처가 필요한 지점에서* ***빨간색*** *녹화버튼을 누르면 그 지점부터 캡처된다.*

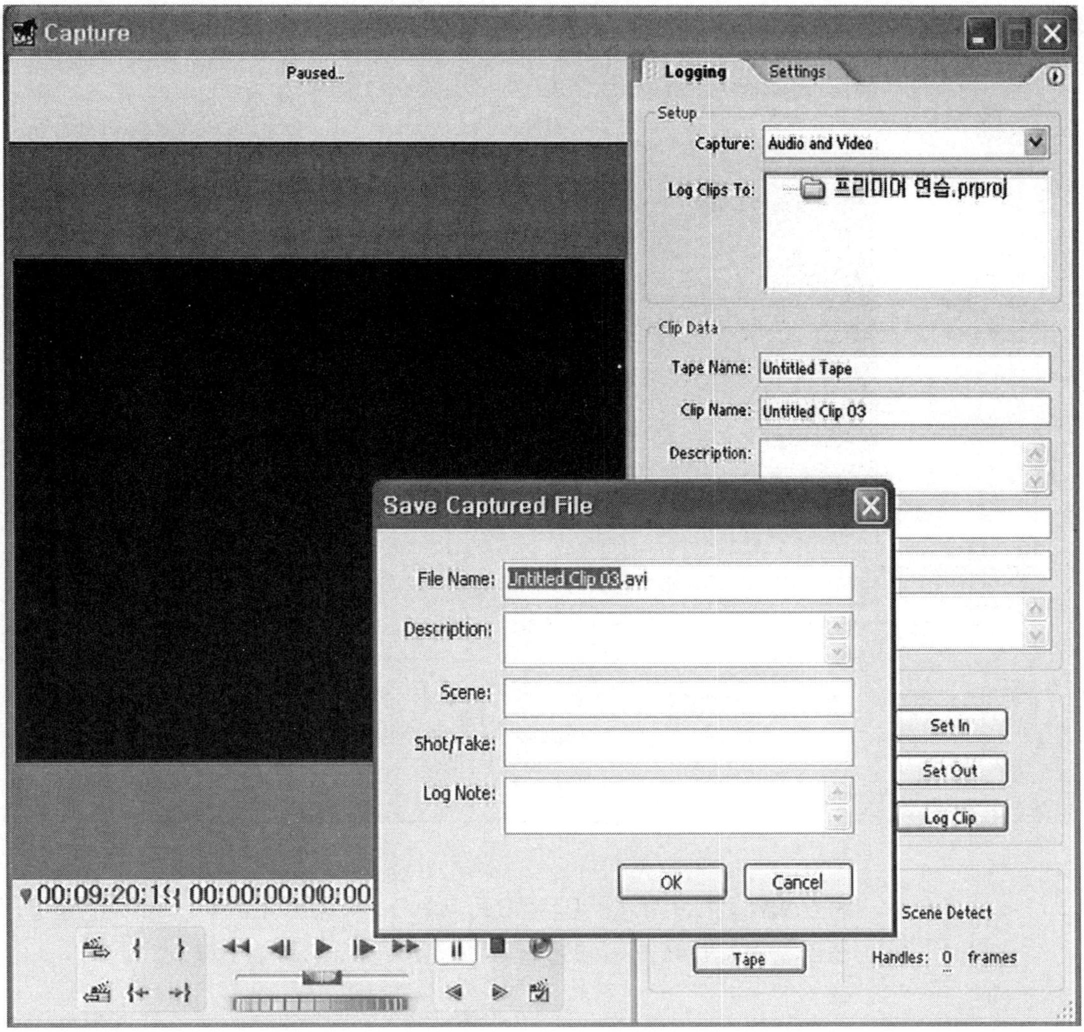

***사진설명:** 필요한 영상의 캡처가 끝난 후 캡처를 중단시키고자 할 때는 정지버튼이나 일시정지버튼을 누르면 된다. 그러면 캡처가 멈춰지고 캡처된 파일의 이름을 지정하라는 창이 뜬다. 여기서는 "프리미어 캡처" 라고 입력하고 저장한다.*

사진설명: *캡처된 파일은 자동적으로 좌측 Project창에 생성된다. Project창 클립리스트에 "프리미어 캡처" 라는 클립이 새로 생긴 것을 볼 수 있다.*

◎ 컴퓨터에 저장된 영상파일 불러오기

프리미어 프로에서 편집 작업을 진행하려면 먼저 편집에 사용할 재료(비디오/오디오 클립, 그래픽 이미지 등)들을 프로젝트로 불러와야 한다. 편집에 사용할 재료가 이미 컴퓨터의 하드디스크에 저장되어 있다면 Import 명령을 통해 프로젝트로 불러들일 수 있고, 테이프에 기록된 영상을 편집에 사용하려면 캡처 과정을 거쳐야 한다.

> *** 이미 캡처되어 컴퓨터 하드에 저장되어 있는 영상파일을 불러오기**
> **가져오기 Import [단축키 Ctrl+I]**

Import는 편집 작업에 필요한 각종 미디어 파일들을 프로젝트 창으로 가져오는 메뉴로, 편집 작업을 하기 위해서는 반드시 거쳐야 하는 작업 과정이다. File>Import를 선택하면 Import 설정 창이 나타나며, 하드디스크에 저장된 파일의 경로를 찾아 파일 단위 또는 폴더 단위로 소스를 가져올 수 있다.

- File에서 Import를 선택
- 프로젝트 창의 비어있는 부분을 오른쪽 클릭하여 Import 선택
- 프로젝트 창의 비어있는 부분을 더블클릭

***사진설명:** 컴퓨터 하드에 저장되어 있는 영상파일을 새로 열린 Import창에서 선택하고 "열기" 버튼을 클릭해 가져올 수 있다.*

(4) 효과

◎ 화면전환 효과

프리미어의 강력한 기능 중 하나가 바로 Effects다. 프리미어에는 포토샵처럼 영상을 보정하는 기능과 Audio 효과, 화면전환 효과 등 다양한 효과를 줄 수 있다. 여기서는 가장 많이 사용하는 화면전환 효과에 대해서 설명한다.

***사진설명:** 화면전환 효과는 동적인 영상에서 인터뷰와 같이 정적인 영상으로 바뀔 때 영상이 튀는 느낌을 주는 것을 막기 위해 사용한다.*

좌측상단 Project창의 "프리미어 연습.prproj"의 옆에 Effects탭을 클릭한다. (없을 경우 상단 중앙의 "Window"에서 Effects를 불러오면 된다.)

사진설명: *화면전환 효과를 주기 위해 Effects탭을 클릭한 후 Video Transitions폴더를 클릭하고 하위 메뉴가 나오면 이번에는 Dissolve폴더를 클릭한다. 다음 하위 메뉴에서 Cross Dissolve를 선택해 효과를 줄 트랙 위에 드래그 앤 드롭 해 올려놓는다.*

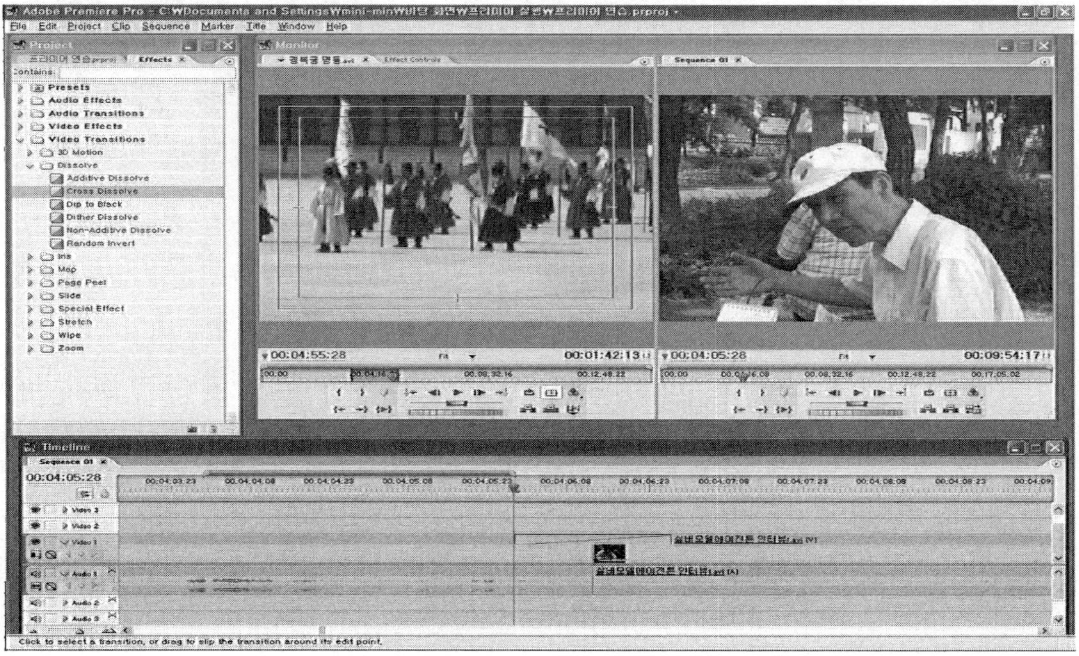

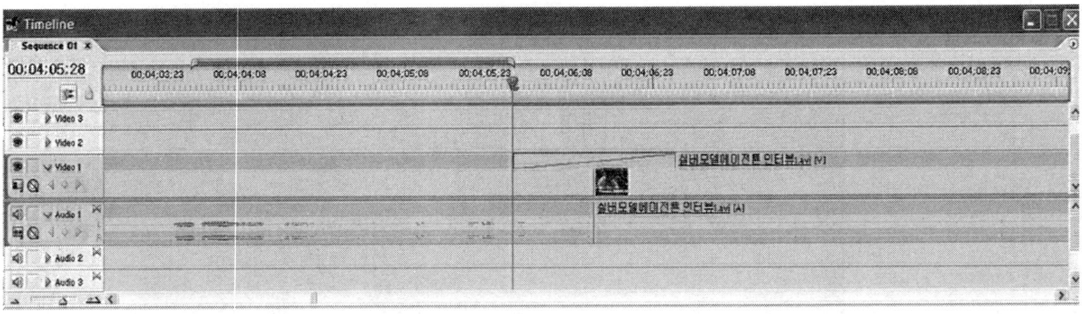

사진설명: Cross Dissolve를 Timeline의 트랙 위에 올려놓자 트랙 위에 빨간 줄이 생긴 것을 볼 수 있다. 여기서 주의할 점은 Cross Dissolve효과를 주기 위해서는 각기 다른 영상 2개의 접합부분 위에 올려야 한다는 것이다. 영상의 접합부분이 아닌 곳에서는 Cross Dissolve효과를 줄 수 없다.

사진설명 左: Cross Dissolve효과가 적용된 모습이다. Monitor의 Program View (우측 영상)에서 보는 것과 같이 두 화면이 겹쳐지는 것을 볼 수 있다. 스페이스바를 눌러 영상을 재생해보면 영상이 자연스럽게 전환되는 것을 확인할 수 있다.

사진설명 右: 처음 할아버지의 영상에서 Cross dissolve 효과를 거쳐 할머니가 글을 쓰는 모습의 영상으로 화면이 전환되었다.

(5) 비디오편집

◎ 타임라인에 클립 추가하기

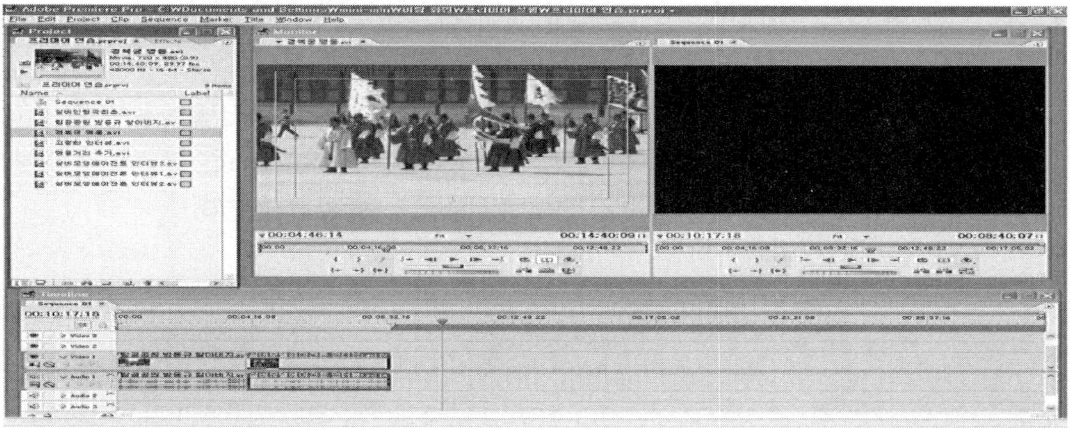

사진설명: *캡처한 원본 파일은 일반적으로 가편집이 필요하다. 가편집을 위해 좌측 Project창에 Import 된 파일을 선택해 우측 Monitor의 Source View에 드래그 앤 드롭을 한다.*

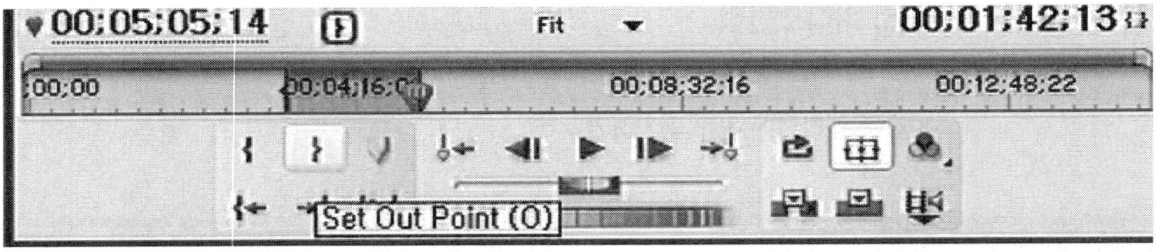

사진설명: *Source View 하단에 있는 재생버튼을 클릭해 영상을 재생시킨다. 그리고 필요한 영상의 시작부분에 시작점 을 찍는다. 그 후 영상의 끝점 을 찍으면 위의 사진과 같이 시작점과 끝점을 찍은 부분이 어두워진다.*

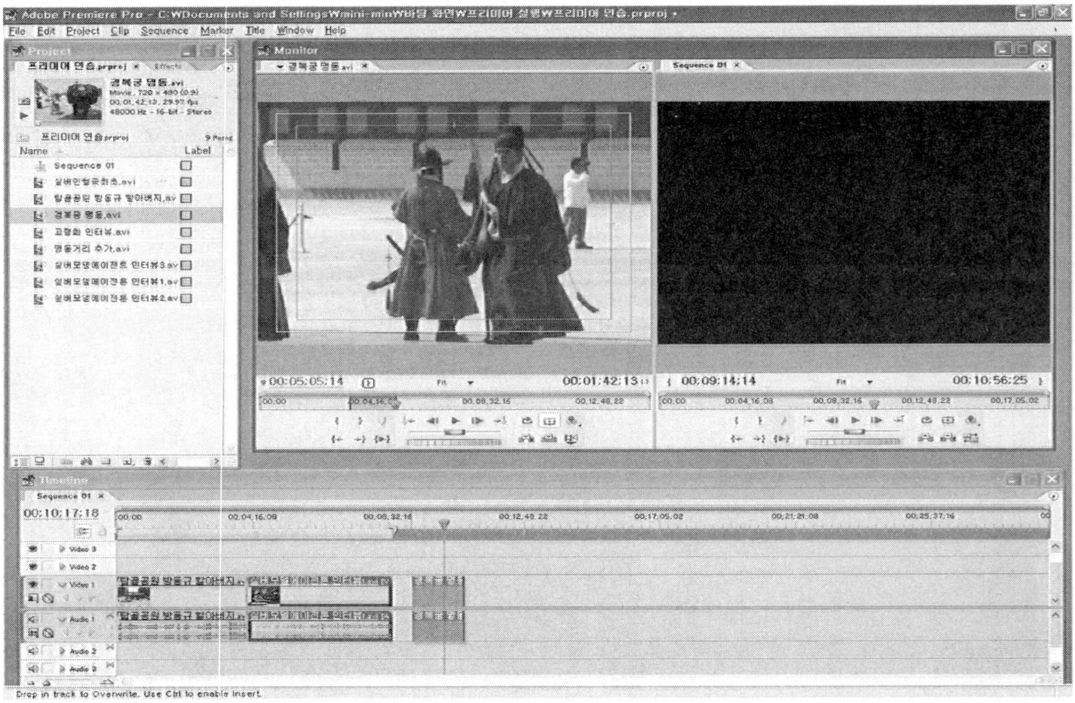

사진설명: *Source View에서 다듬은 클립(어두워진 부분)을 타임라인으로 옮기기 위해서 Source View창에 있는 영상에 직접 마우스를 가져 가 타임라인으로 드래그 앤 드롭한다.*

◎ 타임라인 확대/축소[단축키 : =(줌 인), -(줌 아웃)]

가편집한 영상파일을 타임라인에 옮기고 난 후 2차적인 편집을 하게 되는데 이때 타임라인에 있는 영상파일을 확대하거나 축소할 일이 생길 수 있다. 포토샵에서 정교한 편집을 위해 돋보기 기능이 있는 것처럼 프리미어에도 돋보기 기능이 있다.

- 타임라인 좌측하단 줌 슬라이더 를 왼쪽으로 움직이면 타임라인의 시간단위가 축소되고, 오른쪽으로 움직이면 확대된다.
- 툴 박스의 돋보기도 줌 슬라이더와 같은 기능을 한다. [단축키 Z]

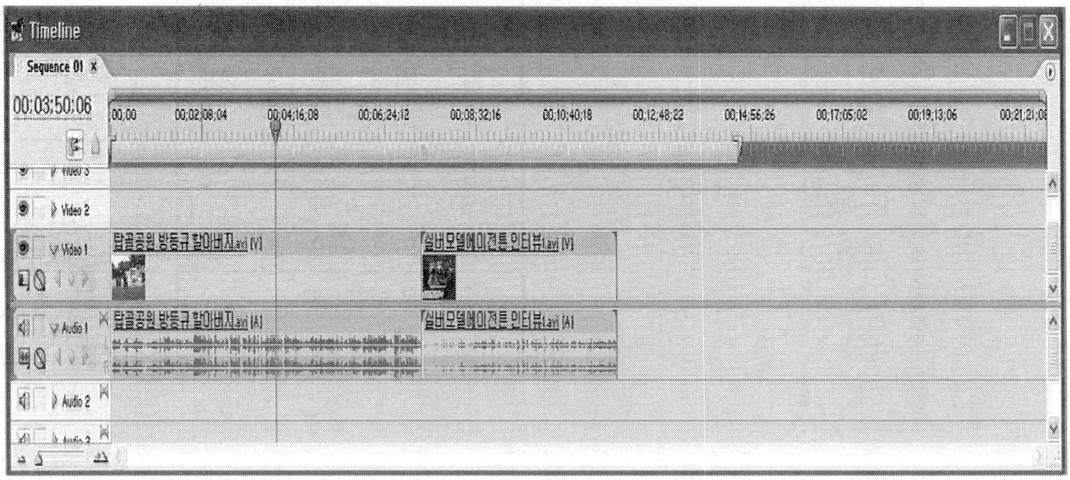

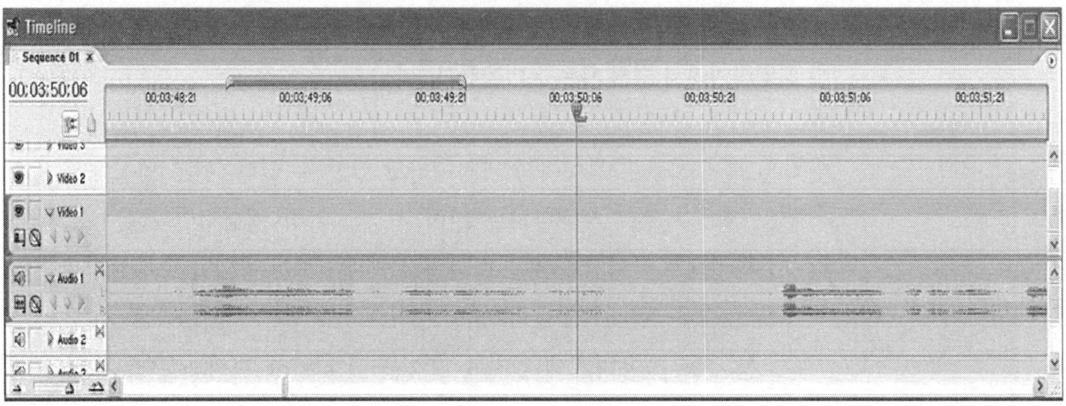

***사진설명:** 좌측 하단의 삼각형 모양의 줌 슬라이더를 우측으로 옮기자 클립이 확대되는 것을 확인할 수 있다.*

◎ **툴박스**

프리미어는 포토샵과 같은 Adobe사에서 만든 프로그램으로 서로 호환이 잘 되고 사용법도 유사한 점이 매우 많다. 프리미어의 툴박스는 포토샵의 툴박스와 모양과 기능이 유사하다.

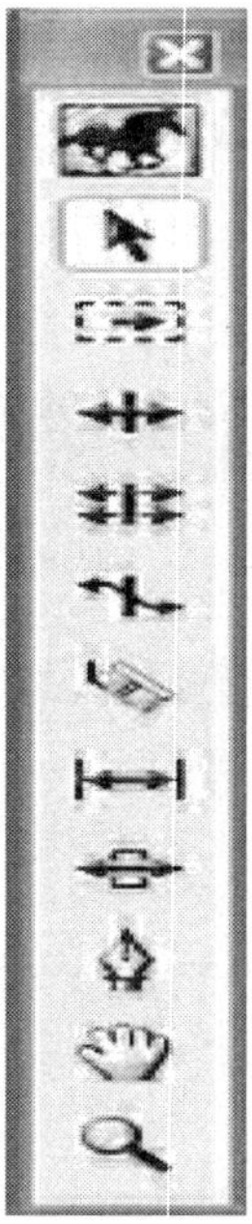

툴박스	단축키
Selection tool	V
Track select tool	M
Ripple edit tool	B
Rolling edit tool	N
Rate stretch tool	X
Razor tool	C
Slide tool	U
Slip tool	Y
Pen tool	P
Hand tool	H
Zoom tool	Z

◎ **타임라인에서 클립 자르고 이동하기**

편집은 크게 자르고 붙이기의 과정이라고 말할 수 있다. 원본 영상에서 필요한 영상을 골라 자르고 재배열하는 것이 편집의 가장 핵심적인 부분이기 때문이다. 이 부분에서는 영상을 자르고 다듬고 재배열하는 방법을 공부하기로 한다.

마우스를 주로 사용하게 되겠지만 기능을 선택할 때 마다 마우스 커서를 이리저리 움직이다보면 번거로운 점이 많다. 특히 해상도가 높거나 크기가 큰 모니터에서 작업하다보면 더욱 절실히 느껴진다. 이때 키보드의 단축키를 익히면 보다 편리하게 작업할 수 있다.

* Razor tool( )을 이용한 클립 다듬기[단축키 C]

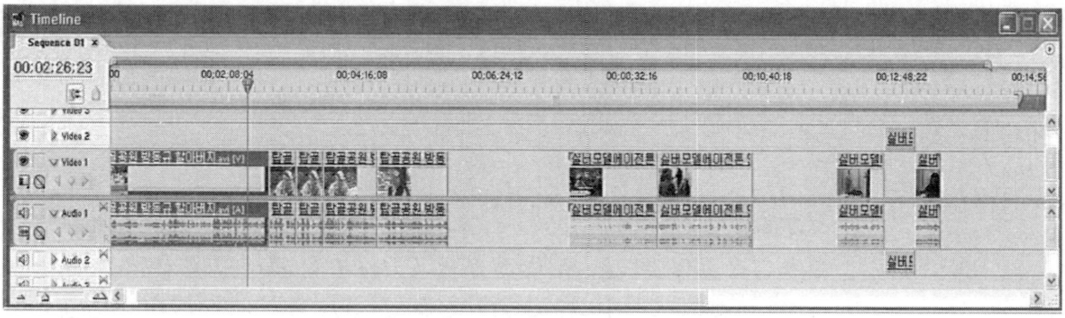

사진설명: *면도칼처럼 클립을 자르는데 사용하는 툴이다. 영상을 재생시킬 때는 스페이스바를 누르면 쉽게 재생된다. 재생되는 영상을 멈추기 위해서는 한번 더 스페이스바를 누르면 된다. Razor tool을 선택한 후 스페이스바를 눌러 영상을 재생시키고 불필요하다고 생각되는 영상을 Razor tool로 잘라 내는 연습을 해본다.*

* Selection tool( )로 클립 이동하기 [단축키 V]

Selection tool과 Razor tool, Spacebar는 편집 중 가장 많이 사용한다. 작업을 빨리 하기 위해서 적어도 위 세 가지 단축키만큼은 기억하고 있는 것이 좋다.

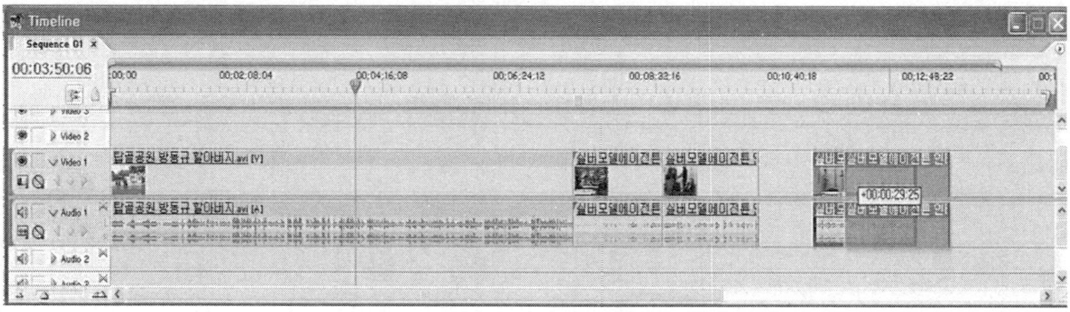

사진설명: *Selection tool을 이용해 트랙 위의 클립을 이동시킬 수 있다. Selection tool로 선택한 클립의 색깔은 진하게 변하며 드래그 앤 드롭을 통해 원하는 위치로 이동할 수 있다.*

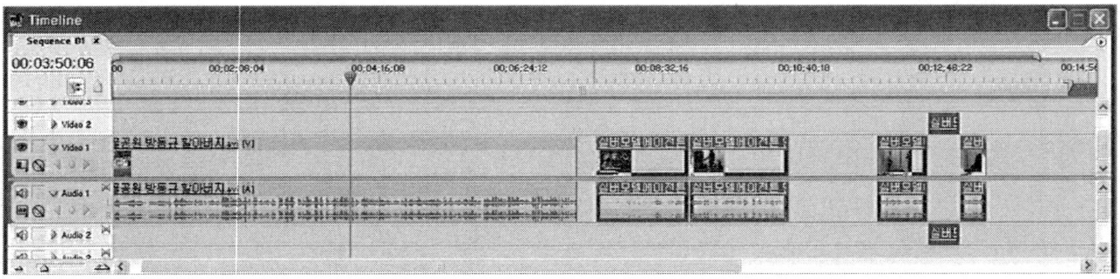

사진설명: Track select tool( )도 편집 시 많이 사용하는 툴이다. 편집을 하다 보면 여러 개의 클립을 한꺼번에 밀거나 당겨야 할 때가 있다. 이때 Track select tool을 이용하면 간편하게 이동시킬 수 있다. Shift 키를 누르면 모든 트랙의 클립들을 한꺼번에 선택하여 이동할 수 있다.

◎ 클립 다듬기

* Selection tool( )을 이용한 클립 다듬기

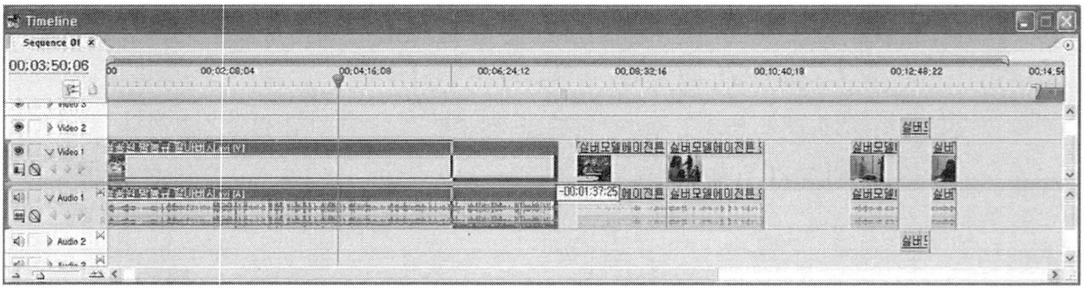

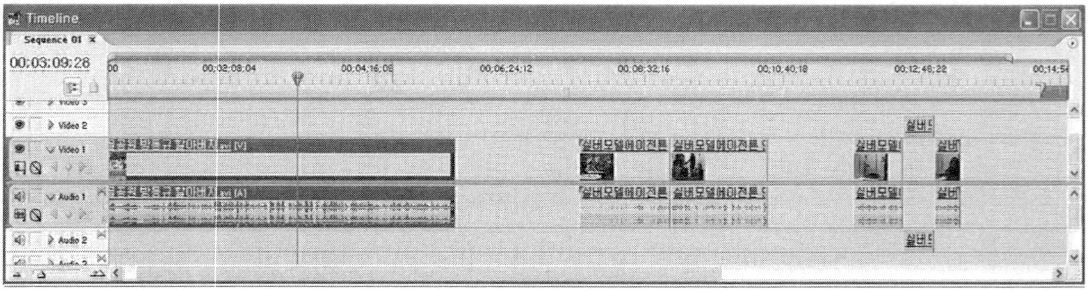

사진설명: Selection tool로 클립을 선택하고 클립의 가장자리에 마우스를 가져다 대면 화살표였던 마우스 포인터의 모양이 달라진다. 이때 마우스를 클릭하고 좌우로 움직이면 클립의 길이를 늘이고 줄여 영상을 자르는 효과를 낼 수 있다.

(6) 자막넣기

◎ 자막 넣기[단축키 F9]

프리미어 프로에서는 자막기능이 기본적으로 내장되어 있다. 자막 프로그램으로 다양한 모양의 자막을 간편히 만들 수 있고 움직이는 효과도 줄 수 있다.

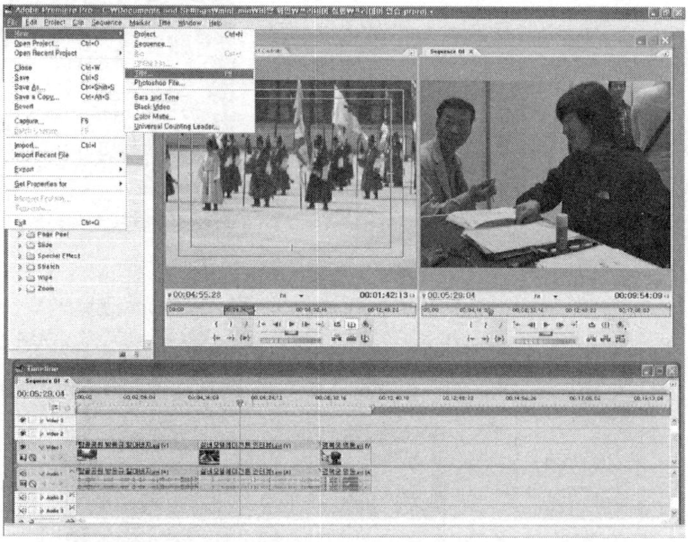

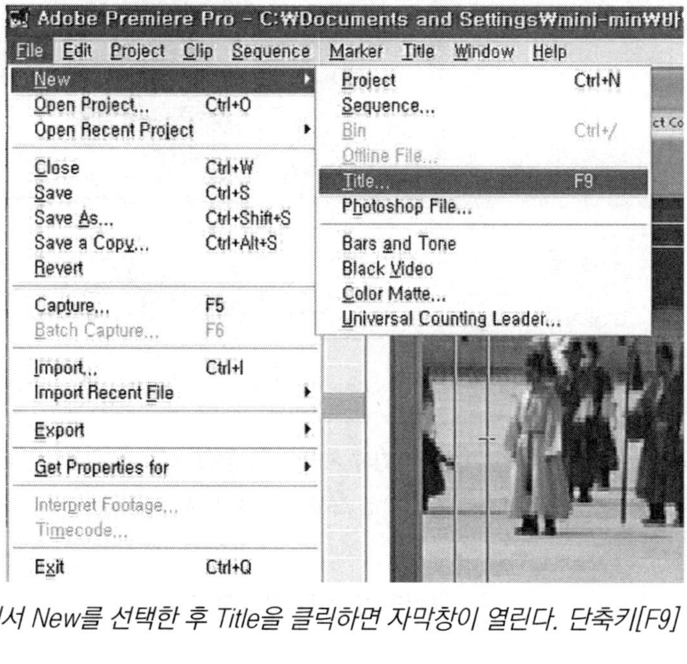

사진설명: *File에서 New를 선택한 후 Title을 클릭하면 자막창이 열린다. 단축키[F9]*

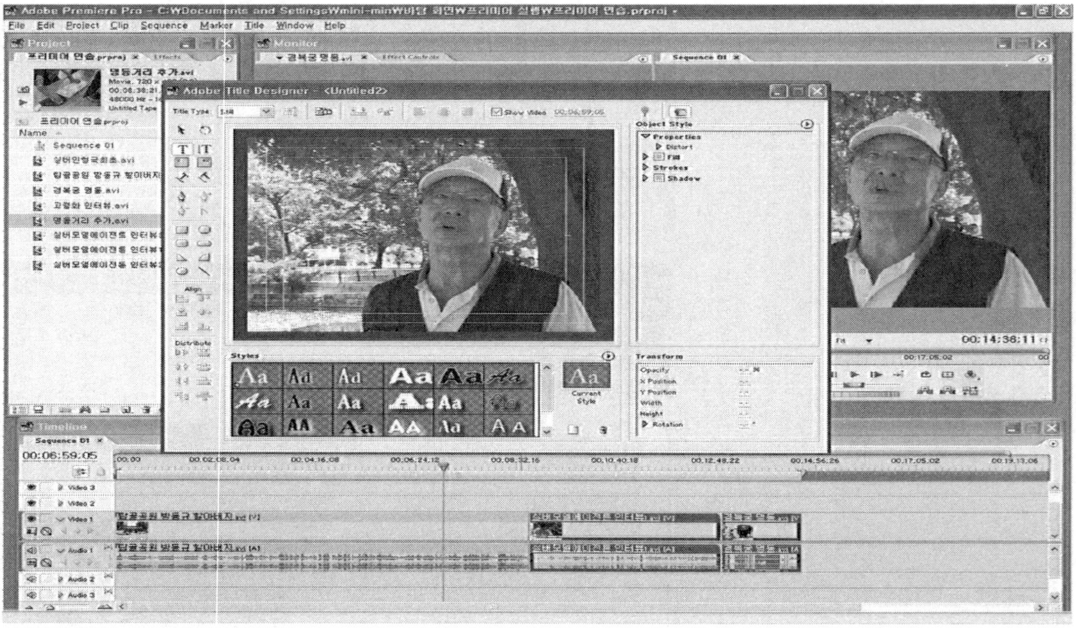

***사진설명:** 자막 제작창이 새로 생긴다. 영상에 보이는 두 겹의 하얀 테두리는 안전 영역으로 테두리 안쪽에 자막을 넣어야 자막이 잘리는 것을 막을 수 있다.*

따라하기-자막 만들기

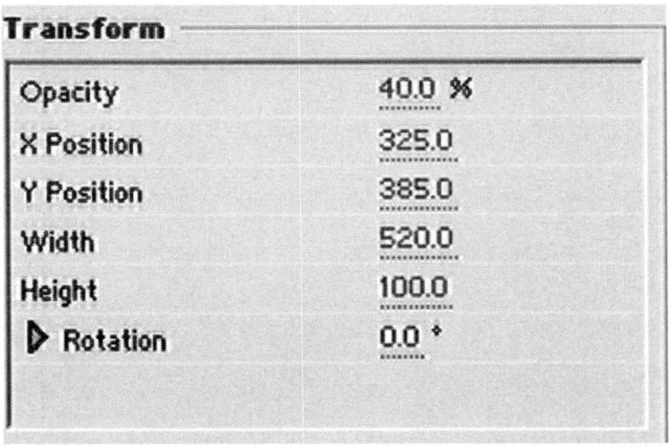

사진설명: *사각형 도형상자를 클릭해 안전 영역 안에 다음과 같이 상자를 만든다. 우측 하단의 Transform 상자에 다음과 같이 입력한다. Opacity=40%, X Position=325, Y Position=385, Width=520, Height=100*

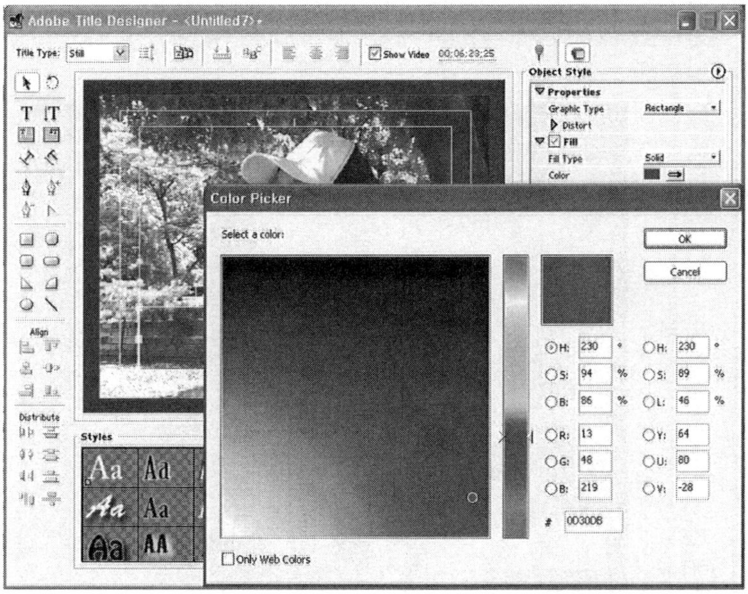
Adobe Title Designer - <Untitled7>
Color Picker
Select a color:
OK
Cancel
Only Web Colors
Object Style
Properties
Graphic Type
Rectangle
Distort
Fill
Fill Type
Solid
Color
Styles
Align
Distribute

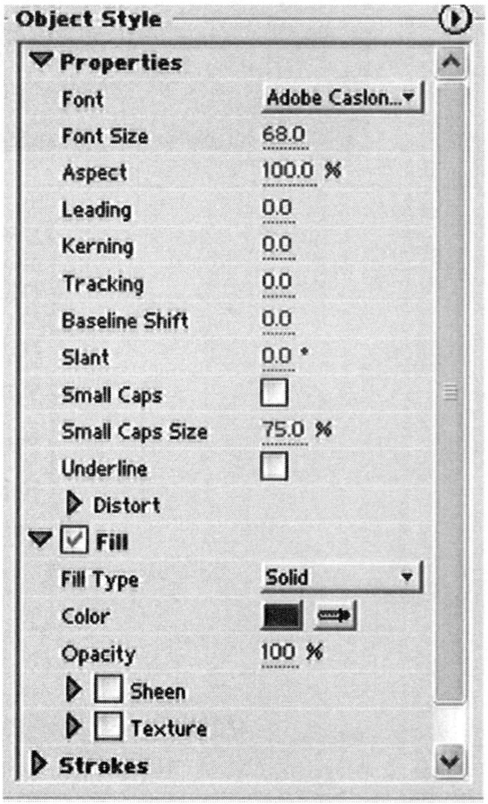
Object Style
Properties
Font
Adobe Caslon...
Font Size
68.0
Aspect
100.0 %
Leading
0.0
Kerning
0.0
Tracking
0.0
Baseline Shift
0.0
Slant
0.0 °
Small Caps
Small Caps Size
75.0 %
Underline
Distort
Fill
Fill Type
Solid
Color
Opacity
100 %
Sheen
Texture
Strokes

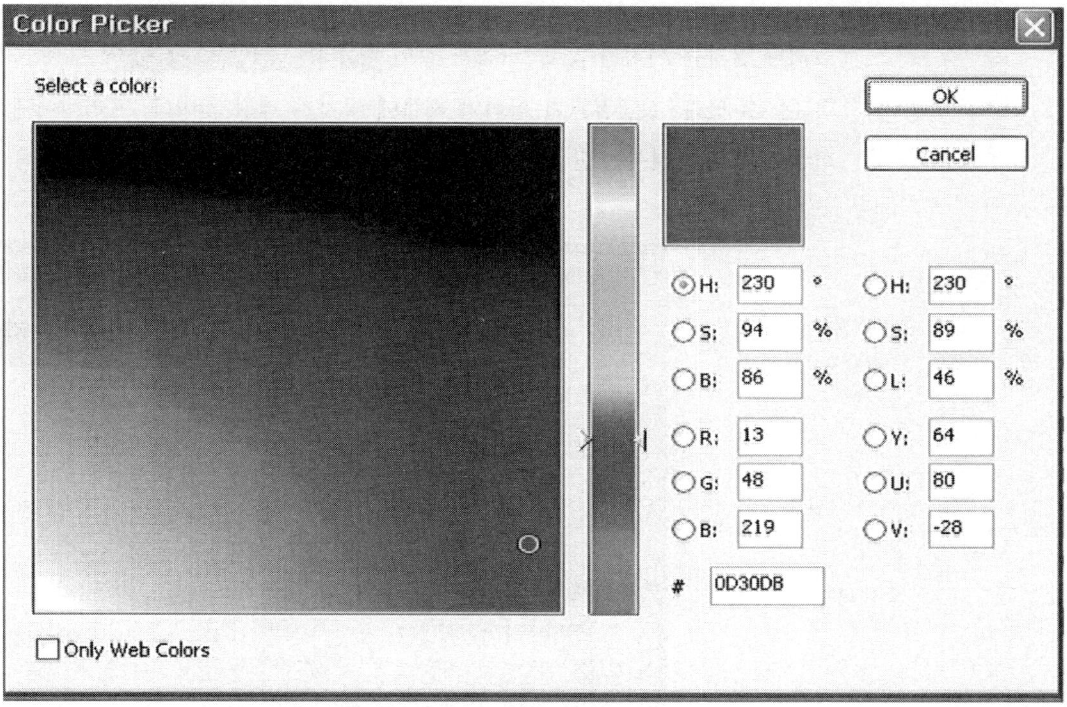

사진설명: *다음에는 우측 상단에 있는 Object Style상자에서 Fill메뉴를 클릭해 Color의 ▇를 클릭해 Color Picker 상자를 연다. Color Picker 상자에서 우측 하단에 있는 "#FFFFFF" 값을 #0D30DB로 변경하고 OK를 클릭한다. 자막의 배경화면이 완성됐다.*

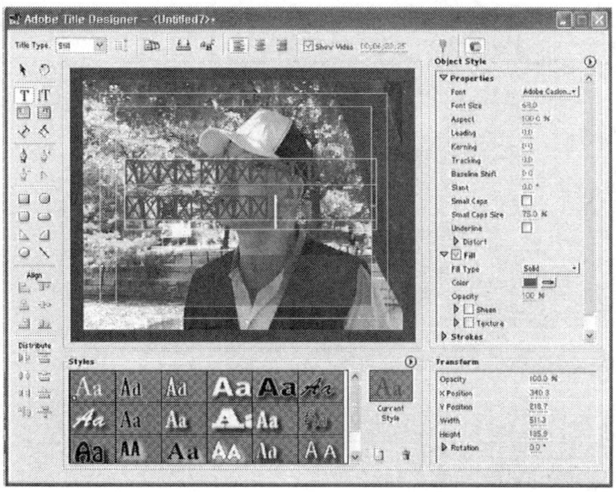

사진설명: *이번에는 글자를 입력해보겠다. 좌측 상단에 T 를 클릭하고 화면에 글자를 입력한다. 여기서는 "프리미어 사용법에 대해 공부하고 있습니다." 입력한다.*

그러나 글자는 써지지 않고 다음과 같이  깨지는 것을 볼 수 있다. 한글폰트가 아니기 때문에 글자가 깨진 것이다. 프리미어에서 한글을 쓰기 위해서는 한글폰트를 사용해야만 한다.

사진설명: *폰트를 한글폰트로 바꿔 보겠다. 우측 Object Style "Font" 에서 폰트를 "HYGothic-Extra" 로 바꿔준다. 깨졌던 글자가 한글로 잘 나타나는 걸 볼 수 있다.*

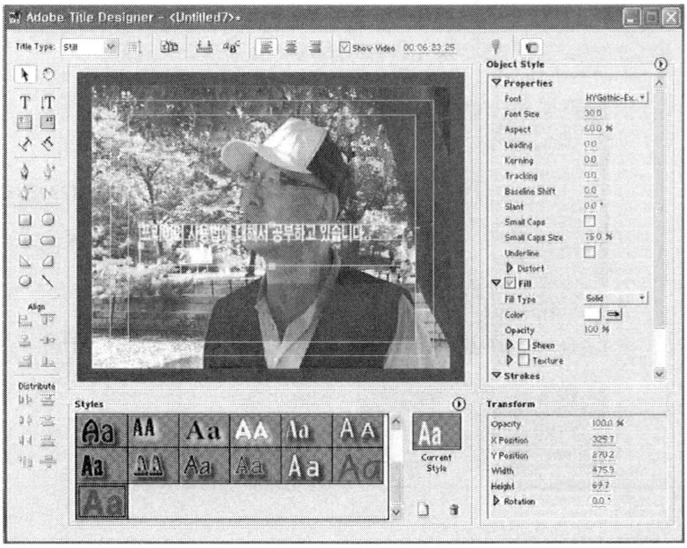

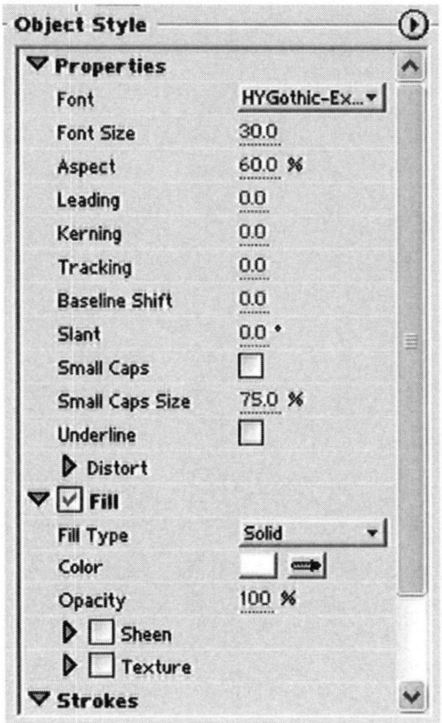

사진설명: *이번에는 글자의 크기를 조절하고 글자색을 넣도록 한다. Object Style 상자에서 Font Size=30, Aspect=60%, Fill에서 Color Picker 흰색(#FFFFFF)을 입력한다.*

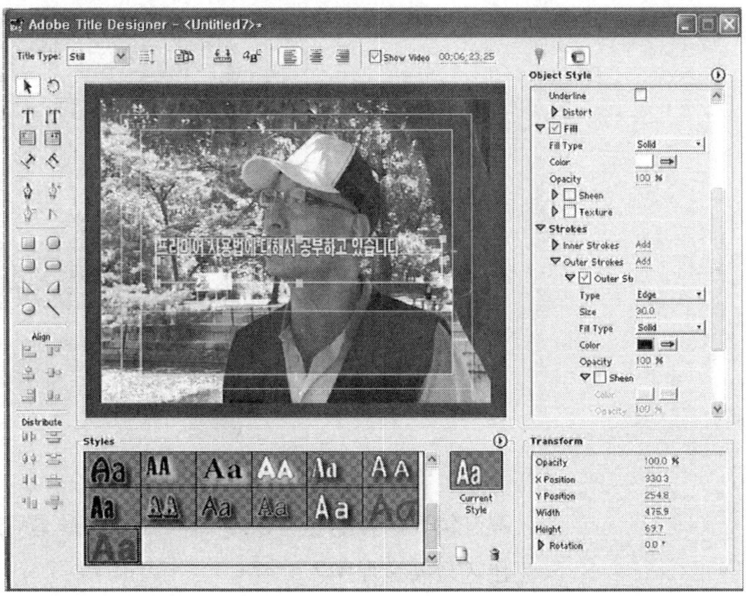

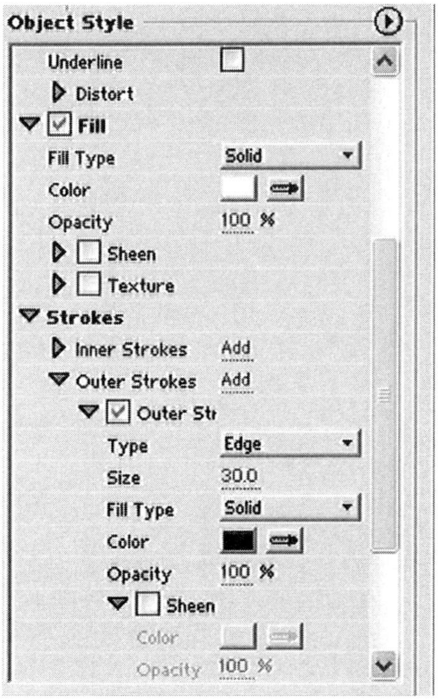

***사진설명:** 글자의 가독성을 높이기 위해 음영을 넣도록 한다. Object Style에서 Strokes-Outer Strokes를 선택한 다음 Size 30을 입력한다.*

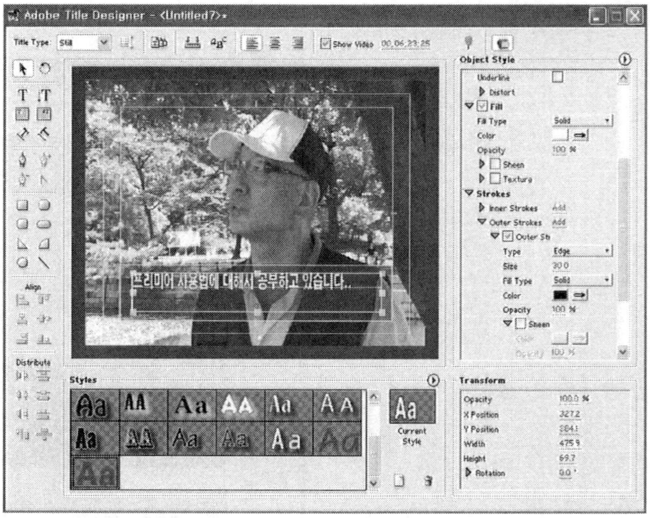

***사진설명:** 좌측 상단의 Selection Tool(V)을 클릭한 후 자막을 선택해 아래로 내리면 자막이 완성된다.*

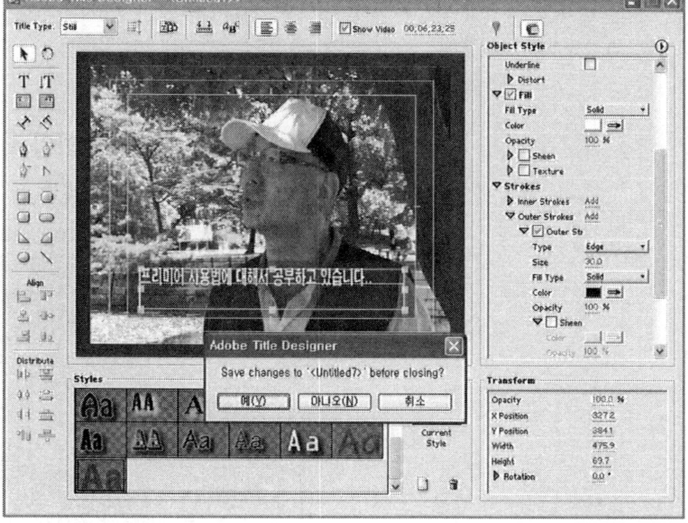

사진설명: *자막 작업창을 닫으면 저장여부를 묻는 창이 나온다. "예"를 클릭하면 저장위치가 나온다. 위치를 확인하고 파일이름을 정한 후 저장하면 좌측 프로젝트 창에 자막파일이 생긴다. 여기서는 "자막"이라는 이름으로 저장한다.*

사진설명: *캡처할 때와 마찬가지로 Projet창에 "자막.prtl"이 생긴 것을 확인할 수 있다. 이 자막을 선택해 Timeline video(영상) 트랙 위에 올리면 영상에 자막을 입힐 수 있다.*

(7) 완성된 파일로 만들기

◎ 영상출력하기(Export)

편집이 끝난 영상은 테이프나 영상파일로 만들어 출력할 수 있다. 여기서는 영상파일 출력과 테이프 출력을 해보겠다.

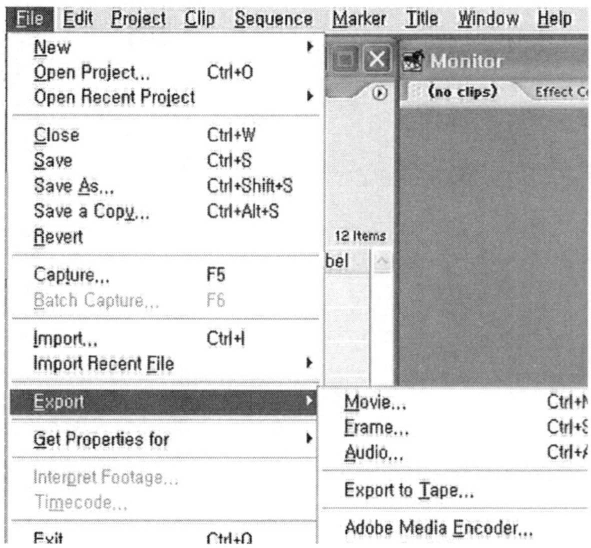

사진설명: *File에서 Export를 선택하면 Movie, Frame, Audio, Export to Tape 등 다양한 하위 메뉴가 나온다. 영상파일로 출력하기 위해 Movie를 선택해 클릭한다.(Export to Tape은 캠코더나 녹화기가 연결되어 있어야 활성화된다.)*

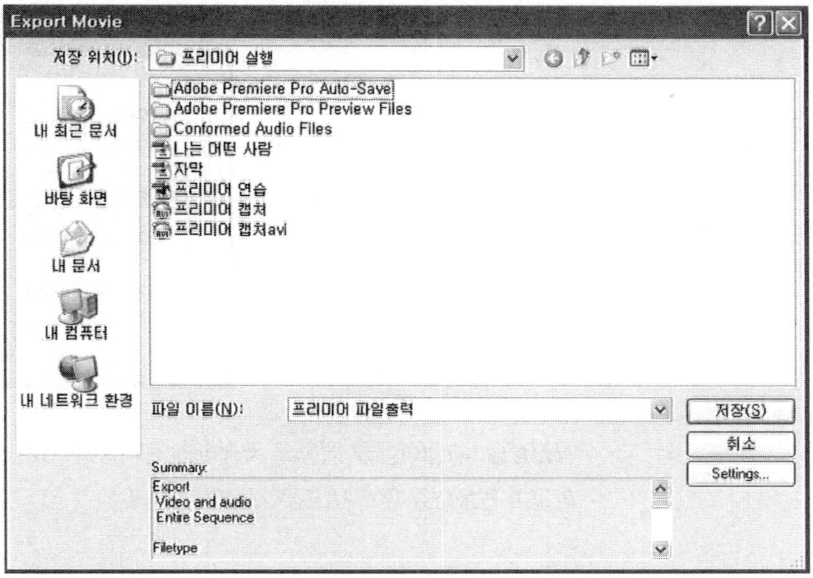

사진설명: *Movie를 선택하면 다음과 같이 새 창이 생긴다. 이 창은 영상파일의 저장 위치와 파일이름 지정을 위한 것이다. 영상파일을 저장할 위치를 정하고 파일의 이름을 입력한다. 책에서는 바탕화면의 프리미어 실행이라는 폴더에 "프리미어 파일출력" 이라는 이름으로 저장한다.*

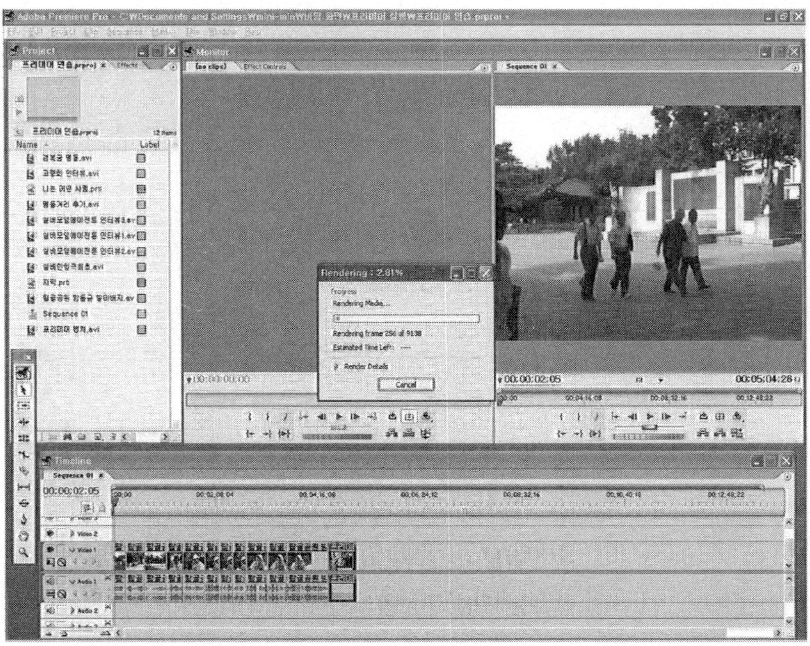

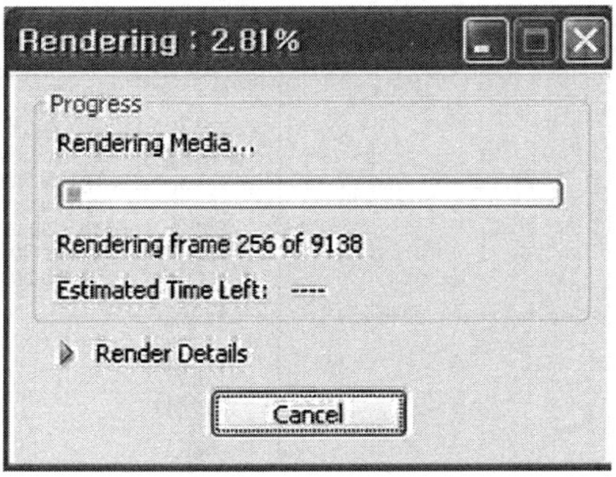

__사진설명:__ 파일이름을 정하고 저장하면 렌더링을 거쳐 영상파일로 저장된다. 영상파일이 만들어질 때까지 조금 기다려야 한다.

__사진설명:__ 영상파일이 만들어지면 자동적으로 Project창에 "프리미어 파일출력"이라는 파일이 생긴다.

사진설명: *영상파일을 저장한 곳으로 돌아가 재생하면 영상이 재생된다. 책에서는 블랙으로 나오지만 실제로는 영상이 재생되는 것을 볼 수 있다.*

◎ **테이프로 출력하기**

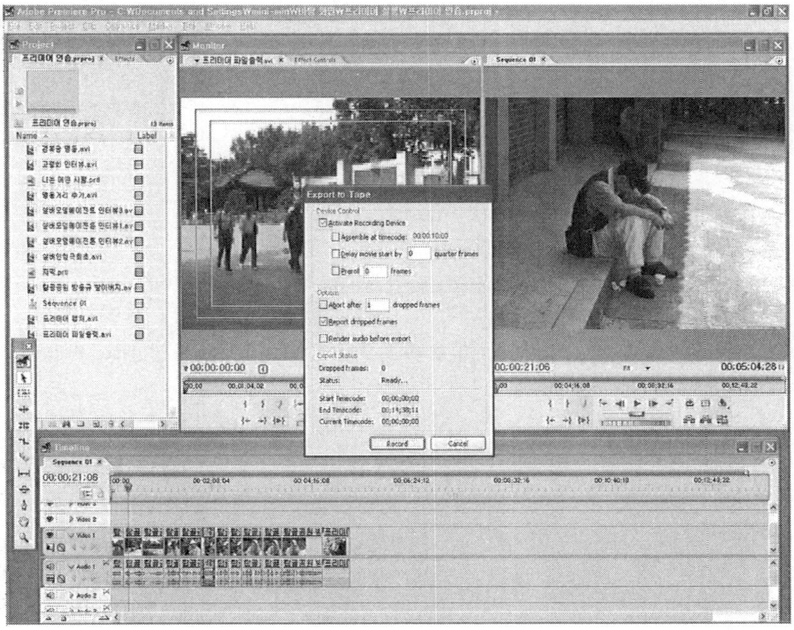

사진설명: *캡처할 때와 마찬가지로 컴퓨터와 캠코더를 연결한다. 캠코더가 연결되었다면 Export에서 "Export to Tape" 메뉴가 활성화되어 있을 것이다. "Export to Tape"을 선택하면 새 창이 생긴다.*

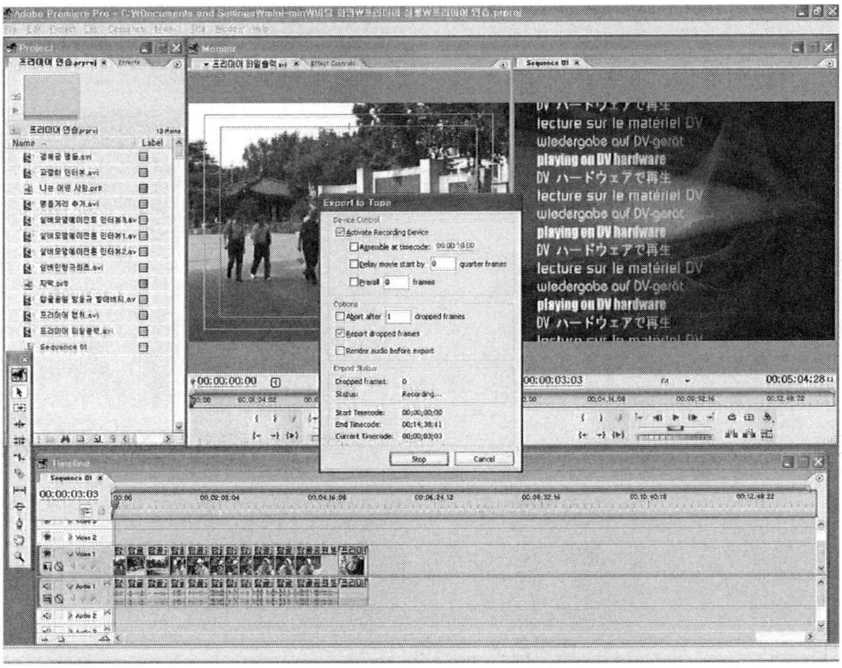

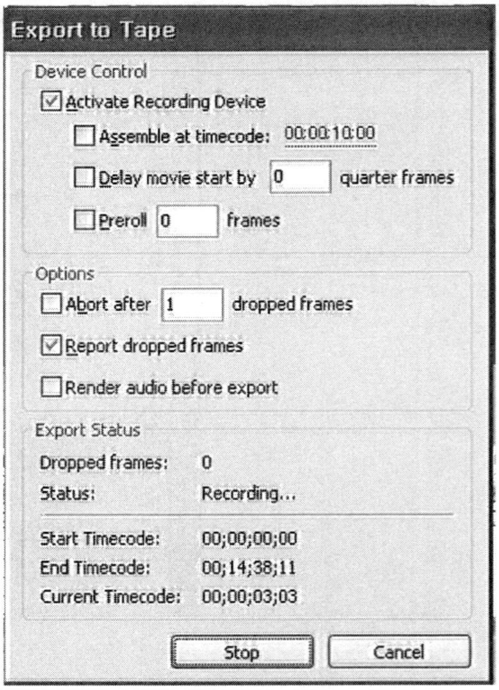

사진설명: *새로 생긴 창의 하단에 "Record" 를 클릭하면 테이프 출력이 시작된다. (책에서는 테이프 출력이 진행 중이기 때문에 Record가 Stop으로 바뀌어 있다)*

tip-코덱이란?

영상 데이터는 용량이 방대하기 때문에 특정 방식으로 압축하여 저장하는데 이러한 압축 방식을 코덱(CODEC)이라고 한다. Compression-Decompression, 즉 압축-비압축을 의미하는 용어에서 머리글자만을 따 온 것이다. 코덱은 윈도우와 함께 설치되는 것이 있으며 추가로 설치할 수도 있다. 일반적으로 동영상 재생 프로그램을 설치하면 영상재생을 위해 코덱이 같이 설치되므로 따로 신경 쓰지 않아도 된다.

tip-렌더링

편집이 끝나면 렌더링 작업을 해줘야 한다. 상단 메뉴 Sequence에서 Render Work Area를 클릭하면 렌더링이 진행된다. 간단히 Enter키를 클릭해도 렌더링이 진행된다.

렌더링의 개념

렌더링(Rendering)은 작업한 프로젝트를 외부 장치 또는 각종 멀티미디어용의 파일로 출력하기 위해서 필요한 과정이다. 편집 중 비디오/오디오에 적용한 각종 효과가 최종 출력 시 정상적으로 나올 수 있도록 컴퓨터가 점검(연산)하는 것이다. 렌더링을 하지 않은 경우 클립 위에 빨간 색 라인이 생긴다. 렌더링을 하고 나면 초록색으로 변한다.

tip-IEEE 1394카드란?

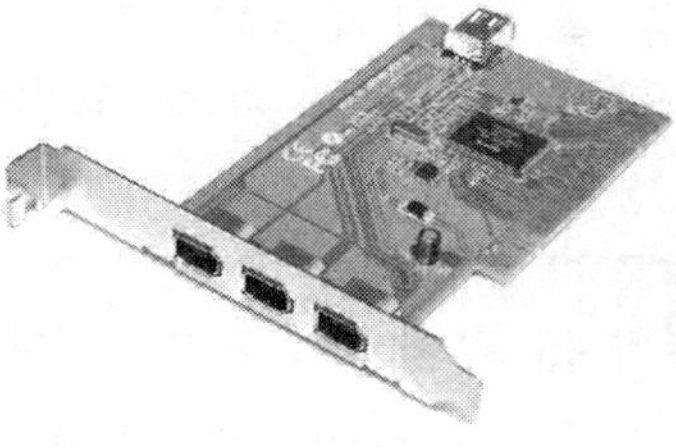
데스크탑용 IEEE1394카드

노트북용 IEEE1394카드

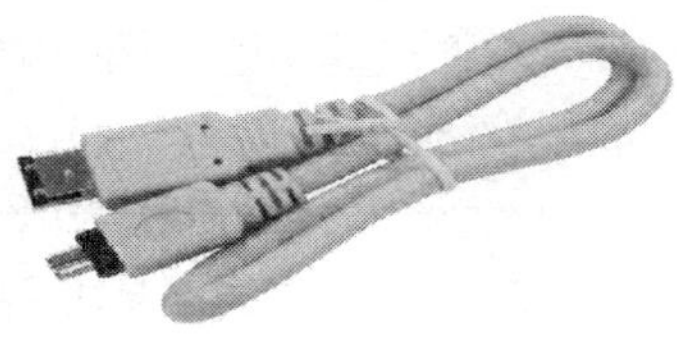
IEEE1394케이블

IEEE1394는 디지털 캠코더에서 컴퓨터로 영상을 전송할 때 필요한 장비다. IEEE1394는 대용량 데이터를 초당 400Mbit의 속도로 데이터를 전송한다. IEEE1394 카드 가격은 약 1~2만원. 요즘 출시되고 있는 컴퓨터(노트북 포함)에서는 IEEE1394 인터페이스가 내장되어 있는 경우도 많기 때문에 확인 후 구입하면 된다.

(8) 잊지 말아야 할 것들

tip-안전 영역(Safe Area)의 중요성

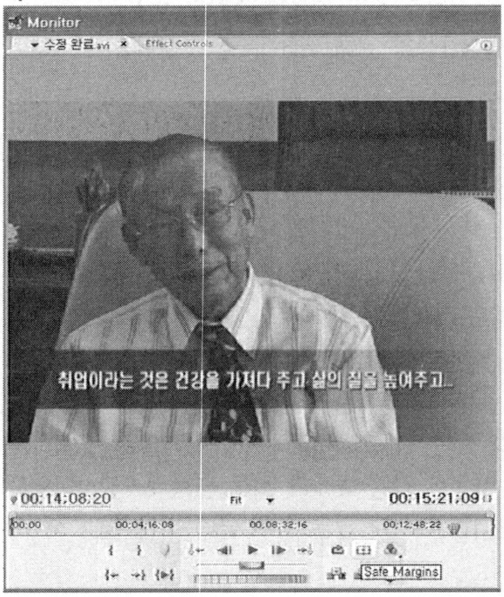

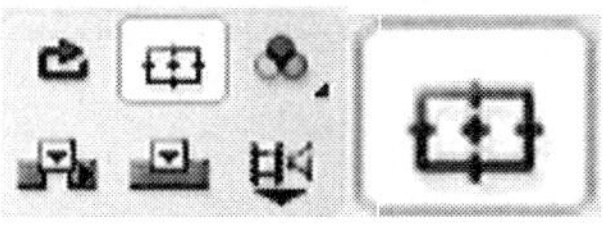

컴퓨터의 모니터와 캠코더의 액정(720×480) 그리고 TV화면(640×480)은 해상도가 서로 다르다. 간단히 말해 영상물의 출력 화면 크기가 다르다는 것이다. 일반적으로 TV출력을 염두에 두고 제작하기 때문에 안전영역 이내에서 촬영편집 작업을 해야 한다. 안전영역을 무시한 채 모니터 창에 꽉 차게 촬영 · 편집하면, 실제 TV화면 출력 시 화면의 외곽부분(안전영역 바깥부분)의 자막과 영상이 잘려나가게 된다.

대부분의 뉴스편집은 음향편집이 먼저 이루어지고 후에 영상 편집이 진행되기 때문에 음향과 영상의 동시녹화가 이루어지지 않는다. 하지만 스탠딩이나 인터뷰가 삽입될 경우, 각각 다른 장소와 다른 환경에서 촬영된 영상들은 그 고유의 오디오 소스의 음향 레벨이 다를 수밖에 없다. 이런 상황에서 단순히 트랙들만을 영상으로 뽑아냈을 때는 편집한 각각의 소스들의 오디오 레벨 차이로 이른바 '튀는' 현상이 일어난다. 이는 순간순간 오디오 레벨차로 갑자기 음향이 커지거나 작아지는 현상을 말한다. 이런 상황을 방지하기 위해서는 반드시 최종적으로 각 소스들의 오디오 레벨을 확인하고 맞추어 주어야 한다.

◎ 비디오와 오디오를 개별적으로 조절하기

영상을 타임라인으로 끌어 내리면 트랙에 Video와 Audio가 표시되는 것을 확인할 수 있다. 트랙에 표시된 Video와 Audio는 묶여져 있어 이동 시에도 함께 움직인다. Video와 Audio가 묶여져 있는 것은 일반적인 편집을 할 때 매우 편리하다. 그러나 때로는 Video와 Audio를 분리해야 할 때가 있다. 여기에서는 Video와 Audio의 연결을 해제하고 재연결하는 방법을 알아보겠다.

◎ 비디오와 오디오의 Link 설정/해제하기

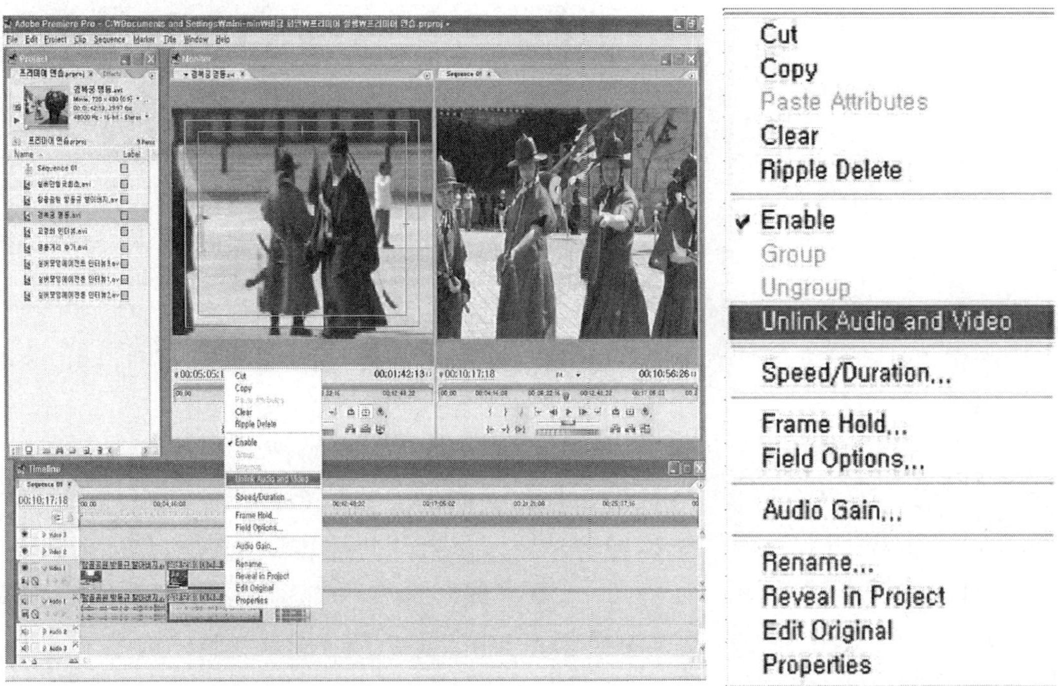

사진설명: *트랙에 있는 클립을 선택한 후 마우스 오른쪽 버튼을 클릭해 Unlink Audio and Video를 선택해 비디오와 오디오의 연결을 해제한다.*

연결이 해제된 Video와 Audio를 각각 수정한 후 다시 연결하고자 할 때는 연결할 Video와 Audio를 선택한 후 마우스 오른쪽 버튼을 클릭한 후 Link Audio and Video를 클릭하면 된다.

◎ **모션효과, 투명도 조절, 볼륨 조절하기**

프리미어에서 Effects효과와 더불어 또 하나의 강력한 기능이 Effect Controls다.

* Effect Controls

프리미어 프로는 클립의 위치, 크기, 회전, 투명도 조절, 볼륨조절 등 영상의 속성을 변화시킬 수 있는 다양한 기능을 제공하고 있다.

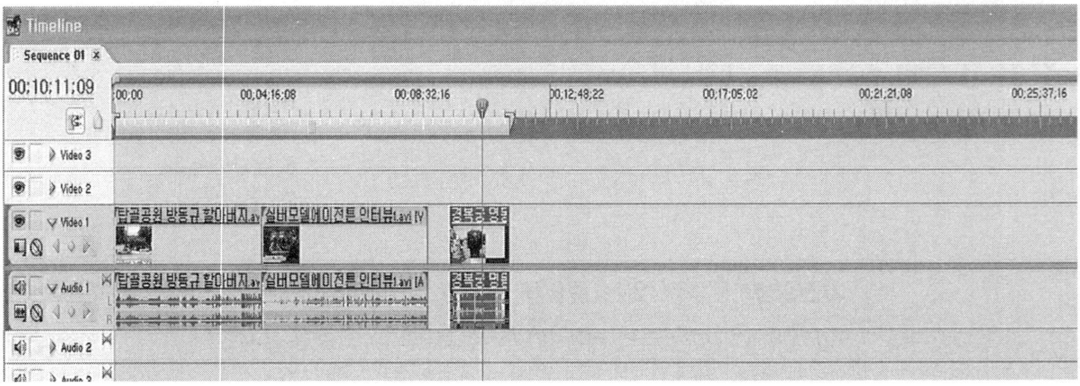

***사진설명:** 모션효과를 줄 Timeline 위의 영상을 Selection tool로 선택한다. 트랙 위의 클립을 선택하고 Monitor창의 Source View의 상단에 있는 Effect Controls탭을 클릭한다.*

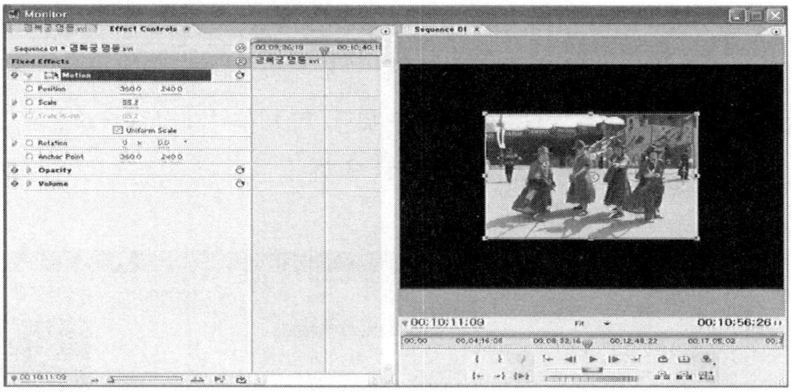

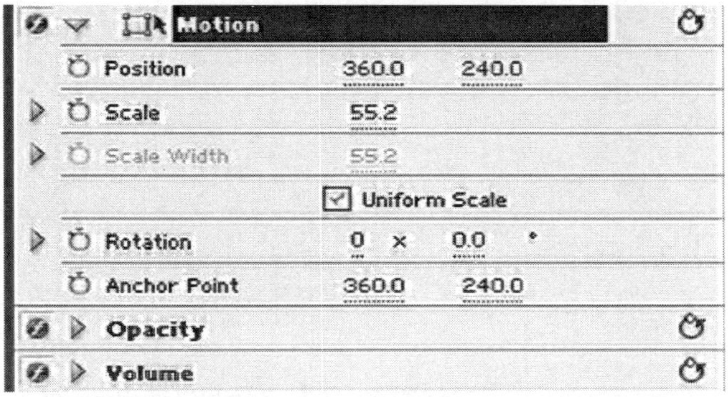

***사진설명:** 먼저 모션효과를 줘보자. Effect Controls탭을 클릭하면 하위 메뉴에 Motion, Opacity, Volume이 있는 것을 볼 수 있다. 여기서 Motion 좌측의 를 클릭하면 로 바뀌면서 모션과 관련한 하위메뉴가 나타나고 그에 따른 상세한 정보를 볼 수 있다. 하위 메뉴로 Position, Scale, Rotation 등이 있다. Position은 상하좌우를 조절할 때 사용하고, Scale은 영상의 크기 조절, Rotation은 영상을 회전시킬 때 사용한다. 위 영상에서는 Scale이 기본 값 100에서 55.2로 조정되어 있다. 따라서 우측 영상이 꽉 차지 않고 크기가 작게 나타났다.*

프리미어에서는 값을 조정하는 것으로 효과를 줄 수도 있지만 직접영상을 클릭해 모션효과를 줄 수도 있다. Motion을 클릭하면 우측 영상에 하얀 테두리가 생기는 것을 볼 수 있다. 이 테두리의 크기를 조절하거나 회전시키는 등의 방법으로 모션효과를 줄 수 있다.

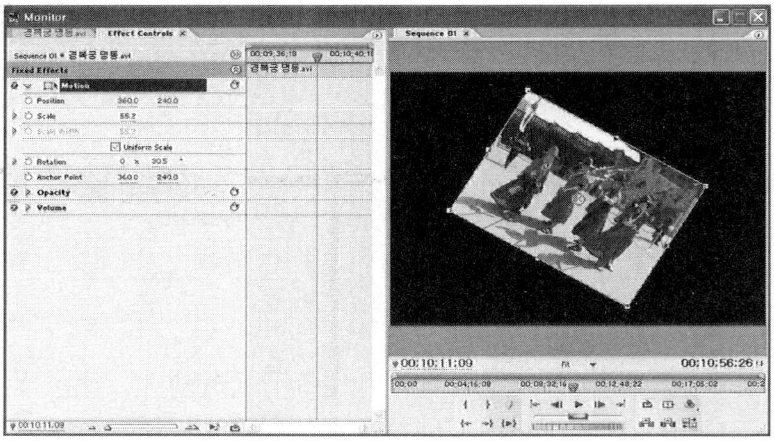

사진설명: *우측 영상의 흰색 테두리를 회전시키자 영상이 기울어지는 것을 볼 수 있다. 이에 따라 좌측의 Rotation값도 달라지는 것을 확인할 수 있다.*

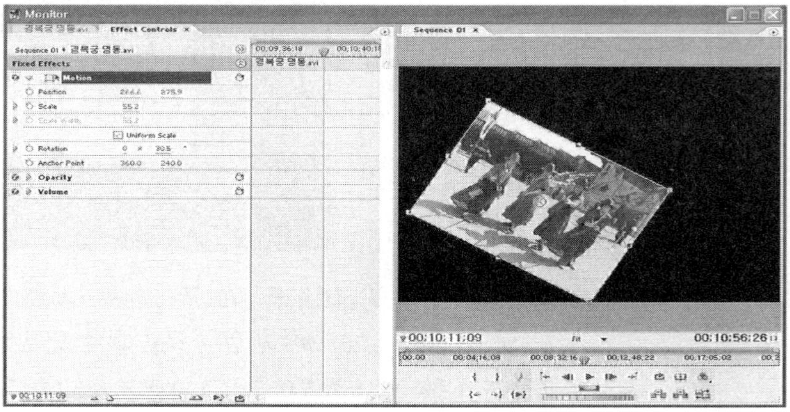

사진설명: *영상을 왼쪽으로 옮기면 Position 값이 달라진다.*

◎ 움직이는 영상 만들기

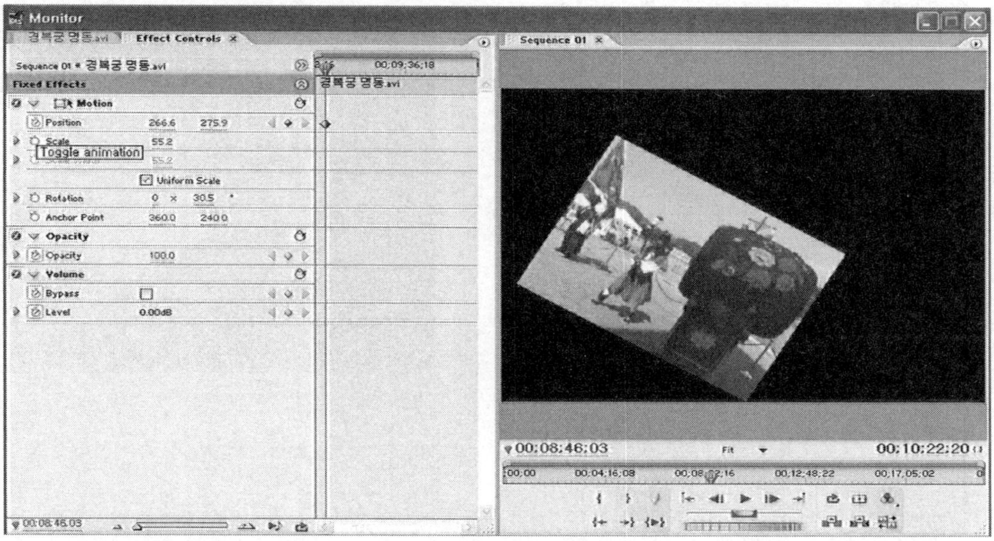

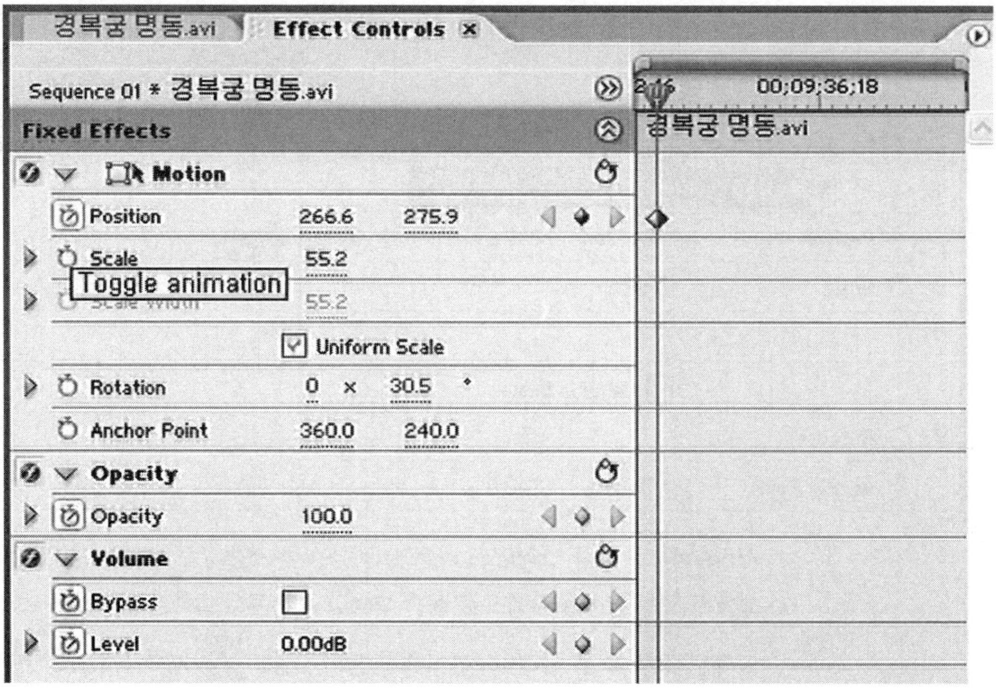

사진설명: *Position 앞에 있는 아이콘 클릭하면 우측에 이 생긴다. 좌측의 Position 값을 266.6*275.9로 하고 스케일은 55.2로 설정한다.*

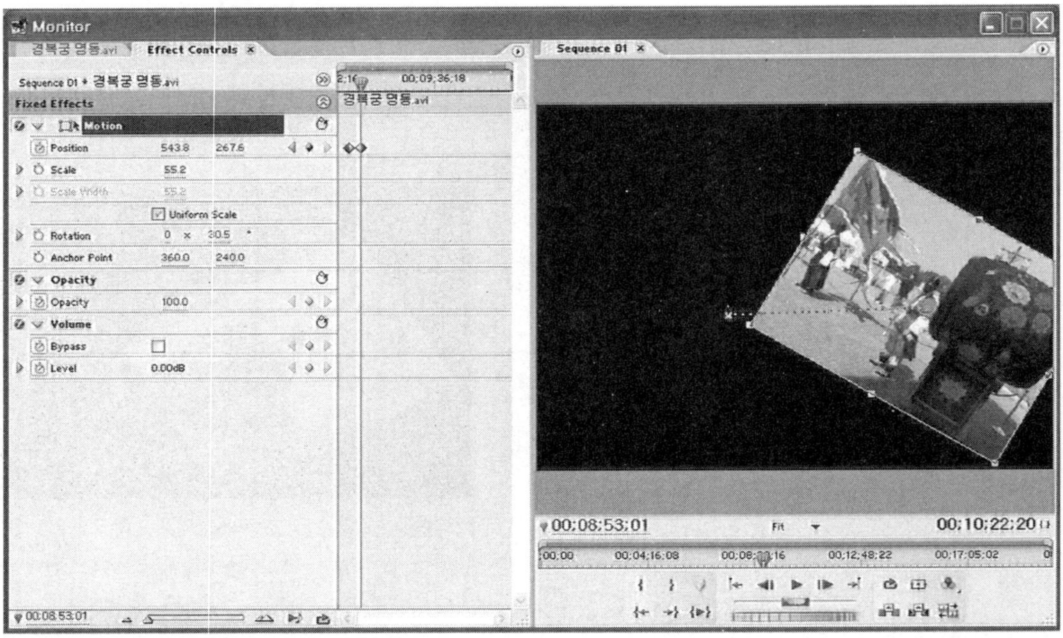

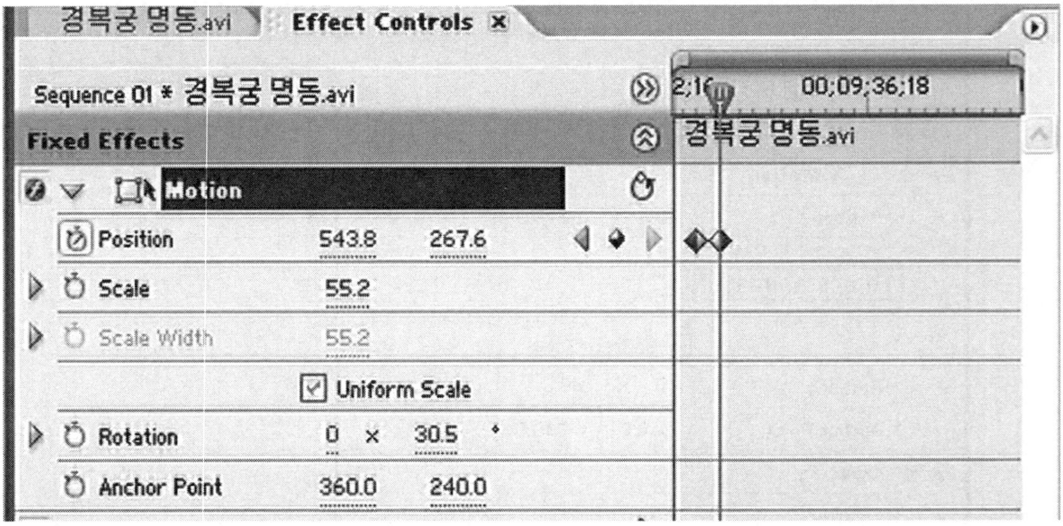

사진설명: *그 다음 스페이스 바를 눌러 영상을 재생시킨 후 원하는 지점에서 우측 화면에 있는 영상을 우측으로 옮긴 후 아이콘을 클릭한다. 좌측 Position 값이 달라진 것을 볼 수 있다. 이제 우측 상단에 있는 재생 위치표시 버튼을 뒤로 옮긴 후 스페이스바를 눌러 영상을 재생시켜보자.*

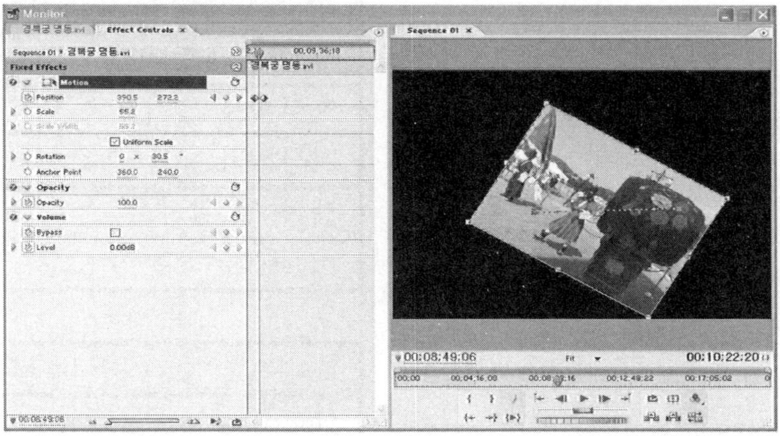

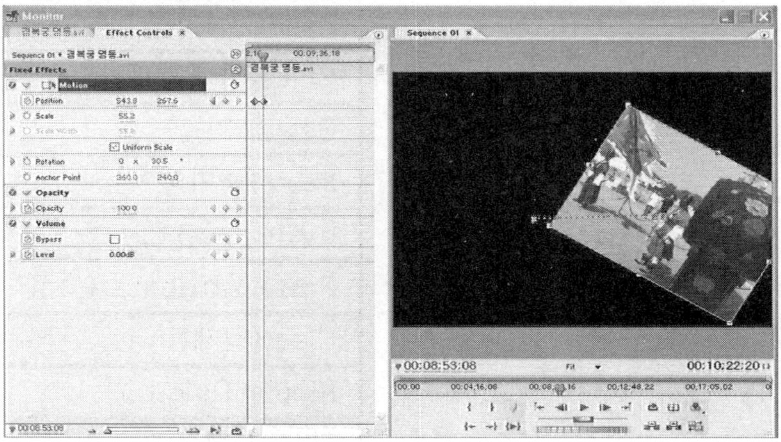

사진설명: *영상을 재생시키면 영상이 좌측에서 우측으로 움직이는 것을 볼 수 있다. 이와 같은 방식으로 영상의 크기 변화, 투명도 변화, 움직임 등 다양한 효과를 줄 수 있다. 원리는 똑같으니 한번씩 해보면 이해가 쉬울 것이다.*

Position: 클립의 위치를 조절하는 기능
Scale: 클립 이미지의 크기를 조절하는 기능
Rotation: 클립 기울이기
Opacity: 투명도 조절하기
Volume: 소리 조절하기

◎ **메뉴 단축키**

File Menu	
새 프로젝트 만들기	Ctrl+ N
프로젝트 열기	Ctrl+ O
저장하기	Ctrl+ S
캡쳐 창 열기	F5
Import	Ctrl+ I

Edit Menu	
Undo	Ctrl+ Z
Redo	Ctrl+ Shift+ Z
Cut(잘라내기)	Ctrl+ X
Copy(복사)	Ctrl+ C
Paste(붙여넣기)	Ctrl+ V
Paste Insert	Ctrl+ Shift+ V
Paste Attributes(속성 복사)	Ctrl+ Alt+ V
Clear(삭제)	Delete
Ripple Delete	Shift+ Delete
전체 선택	Ctrl+ A

〈자주 사용하는 단축키〉

◎ 반드시 알아야 할 메뉴 사용법

저장(Save) [단축키 Ctrl+S]

현재 작업 중인 프로젝트를 저장하는 메뉴다. 작업 중에 발생하는 시스템다운 또는 정전 등의 사고에 대비하기 위해서는 작업하면서 수시로 저장 Ctrl+S하는 습관을 들이는 것이 좋다.

다른 이름으로 저장(Save As)[단축키 Ctrl+Shift+S]

현재 저장된 프로젝트는 그대로 보존한 채, 다른 이름으로 프로젝트를 저장하는 메뉴다.

실행 취소하기(Undo) [단축키 Ctrl+Z]

Undo는 현재 실행한 작업을 취소하거나 작업 중에 실수했을 경우 바로 전 작업 환경으로 돌아가게 하는 메뉴다.

재실행하기(Redo) [단축키 Ctrl+Shift+Z]

Redo는 Undo 기능으로 실행 취소했던 작업을 다시 되돌리는 메뉴다.

잘라내기(Cut) [단축키 Ctrl+X]

Cut은 타임라인 창에서 클립을 선택해 잘라내 원하는 위치로 붙일 때 사용하는 메뉴다.

복사하기(Copy) [단축키 Ctrl+C]

Copy는 클립을 잘라내는 Cut과 달리 원본 클립을 보존한 채 복사하는 메뉴다.

붙이기(Paste) [단축키 Ctrl+V]

Paste는 잘라 내거나 복사한 클립을 원하는 위치에 붙여 넣을 때 사용한다.

삽입하여 붙이기(Paste Insert) [단축키 Ctrl+Shift+V]

Paste Insert는 덮어쓰기를 하는 붙이기와 달리 공간을 만들어 삽입하기 때문에 기존 클립을 보존한다.

속성 붙이기(Paste Attributes) [단축키 Ctrl+Alt+V]

Paste Attributes는 클립에 적용한 각종 효과와 모션의 속성을 다른 클립에 똑같이 적용하고자 할 때 사용한다. 똑같은 효과를 여러 클립에 반복해서 적용해야 할 때 유용하게 쓰인다.

지우기(Clear) [단축키 Backspace or Delete]

Clear는 불필요한 클립을 지울 때 사용한다.

빈 공간 삭제하기(Ripple Delete) [단축키 Shift+Delete]

Ripple Delete는 편집 후 타임라인 창에 생긴 빈 공간을 없앨 때 사용한다. 빈 공간을 선택한 후 Shift+Delete를 누르면 빈 공간이 사라진다.

모든 클립 선택하기(Select All) [단축키 Ctrl+A]

Select All은 모든 클립을 선택할 때 사용한다. 빈 공간을 클릭하면 선택이 해제된다.

원본 편집하기(Edit Original) [단축키 Ctrl+E]

Edit Original은 본래 작업했던 응용 프로그램을 구동시켜 수정할 수 있게 해주는 메뉴다. 예를 들어 포토샵으로 만든 자막을 수정하고자 할 경우 Ctrl+E를 누르면 포토샵이 실행된다. 수정 후 저장하면 프리미어에 바로 수정한 내용이 적용된다.

미디어 파일 연결(Link Media)

Link Media는 하드디스크에 있는 원본파일과 현재 작업하고 있는 프로젝트와 연결되었음을 표시한다.

미디어 파일 연결 해제(Unlink Media)

Unlink Media는 현재 작업하고 있는 프로젝트와 원본파일이 연결되지 않았을 때 나타난다. 작업하는 중에 원본 파일을 지우거나 파일의 위치를 변경함으로 인해 발생한다. 원본 파일을 지웠을 때는 복구되지 않지만 파일 위치를 변경한 경우에는 변경된 위치로 다시 경로를 이어주면 파일을 연결할 수 있다.

오디오와 비디오 연결/해제
(Link Audio and Video/Unlink Audio and Video)
기본적으로 클립은 오디오와 비디오로 구성되어 있다. 때에 따라서 오디오와 비디오를 분리해야 할 경우가 있는데 그럴 경우에는 Unlink Audio and Video로 연결을 끊어주면 된다.

그룹 설정(Group) [단축키 Ctrl+G]
Group은 여러 개의 클립을 한데 묶어 이동하고자 할 때 자주 사용되는 메뉴다. 그룹해제는 Ctrl+Shift+G다.

속도/지속 시간(Speed/Duration)
Speed/Duration은 오디오와 비디오가 연결된 클립 또는 각각의 오디오 클립이나 비디오 클립의 속도와 지속 시간을 변경할 때 사용한다. 재생속도를 인위적으로 변화시켜 슬로우 모션이나 속도감 있는 영상으로 만들 수 있다.

Speed를 -값으로 변경하거나 Reverse Speed에 체크할 경우 역재생 효과를 얻을 수 있다. 오디오를 부드럽게 재생하기 위해서는 Maintain Audio Pitch 옵션을 체크하고 OK 버튼을 누른다.

자석 기능(Snap) [단축키 S]
Snap은 프리미어 프로에서 기본으로 설정되어 있는 메뉴다. 클립과 클립을 연결하고자 할 때 자석효과를 내기 때문에 영상이 깔끔하게 연결된다. 그러나 때로 자석기능을 해제하고 연결해야 할 경우가 생긴다. 그럴 경우 S키를 눌러 자석기능을 해제하고 연결하면 원하는 지점에 클립을 위치시킬 수 있다.

트랙추가/삭제(Add Tracks/Delete Tracks)
Add Tracks는 작업 중에 트랙이 부족할 경우 사용한다. 트랙이 너무 많아서 삭제하고자 할 경우에는 삭제할 트랙을 선택하고 Delete Tracks...을 클릭하면 된다.

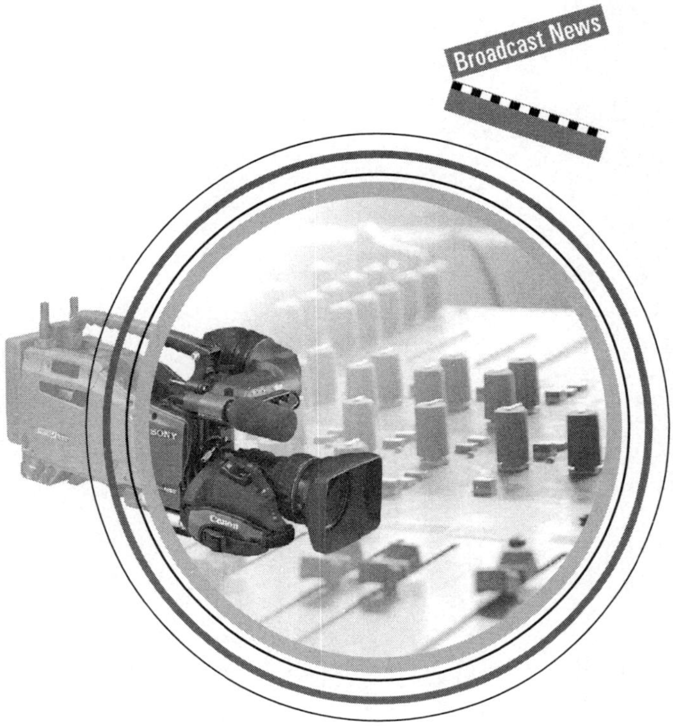

Ⅳ 방송뉴스 실습자료 모음

방송앵커/카메라 테스트 연습
단신/리포트 기사 쓰기 연습

◎ 방송앵커/카메라 테스트 연습

[앵커]
미국의 유명 포털사이트를 중심으로
인터넷 광고가 밀려들면서
홈페이지에 광고를 실기 위해
1년 반이나 기다리는 상황까지 벌어지고 있다고
월스트리트저널이 보도했습니다.

월스트리트저널은
대형 포털인 야후와 구글, 아메리칸 온라인,
마이크로소프트 MSN 등의 홈페이지의 광고 예약이
몇 달 전에 끝나버리고 있다면서
자동차 구매 정보 제공 사이트와 같은 경우는
18개월 전에 광고를 예약해야하는 실정이라고 소개했습니다.

이 신문은 TV 방송들이
다음해 광고시간을 미리 팔 듯이
인터넷 사이트들도 내년 광고를 예약받고 있다면서
인터넷 광고에 대한 수요가 폭발적으로 증가하면서
덩달아 인터넷 광고 단가도
가파른 상승곡선을 그리고 있다고 전했습니다.

[앵커]
분단 이후 남북 첫 동계스포츠 교류인
남북 아이스하키 친선 경기가 춘천에서 열렸습니다.

남북 선수들은 승부를 떠나 하나가 됐습니다.

첫 소식, 김도환 기잡니다.

[앵커]
철도공사 노조의 파업이 사흘째 이어지면서
시민들의 불편이 커지고 있습니다.

대학생들의 MT 장소로 유명한
강촌 등 경춘선 주변 관광지는
큰 타격을 입고 있습니다.

노성균 기자가 취재했습니다.

[앵커]
5.31 지방선거가 석달 앞으로 다가오면서
후보군이 가시화되고 있습니다.

춘천시장 선거 구도도
공천이 빠르게 진행되면서
윤곽이 드러나고 있습니다.

보도에 김형기 기잡니다.

[앵커]
모래와 흙이 오랫동안 퇴적된 항포구 주변엔
대규모 준설토 매립지가 조성되기 마련입니다.

그런데 수만평의 땅만 새로 생길 뿐
개발 계획은 뒷전으로 밀리면서
애꿎은 매립지 인근 주민들만 피해를 보고 있습니다.
강탁균 기잡니다.

[앵커]
인제군 남면 매봉산 일대 5천2백ha가
대규모 산촌 마을로 조성됩니다.
보도에 이재민 기잡니다.

◉ 연습포인트

1) 발성 연습
2) "잘못된 억양(쪼)", 사투리 고치기
3) 카메라 시선 처리
4) 실수 및 위기 관리

◎ 단신/리포트 기사 쓰기 연습

A. 신문(통신) 기사를 방송기사로 만들기

(금강산=공동취재단) 황재훈 기자 = 납북 김영남(45)씨가 28일 오후 금강산호텔에서 어머니 최계월(82)씨를 28년 만에 만났다.

김씨는 이날 오후 3시 금강산에서 열린 제14차 이산가족 특별상봉 4회차 행사 첫 일정인 단체상봉 기회를 통해 남측에 있는 어머니 최씨와 누나 영자(48)씨와 눈물속에 상봉했다.

1978년 고교 1학년 재학시절 전북 군산시 선유도 해수욕장에서 납북된 것으로 알려진 후 28년 만이었다.

김씨는 어머니를 보자마자 "엄마, 나 맞아. 막내 맞아..오래오래 사셔야지. 막내아들이 이제 효도 좀 할게"라면서 최씨를 부둥켜 안았다.

그는 "막내아들 걱정을 많이 했을텐데 불효막심한 아들이 절을 드리겠다" 고 최씨에게 큰절을 올린 뒤 어머니의 건강상태, 형제들 안부 등을 물으며 28년 만의 상봉 회포를 풀었다.

이날 김씨 모자의 상봉은 다른 이산가족과 분리된 채 북측의 금강산호텔 2층에 마련된 별도의 방에서 이뤄졌으며, 상봉 앞 부분 10여 분만 공개된 뒤 비공개로 진행됐다.

김씨가 이날 비공개 상봉 기회를 통해 납북 경위나 일본인 전처 요코다 메구미 등과 관련한 언급을 했는지 여부 및 발언 내용은 알려지지 않았다.

이와 관련, 김씨는 29일 30분 간 별도의 기자회견을 갖고 자신을 둘러싼 각종 의혹에 대한 입장을 밝힐 것으로 알려져 회견 내용에 관심이 쏠리고 있다.

김씨 모자 상봉장에는 부인 박춘화(31)씨와 딸 혜경(은경.19)양, 아들 철봉(7)군도 함께 나와 최씨와 영자씨에게 인사를 올렸다.

한편 6.15 공동선언 6돌을 기념해 열리고 있는 이번 상봉행사를 위해 남측 방문단 98명과 동반가족 51명이 금강산을 찾았다.

남측 방문단은 단체상봉에 이어 저녁에는 북측 주최 환영만찬에 참석하며, 29일 개별상봉 및 공동중식, 삼일포 참관 행사를 가진 뒤 30일 오전 개별상봉으로 행사를 마무리한다.

B. 보도자료 보고 방송기사 쓰기: 스트레이트/ 리포트

<table>
<tr><td rowspan="4">보건복지부
MINISTRY OF HEALTH & WELFARE</td><td rowspan="2">보도자료</td><td>자료배포일</td><td>6월 28(수)</td><td>매 수</td><td>총 2 매</td></tr>
<tr><td>보도일시</td><td colspan="3">6월 29(목) 조간부터
보도하여 주시기 바랍니다.</td></tr>
<tr><td rowspan="2">보건복지부
노인정책팀</td><td>과 장</td><td>최영현</td><td>☎</td><td>031)440-9612-6</td></tr>
<tr><td>서 기 관</td><td>조진희</td><td>E-mail</td><td>chso7566@mohw.go.kr</td></tr>
</table>

"노인사기 이렇게 찾아옵니다"
늘어나는 노인사기 피해 예방 지침 홍보

□ 보건복지부(장관 유시민)는 판단력이 떨어지는 **노인들이 사기꾼의 과잉친절 및 유흥제공 등의 미끼에 피해를 당하는 것을 예방**하기 위해 경찰청, 한국소비자보호원 등의 노인 피해 신고사례를 파악하여 **사기방지 홍보 리플렛과 교육자료를 발간**하였다.

○ 리플렛은 **10가지 피해유형과 피해예방을 위한 요령, 피해발생시의 신고기관**을 담았으며, 전국 53,000개 경로당 및, 읍·면·동, 보건지소, 노인단체 등에 배포하여 항상 볼 수 있도록 하였다.

- 사기에 유혹 당하지 않도록 하기 위해 **첫째, "아니오"** 라고 말할 수 있게 하고 **둘째, "희망의 전화 129"** 에 물어보고 **셋째, 이웃**(이장, 통장, 경로당, 면(동)사무소, 대한노인회 등)에 물어보도록 하였으며,

- 조심을 했는데도 거짓친절에 속아 피해를 당했을 때는 **경찰서 (112), 한국소비자보호원(02-3460-3000)**에 고발하도록 하였다.

○ 또한 노인 단체행사 및 활동시에 사기예방을 위한 교육자료로 활용할 수 있도록 **『노인상대 사기 피해사례 및 대응』 책자를 발간** 전국 시·군·구, 노인복지관 및 노인단체에 배부하였다.

※ 사기는 이렇게 찾아다닙니다.(10가지 유형)

① 연예인 초청공연을 내세우거나 여흥, 안마 등을 제공한 후 저가식품을 고가로 판매하기

② 관광버스로 제품공장을 찾아가거나, 임대건물에 홍보관을 설치하여 고가의 식품·약품 주문서를 받아 택배로 보내기

③ 공항이나 역 대합실에서 건강보조식품을 사면 목걸이 등 귀중품을 사은품으로 준다고 하면서 목걸이 등 요금을 지로로 청구하기

④ 세미나를 개최하는 것처럼 위장하여 사람을 모이게 하거나, 관광 온천을 싼값에 구경시켜준다고 하면서 물건을 비싸게 팔기

⑤ 전화로 무료 여행권이 당첨되었다고 한후 카드로 대금 청구하기

⑥ 고수익 보장 투자 또는 불법다단계 회사 투자 유혹을 한 후 목돈을 챙겨 도망가기.

⑦ 기관원을 사칭, 가스안전 점검을 한다고 찾아와서는 비싼제품 판매하기

⑧ 공무원을 사칭하거나 담당공무원을 잘 안다고 속여 기초생활 생계비 또는 의료급여를 받게 해 준다고 접근하여 주민등록증을 받아 휴대폰 등을 할부로 구매하거나, 돈을 뜯어내고, 임대아파트를 분양해준다고 접수비를 받아 챙기기

⑨ 도시에 사는 아들이 교통사고가 났다고 위급상황을 연출하여 지방에 있는 노인에게 합의금을 송금토록 한 후 가로채기

⑩ 공원, 휴양지 등에서 음료수 등을 미끼로 비싼 값에 물건을 사게 하거나 성매매 유혹

첨부 : 1. 노인사기방지 리플렛
2. 노인상대 사기 피해사례 및 대응

◎ 실제 보도 사례 A

지난 1978년 북한에 납치된 45살 김영남 씨가 오늘 오후 금강산호텔에서 어머니 82살 최계월 씨를 28년 만에 만났습니다.

김영남 씨는 오늘 오후 3시 금강산에서 열린 제14차 이산가족 특별상봉 4회차 행사의 첫 일정인 단체상봉 기회를 통해 남측에 있는 어머니 최씨와 누나 48살 영자 씨를 눈물 속에 상봉했습니다.

모자 상봉은 지난 1978년 고교 1학년 재학시절 전북 군산시 선유도 해수욕장에서 납북된 것으로 알려진 후 28년 만입니다.

김 씨는 어머니를 보자마자 '막내 아들이 맞다'고 말한 뒤, '이제 효도 좀 하겠다'라면서 어머니를 부둥켜 안았습니다.

김 씨 모자의 상봉은 다른 이산가족과 분리된 채 북측의 금강산호텔 2층에 마련된 별도의 방에서 이뤄졌으며, 상봉 앞 부분 10여 분만 공개된 뒤 비공개로 진행됐습니다.

김 씨의 누나 영자씨는 '동생이 나름대로 열심히 했고 공부도 열심히 해서 할 수 있는 만큼 하고 있다고 말했다' 고 전했습니다.

이번 상봉장에는 재혼한 부인 31살 박춘화 씨와 딸 19살 은경 양, 그리고 아들 7살 철봉 군도 함께 나왔습니다.

김영남 씨 모자는 내일 오전 개별 상봉에 이어 삼일포 나들이를 다녀올 예정입니다.

◎ 실제 보도 사례 B

[앵커멘트]

전국에서 노인을 상대로 한 사기 판매 행위가 극성을 부리고 있습니다.

사기 당한 부모님들, 마음이 약해 자식에게 알리지도 못하고 맘고생 하시는 경우가 적지 않은데요, 사기 당하지 않으시려면 이런 사람들 조심하셔야 합니다.

보건복지부가 제시한 노인 상대 사기 유형 열가지입니다.

연예인 공연 관람을 내세우거나 안마를 해드린 뒤 값싼 식품을 비싸게 파는 유형.

관광버스로 제품공장을 찾아가거나, 임대건물에 홍보관을 설치해 주문서를 받아 택배로 보내는 방법.

공항이나 역 대합실에서 건강보조식품을 사면 목걸이 같은 귀중품을 사은품으로 준다고 하면서 목걸이 등의 요금을 지로로 청구하는 방법.

세미나를 여는 것처럼 해서 사람을 모이게 하거나, 관광 온천을 싼값에 이용하게 해 준다고 하면서 물건을 비싸게 팔기.

전화로 무료 여행권이 당첨됐다고 한 뒤 카드로 대금 청구하기.

고수익 보장 투자 또는 불법다단계 회사 투자 유혹을 한 후 목돈 챙겨 도망가기.

기관원을 사칭해 가스 안전 점검을 한다고 찾아와서는 비싼 제품 팔기.

공무원을 사칭하거나 담당 공무원을 잘 안다고 속여 기초생활 생계비나 의료급

여를 받게 해 준다고 접근해 주민등록증을 받아 휴대폰 등을 할부로 구매하거나, 돈을 뜯어내고, 임대아파트를 분양해준다고 하면서 접수비를 받아 챙기는 수법이 있고, 도시에 사는 아들이 교통사고가 났다고 하면서 지방에 있는 노인에게 합의금을 송금하도록 한 뒤 가로채는 수법.

공원 같은 곳에서 음료수를 제공하면서 비싼 값에 물건을 사게 하거나 성매매 유혹을 하는 경우 등입니다.

[앵커멘트]

노인들을 상대로 한 사기행각 수법은 정상인들도 자칫하면 속아 넘어갈 정도로 갈수록 교묘하고 지능화되고 있습니다.

노인 사기 피해 사례들을 유형별로 정리했습니다.

손재호 기자입니다.

[리포트]

최근들어 가장 빈번한 사기 유형은 변호사나 공무원을 사칭해 정부보조금 등을 미끼로 돈을 가로채는 방법입니다.

기초생활수급대상자나 어렵게 사는 노인들을 찾아가 보조금을 받게 해준다거나 올려준다고 속여 안심시킨 뒤, 집안에 있는 돈을 훔치거나 입금할 통장을 받아 잔고를 몰래 빼내 달아나는 수법입니다.

홀로 사는 노인들 특히 몸이 불편하거나 정신적인 장애가 있는 노인들도 사기꾼들의 범행 대상이 되기도 합니다.

복지 단체로부터 받은 후원금 3만원을 주겠다며 접근해 10만원짜리 수표를 내보이고 거스름돈 7만원을 받아 달아나는 식입니다.

또 치매에 걸린 독거노인을 병원에 입원시키고 수억대의 예금을 가로채는 대담한 사기꾼도 있습니다.

관광을 시켜준다며 데려가서 조잡한 물건을 터무니 없는 가격에 강매하거나 노인들을 도박판에 끌어들여 거액을 가로채는 사기들은 아주 고전적인 수법입니다.

이밖에도 효도관광을 미끼로 마약 밀반입에 이용하거나 노인들 명의로 휴대폰을 사서 되파는 수법으로 거액을 챙기는 신종 수법도 등장했습니다.

경찰은 누군가의 이유없는 호의에 대해서는 먼저 의심을 하고 자식이나 주변 사람에게 한번 확인할 것을 당부했습니다.

YTN 손재호[jhson@ytn.co.kr]입니다.

참고문헌

고혜련(2001). 신문 취재와 기사작성. 중앙 M&B.

국립국어원 · MBC(2006). TV뉴스 문장쓰기. 시대의 창.

김구철(2005). 방송뉴스 이렇게 쓴다. 커뮤니케이션북스.

김숙현(2004). 기사 취재에서 작성까지. 범우사.

김재정(2006). 재정국어1. 새롬.

이민웅 외(2006). 방송저널리즘과 공정성 위기. 지식산업사.

이상열(2004). 멀티미디어 시대의 방송보도. 박영사.

이창근(2004). 적절한 불편부당성 기준의 역사와 성격에 대하여. 〈방송문화연구〉, 16(2), 199~228.

이현구(2005). 세상에서 가장 쉬운 기사작성론. 커뮤니케이션북스.

전환성(1993). "방송보도의 내용". 한국방송학회(편). 방송보도론.

최영재(2009). "방송뉴스 프로듀싱 전략과 뉴스생산 조직". 《한국방송학회 2009 가을정기학술대회발표 논문》. 2009년 11월. 광운대.

최영재 · 손영준(2005). "한국방송뉴스 양식의 관행 연구". 《한국방송학회 봄철 학술대회》. 2005년 5월. 인하대.

최영재 · 남재일(2013). 텔레비전 뉴스 포맷의 국가간 비교 연구: 도식화와 변화 《언론과학연구》. 13(3). 661~692.

SBS 아나운서 팀(2004). 아나운서 길라잡이. 글로세움.

Abbott, A(1988). The system of professions : An essay on the division of expert labor. Chicago : University of Chicago Press.

Andrew Boyd / 이경자 · 이인희 옮김(1997). 방송보도실무. 한울아카데미.

Bill Kovach, Tom Rosenstiel / 이종욱 옮김(2005). 저널리즘의 기본요소. 한국언론재단.

Gebhard Plangner 외 / 고수자 옮김(1998). TV보도제작실무. 중앙M&B.

Ivor Yorke / 백선기 역(1997). 텔레비전 뉴스. 한국방송개발원.

Marvin, Carolyn & Meyer, Philip(2005). What Kind of Journalism Does the Public Need? in Geneva Overholser and Kathleen Hall Jamieson (eds.). The Press. London: Oxford Press, 400~411.

NHK アナウンスセミナ- 편집위원회(2005). NHK アナウンスセミナ-. 일본방송출판협회.

Peter E. Mayeux / 김흥규 역(1993). 방송뉴스론. 나남.

Philip Patterson, Lee Wilkins / 장하용 옮김(2000). 언론윤리: 이론과 실제. 동서학술서적.

青木寿一郎(平成 15년). はじめてのビデオ撮影術. 玄光社.

the writer

지은이

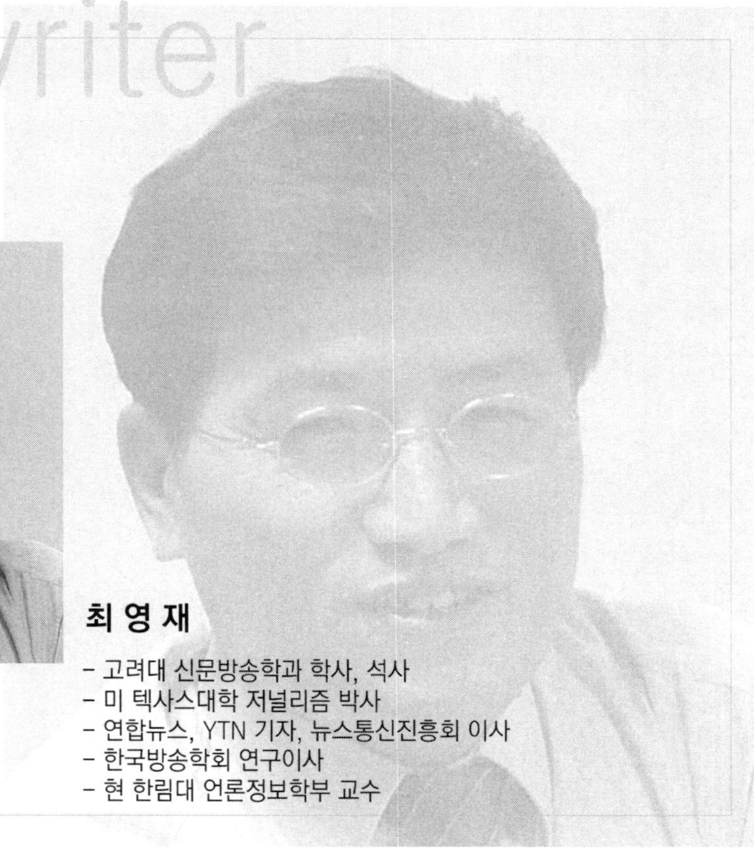

최 영 재

- 고려대 신문방송학과 학사, 석사
- 미 텍사스대학 저널리즘 박사
- 연합뉴스, YTN 기자, 뉴스통신진흥회 이사
- 한국방송학회 연구이사
- 현 한림대 언론정보학부 교수

양 영 철

- 서울대 독어독문학과 학사
- 고려대 언론대학원 신문방송학과 석사
- MBC 경제부장, 논설실장, 삼척 MBC 사장
- 한국방송기자클럽 회장
- 현 한림대 언론정보학부 객원교수

방송뉴스

초　판 발행 | 2007년 9월 14일
개정1판 발행 | 2011년 9월 15일
개정2판 발행 | 2014년 2월 28일

저　자 | 최영재, 양영철
발행인 | 노건일
발행처 | 한림대학교 출판부
(200-702) 강원도 춘천시 한림대학길 1(옥천동 1)
출판등록 제48호(1983. 3. 10)
전화번호 033) 248-2875~6 팩스 033) 248-2879
전자우편 press@hallym.ac.kr
홈페이지 press.hallym.ac.kr
인쇄처 | 고려출판사

값 17,000원

ISBN 978-89-6402-037-1 93300